Battle of the Three Kingdoms

知識ゼロからの

CGで読む

三国志の戦い

渡邉義浩

早稲田大学文学学術院教授
文学博士

Yoshihiro Watanabe

幻冬舎

はじめに

「三国時代」は戦乱の時代である、とよくいわれます。わたしは、そのような戦乱のなか、各国で権力の中枢を担った人物たちが、文化を存立基盤とする「名士」であると考えています。ただし、そのような「名士」たちは、戦いに無縁であったわけではありません。むしろ、戦いに積極的に関与したものも多くいます。つまり、「名士」という観点から見ても、「三国時代」が戦乱の時代であったことには、変わりはありません。それを踏まえたうえで、『三国志』を繙《ひもと》くと、そこには英雄たちが繰り広げた数々の戦いを見ることができます。

歴史的に重要なものは、官渡《かんと》の戦い、赤壁《せきへき》の戦い、五丈原《ごじょうげん》の戦いなどでしょう。ただ、数ある戦いのなかで、何に興味を持ち、何を好むのかは、千差万別であると思います。本書は、黄巾《こうきん》の乱から蜀漢《しょくかん》、孫呉《そんご》の滅亡にいたるまで、様々な戦いを紹介しています。その際、基本的には『三国志』に軸足を置きながら、随処に『三国志演義』の記述を交えて構成しています。読者の方々に対して、多くの選択肢を提示することで、『三国志』に興味を持っていただくためです。

第一章では、様々な英雄たちの戦いを紹介いたしました。とくに官渡の戦いは、曹操《そうそう》が覇権を確立した重要な戦いで、かつ多くの攻城兵器が用いられた戦いです。第二章は、『三国志』の主役が多く登場いたします。曹操、それに対抗する劉備《りゅうび》、孫権《そんけん》という構図により展開いたしました。第三章は、「三国時代」が終焉へと向かう戦いとなります。とりわけ五丈原の戦いは、劉備亡き後の蜀漢を支え続けた諸葛亮《しょかつりょう》が最後に活躍を見せ、「死せる諸葛、生ける仲達《ちゅうたつ》を走らす」という諺《ことわざ》が生まれた戦いです。

本書を通じて少しでも「三国時代」に興味を持ち、そこから『三国志』・『三国志演義』の世界へと足を踏み入れてくださる方が一人でも増えれば幸いです。

渡邉義浩

目次

三国時代の戦い方（基本篇）

三国時代の武器・防具・戦術を知る！

第二章 三国の成立 ―赤壁の戦いから夷陵の戦いまで

第三章 三国時代の終焉―街亭の戦いから晋の統一まで

三国時代の戦い方（応用篇）

三国時代の実戦を極める！

合肥新城の戦い
曹叡の軍略の前に潰えた、呉の合肥攻略の悲願 136

五丈原の戦い
度重なる挑発を受けた司馬懿、諸葛亮の命数を読み長期持久を貫く 138

蜀呉の滅亡
奸臣により弱体化した蜀・呉両国を魏とその後継国家晋が圧倒的兵力をもって併呑 142

行軍
損害リスクを回避しながら行なわれた三国時代の軍隊の移動 146

野戦①野戦築城
戦いを有利に進めるための自軍の宿営地 148

野戦②戦いの流れ
戦いを左右する武将の能力が発揮されるとき 150

野戦③布陣・陣形
各兵の小方陣を基本とする戦場での基本陣形 152

攻城戦
堅固な城郭の防備を破る数々の作戦 154

水上戦
水軍同士が河でぶつかり合う船の戦い 156

5分で総覧！

三国時代

群雄の争いが三国の争乱に集約され、晋が統一を果たすまで

●漢王朝の終焉と新時代の幕開け「黄巾の乱」

二世紀末から三世紀にかけての中国では、前漢《ぜんかん》以来四〇〇年の繁栄を誇った漢《かん》王朝が崩壊し、群雄割拠の時代を経て、**曹氏《そうし》の魏《ぎ》**、**劉氏《りゅうし》の蜀《しょく》（漢）**、**孫氏《そんし》の呉《ご》**が成立し、天下を三分して争った。これを三国時代という。

その時代はおおむね黄巾《こうきん》の乱が勃発した一八四年から、魏に代わった**晋《しん》**が呉を滅ぼした二八〇年までを指す。

漢末の動乱は、漢王朝の衰退と黄巾の乱により始まった。

二世紀末、漢王朝では、政治を牛耳る**外戚《がいせき》**と**宦官《かんがん》**による権力闘争が続き、賄賂も横行。政治は腐敗の極みに達していた。庶民は生活苦に苦しみ、社会は不安定な情勢に陥っていた。

この社会不安に乗じて**張角《ちょうかく》**率いる新興宗教の**太平道《たいへいどう》**が、多くの信者を獲得し力を伸ばしていく。張角は一八四年、武装した数十万の信徒を率いて、漢王朝打倒を掲げて蜂起した。これが黄巾の乱である。反乱は全国各地に飛び火したため、漢王朝は鎮圧軍を派遣して対応に当たった。

結果、黄巾の乱は張角の病死もあり、翌年までに終息するが、今度は異民族の侵入も加わって各地で反乱が続発するようになる。こうして各地で群雄が力をつける一方、漢王朝の威信は低下していった。

●董卓の専横VS.反董卓連合軍

一八九年に**霊帝《れいてい》**が崩御すると、二人の皇子の間で皇位争いが勃発する。

その混乱に乗じて**袁紹《えんしょう》**、**袁術《えんじゅつ》**、**董卓《とうたく》**、**丁原《ていげん》**など各地に勢力を築いた群雄が都の洛陽《らくよう》に集まるなか、最初に覇権を握ったのは、涼州《りょうしゅう》の董卓だった。

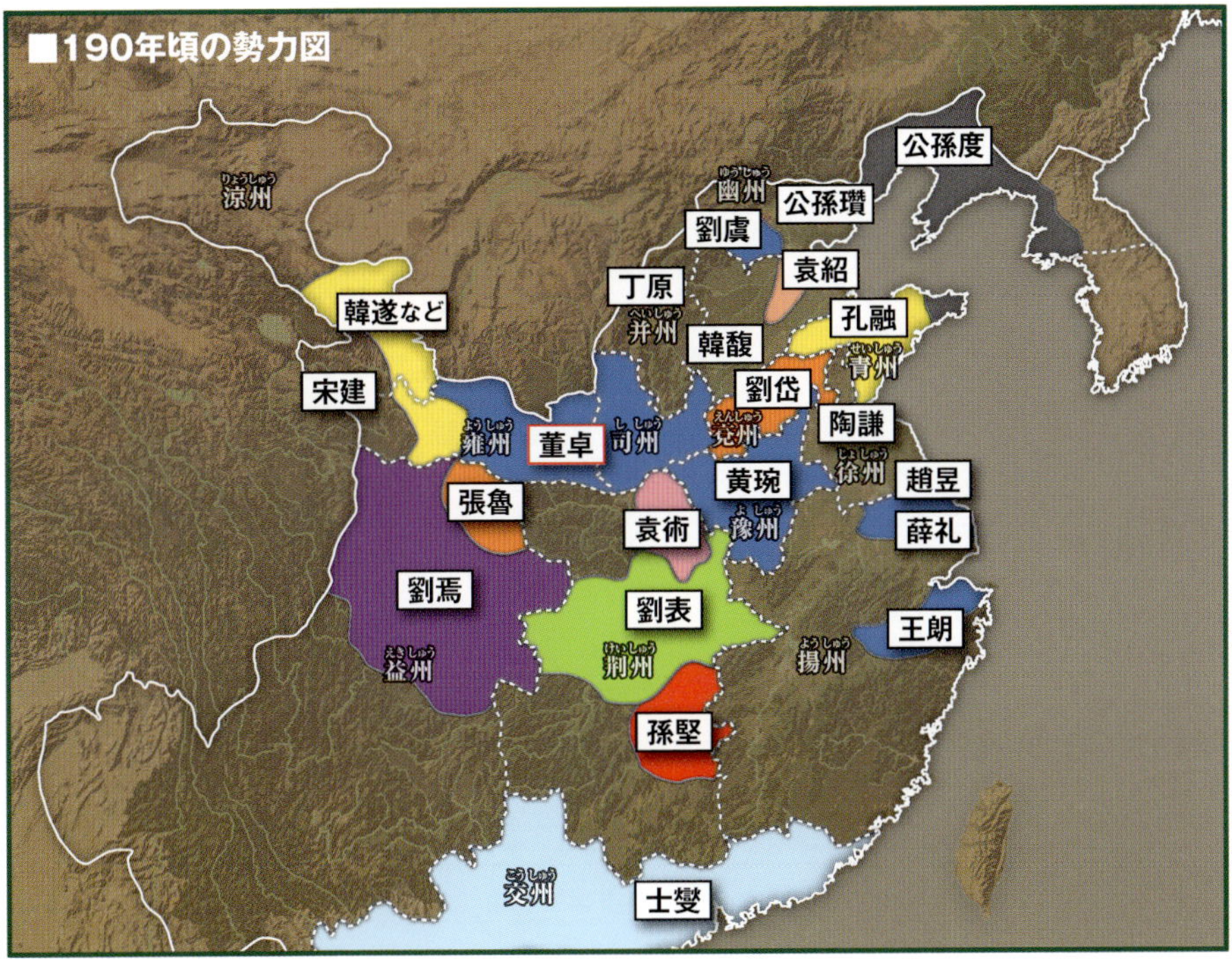

大将軍**何進《かしん》**の暗殺と、袁紹による宦官虐殺の混乱を避けて洛陽から逃げ出した皇帝（少帝）一行を保護し、都へと凱旋した董卓は、少帝を廃位してその弟を**献帝《けんてい》**として即位させ、権力を掌握したのである。さらに董卓は、民にも略奪や殺戮を行なうなど横暴の限りを尽くした。

一九〇年、これに反発した群雄が集まって河北《かほく》の名門出身の袁紹を盟主とする反董卓連合軍を結成する。これには曹操や劉備、**孫権《そんけん》**の父・**孫堅《そんけん》**も参戦した。

これに対し董卓は、曹操を破るものの、孫堅の猛攻を受けて守勢に回り、洛陽を捨てて長安へと撤退した。彼は同地で勢力の安定化に努めたが、暴虐がやむことがなかったため、一九二年、司徒《しと》・**王允《おういん》**の計略により腹心の**呂布《りょふ》**に暗殺された。

●群雄が割拠する時代へ

董卓の没後、各地で群雄が領土拡大を目指して争う動乱の時代が到来する。なかでも二大勢力となったのが袁紹と曹操であった。

袁紹が一九二年に**界橋《かいきょう》の戦い**で**公孫瓚《こうそんさん》**を破り、河北の冀《き》州《しゅう》、青州《せいしゅう》、并州《へいしゅう》を勢力下に治める間に、曹操は黄巾軍の残

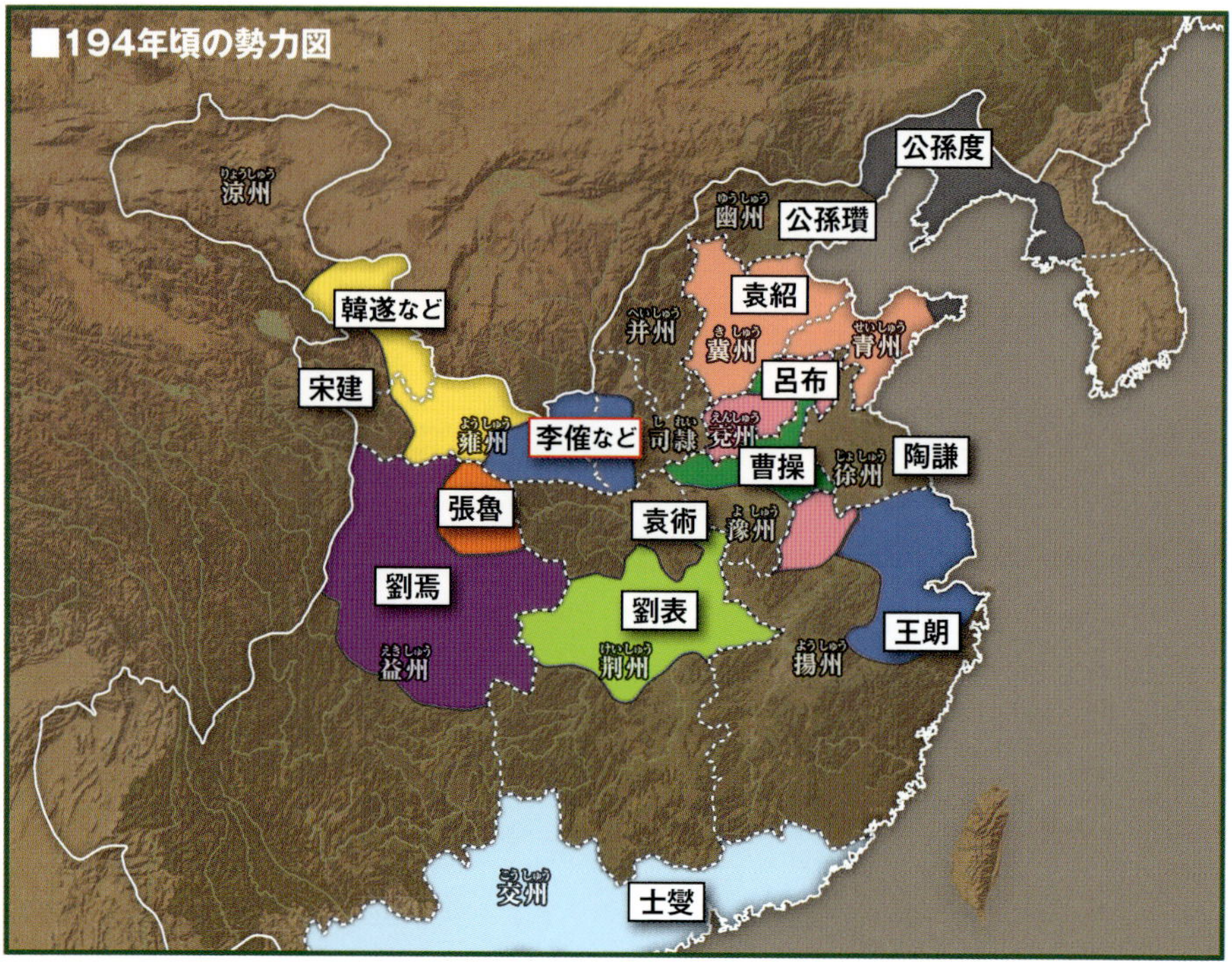

党を破ってその兵力を吸収し、自軍を強化する一方、定陶《ていとう》の戦いで呂布を撃破するなどして兗州《えんしゅう》、豫州《よしゅう》を支配下に収め、地歩を固めていった。

一方、孫堅の没後、その子**孫策**《そんさく》は袁術に仕えていたが、一九五年、袁術のもとを去って揚州《ようしゅう》へ侵攻。揚州刺史《しし》の劉繇《りゅうよう》を破るなどして江東・江南へも勢力を伸ばして呉の基礎を固めていった。

のちに蜀漢の皇帝となる劉備もようやく徐州牧《じょしゅうぼく》に任じられるなど、群雄として頭角を現わし始めた。

●華北の覇権を賭けた天下分け目の戦い

都の長安《ちょうあん》では董卓亡き後、その配下から構成される連合政権が内紛により崩壊していた。一九六年、献帝は争乱を逃れてわずかな供とともに長安を脱出し洛陽を目指す。

それを知った曹操は自身の拠点である**許昌**《きょしょう》に献帝を迎え入れた。皇帝の権威という大きな後ろ盾を得た曹操は、以後急速に勢力を拡張していく。一九七年に袁術が寿春《じゅしゅん》にて皇帝を名乗ると、曹操はこれを破って弱体化させたのに続き、翌年には徐州の呂布も破り殺害した。

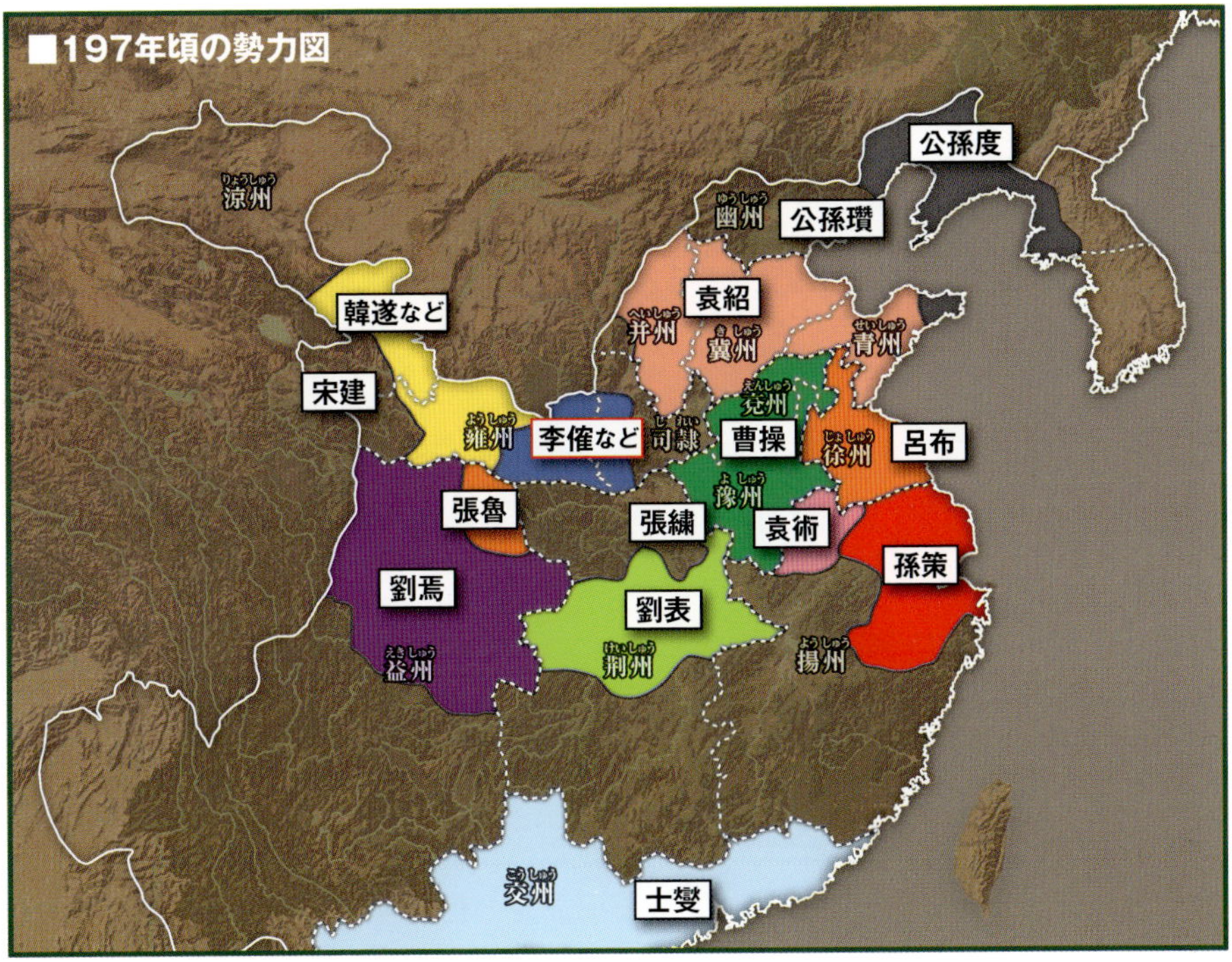

■197年頃の勢力図

一方、河北の袁紹も一九九年に公孫瓚を撃破して幽州《ゆうしゅう》を平定し、四州を支配する大勢力となった。

こうして華北の群雄を淘汰した曹操と袁紹は、二〇〇年、ついに華北統一を賭け決戦の時を迎える。これが**官渡《かんと》の戦い**である。

数の上では不利な曹操だったが、袁紹と結んだ劉備を初戦で退けると、官渡城の攻防のさなかに袁紹軍の補給基地がある**烏巣《うそう》**を急襲。袁紹軍を崩壊へと追い込み、天下分け目の戦いに勝利を収めた。

敗れた袁紹は心労がたたり二年後に病没。曹操はその後継者を巡る袁家の内紛に乗じて河北諸州への浸透を進め、二〇八年までに袁氏一族を滅ぼして河北一帯を平定したのである。

●劉備・孫権連合軍が曹操の野望を砕く!

この間、劉備は荊州《けいしゅう》の劉表《りゅうひょう》のもとで不遇をかこっていたが、**諸葛亮《しょかつりょう》**を軍師として招聘し、飛躍の機会を摑もうとしていた。諸葛亮は劉備に対し益州《えきしゅう》と荊州を拠点に、魏、呉との均衡を実現させる**天下三分の計**を進言したと伝えられる。

袁氏を滅ぼし、華北を手中に収めた曹操は、中国統一を目

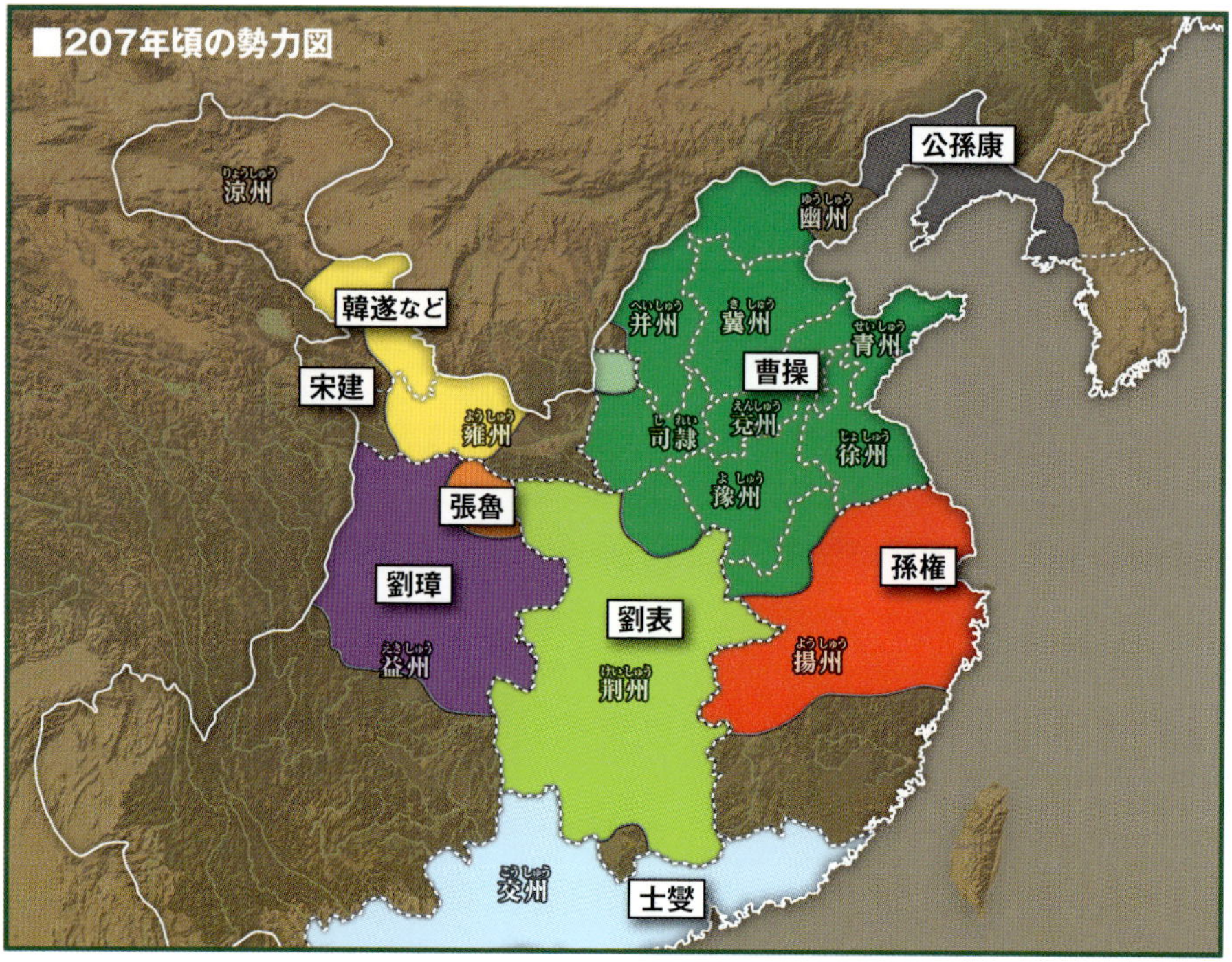

■207年頃の勢力図

指して南下を開始し、荊州へ侵攻した。すると、劉表の跡を継いでいた子の劉琮《りゅうそう》が、曹操に抵抗することなくあっさり降伏してしまったため、孤立した劉備は逃走し、夏口《かこう》へと落ち延びた。

その頃父と兄孫策の跡を継ぎ江東・江南一帯を支配していた孫権は、曹操から降伏を迫られていた。

そこで劉備は、孫権と同盟を結んで曹操に対抗しようと諸葛亮を呉に派遣。諸葛亮は孫権に謁見して決意を促すと、孫権配下の**魯粛**《ろしゅく》らと謀って同盟を成立させたのである。

二〇八年、八十万と号される曹操軍が長江を下り**赤壁**《せきへき》に布陣し、睨み合いが始まった。劉備と孫権の連合軍は合わせて五万。数の上では魏軍が圧倒的に優位だが、曹操軍の陣中では疫病が流行して士気が低下していた。

さらに船の安定を維持するため、曹操軍が軍船同士を鎖で結んでいることに目をつけた呉の将軍**周瑜**《しゅうゆ》が、油をつけた干し草を積んだ船を曹操軍の船団に突っ込ませた。これにより船団は炎上。陣営が火の海となったところへ劉備と孫権の軍が追撃を加え曹操軍を敗走させた。

こうして曹操の天下統一の夢は潰えたのである。

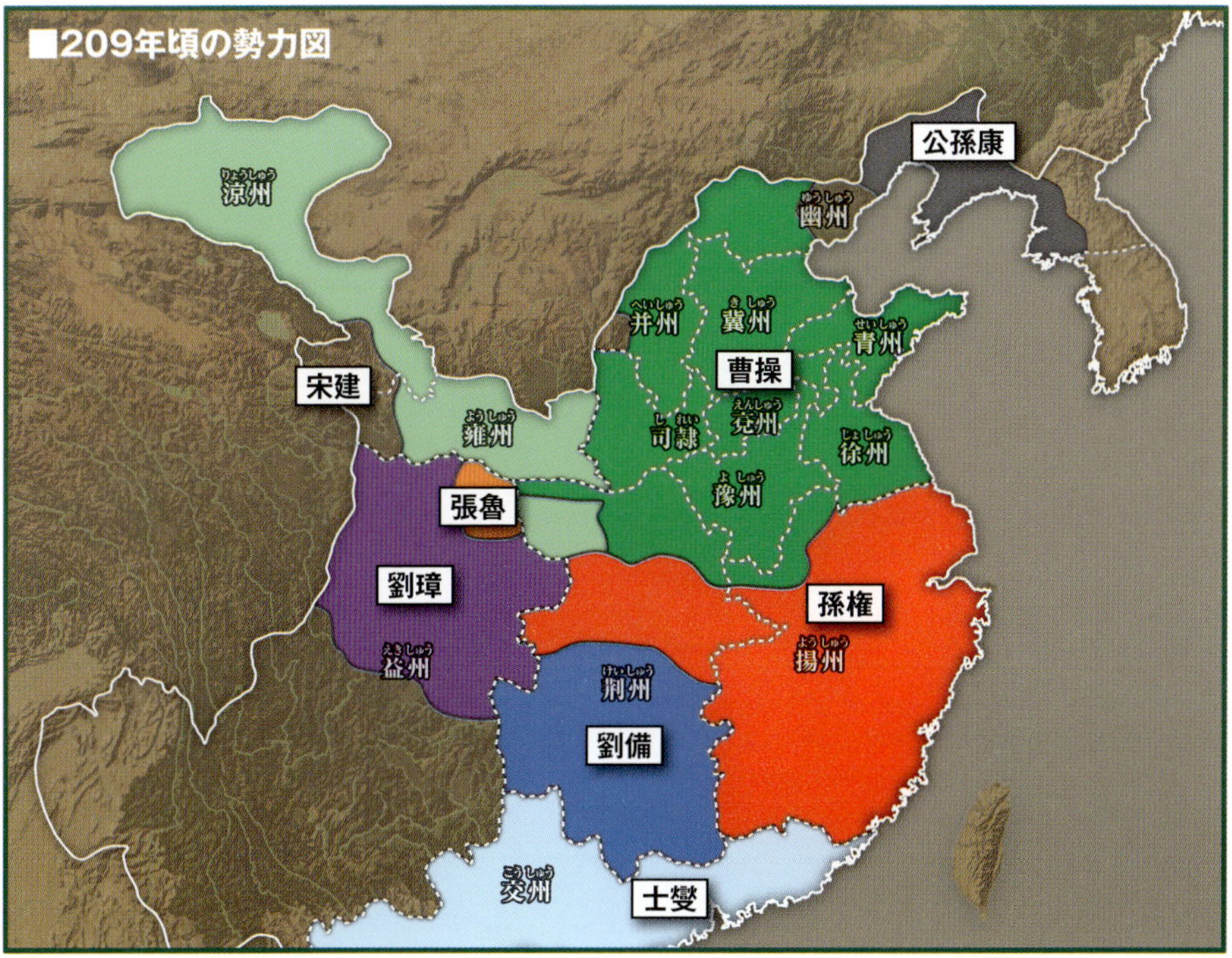

■209年頃の勢力図

その後、劉備は天下三分の実現に邁進していく。曹操軍の退勢に乗じて荊州四郡を確保すると、さらに二一四年に益州を**劉《りゅう》璋《しょう》**から奪取。二一九年には曹操を破って漢中を平定した。そして魏王を名乗る曹操に対抗して漢中王を名乗ったのである。

●荊州問題から発展　蜀と呉の決戦「夷陵の戦い」

こうして三国の形勢が定まった。しかし孫権と劉備の間では荊州の帰属問題が表面化していく。一度は荊州の分割統治で合意するも、劉備の漢中平定直後、孫権が曹操と結び、荊州の守将、**関羽《かんう》**を討って荊州を奪回した。

その翌年、曹操が病死し跡を継いだ曹丕《そうひ》が皇帝となり魏を建国した。これに対抗した劉備が、翌年、蜀漢（蜀）を建国して、まず魏と蜀が並立した。

即位した劉備は関羽の敵を討つべく荊州の奪還を目指し、二二一年、周囲の反対を押し切って呉に出陣する。そして長江を東へと進み、**夷陵**へと至ると長大な陣を敷いて呉軍を待ち受けた。

一方呉軍を率いる**陸遜《りくそん》**は持久戦に持ち込むと、蜀軍の疲れを見計らって攻勢に出、火計によって蜀軍を殲滅した。劉備

■215年頃の勢力図

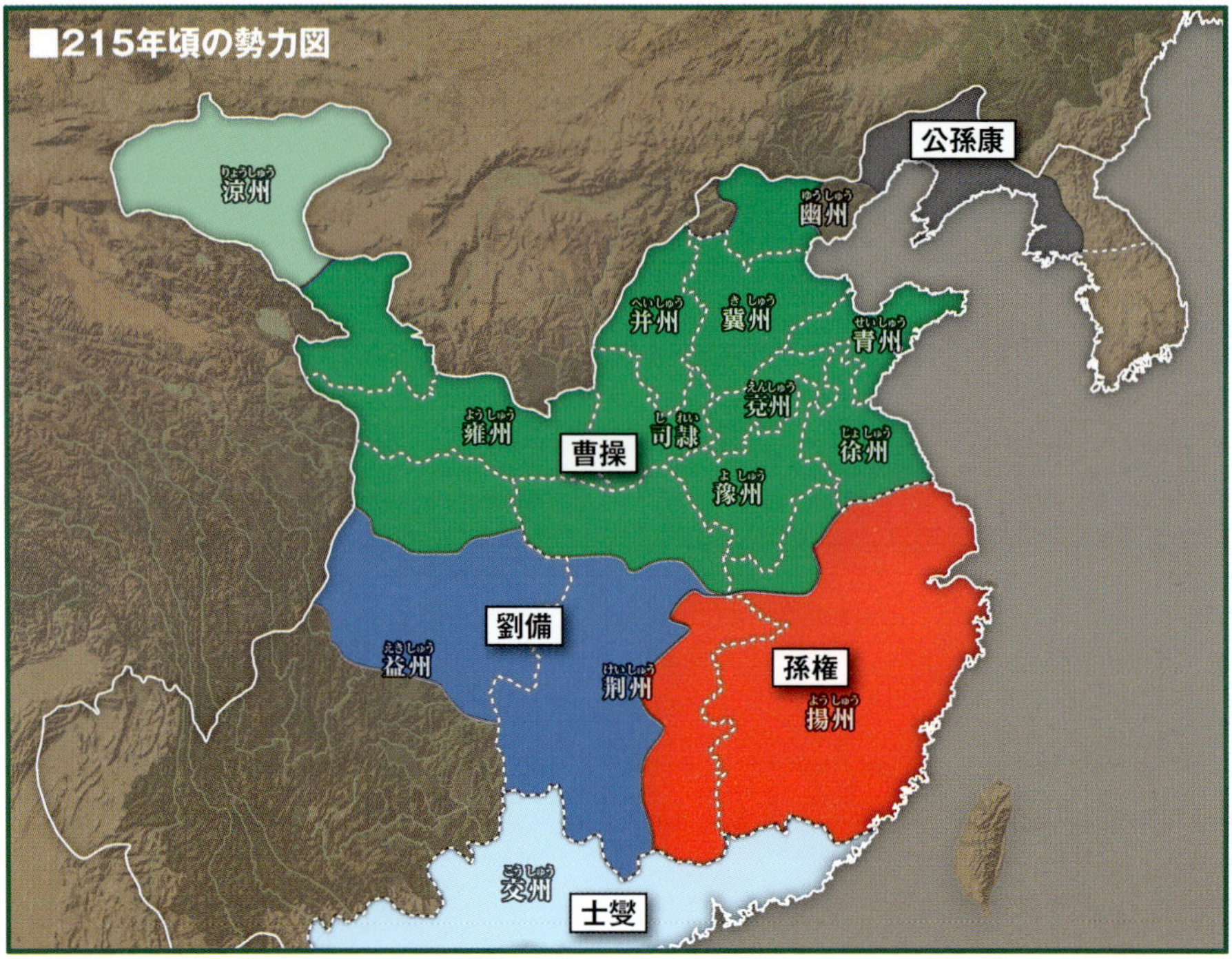

は辛くも**白帝城**《はくていじょう》に逃げ帰り翌二二三年に没した。

●漢王朝復興へ　諸葛亮の五度の北伐

劉備からその子**劉禅**《りゅうぜん》と漢王朝再興を託された諸葛亮は、まず疲弊した国力の回復に尽力すると、速やかに呉と同盟を結び直し、二二五年、自ら大軍を率いてたびたび反乱を起こしていた南中を平定する。

後顧の憂いを断った諸葛亮は、劉備の悲願である漢王朝復興のため、劉禅に自らの決意をしたためた「**出師**《すいし》**の表**《ひょう》」を奉り、魏討伐に出陣した。

ここから五度にわたる北伐が始まる。

二二八年の第一次北伐は涼州を狙う奇策で緒戦に勝利し、蜀軍は長安をうかがう勢いを見せた。しかし諸葛亮の愛弟子の馬謖《ばしょく》が、命令を無視して**街亭**《がいてい》**の戦い**に敗れ、撤退へと追い込まれてしまう。

同年の第二次では**陳倉**《ちんそう》**の戦い**、二二九年の第三次では武《ぶ》都《と》・陰平《いんぺい》両郡の平定戦、二三一年の第四次は祁山《きざん》の包囲戦などを繰り広げたが、すでに蜀と魏の国力の差は歴然たるものとなっており、大きな成果は挙げられなかった。

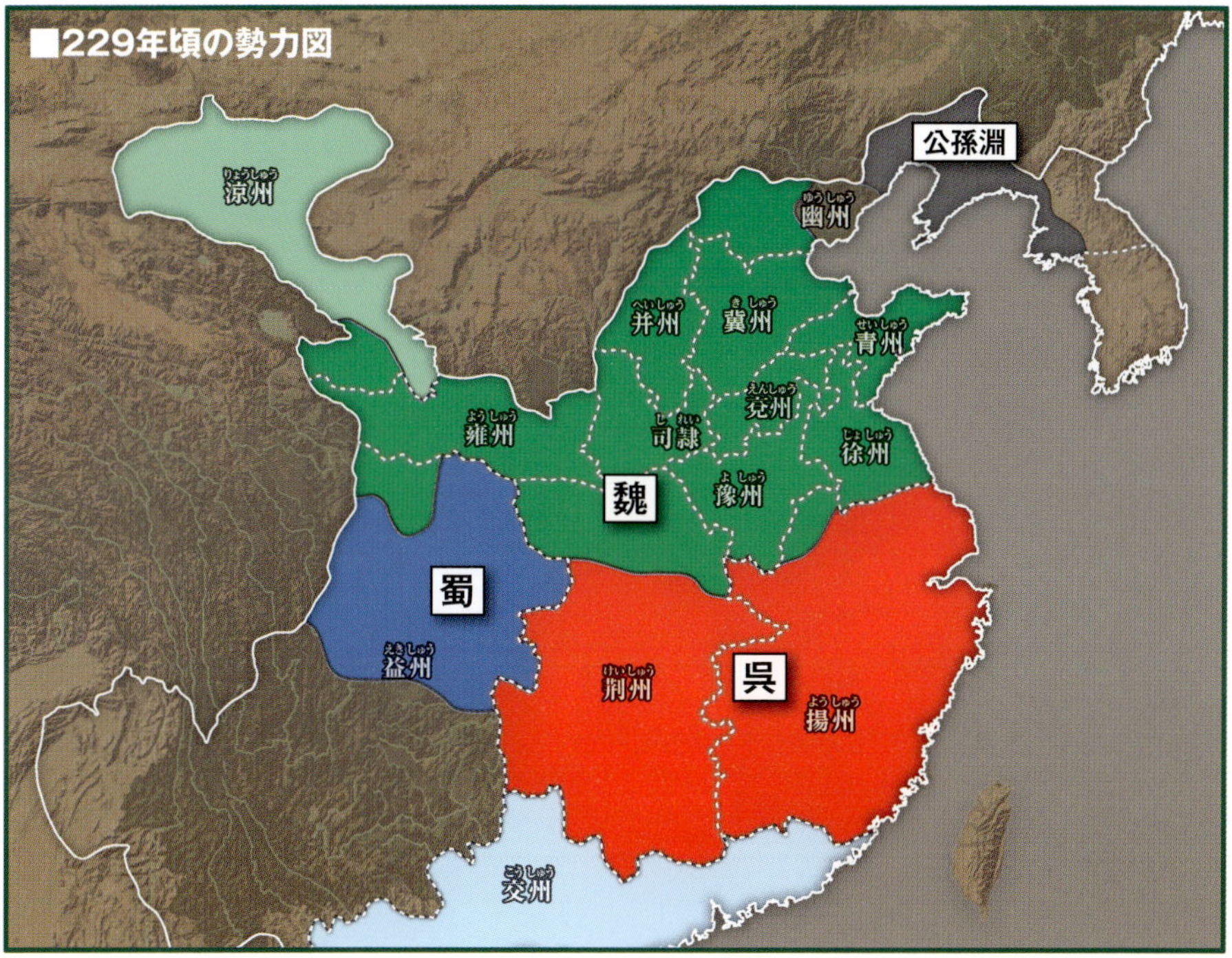

■229年頃の勢力図

●五丈原の戦いと諸葛亮の死

四度の北伐において食糧不足がたたっていたため、諸葛亮は二三四年の第五次北伐では**五丈原**《ごじょうげん》で屯田も行ない、長期戦を想定した布陣で臨んだ。

そのうえで諸葛亮は三倍の兵力を誇る**司馬懿**《しばい》率いる魏軍と五丈原で対峙する。諸葛亮は短期決戦に持ち込もうと相手を挑発するが、司馬懿は応じず膠着状態が続く。その結果、兵糧よりも先に諸葛亮の寿命が尽きてしまう。かくして同年八月、諸葛亮は陣中で病没したのである。

蜀軍は諸葛亮の遺言に従って粛々と撤退していった。その死を知らない魏軍が追撃するが、蜀の楊儀《ようぎ》が軍を引き返して反撃してきたため、敵の策略にはまったと思った魏軍は兵を撤退させたという。ここから「死せる諸葛、生ける仲達を走らす」という言葉が生まれた。

●三国時代の終焉——統一を果たした晋

その後の蜀は北伐を控えて国力充実に努めたが、二五三年になると、軍権を掌握した姜維《きょうい》が北伐を再開する。しかし成

■269年頃の勢力図

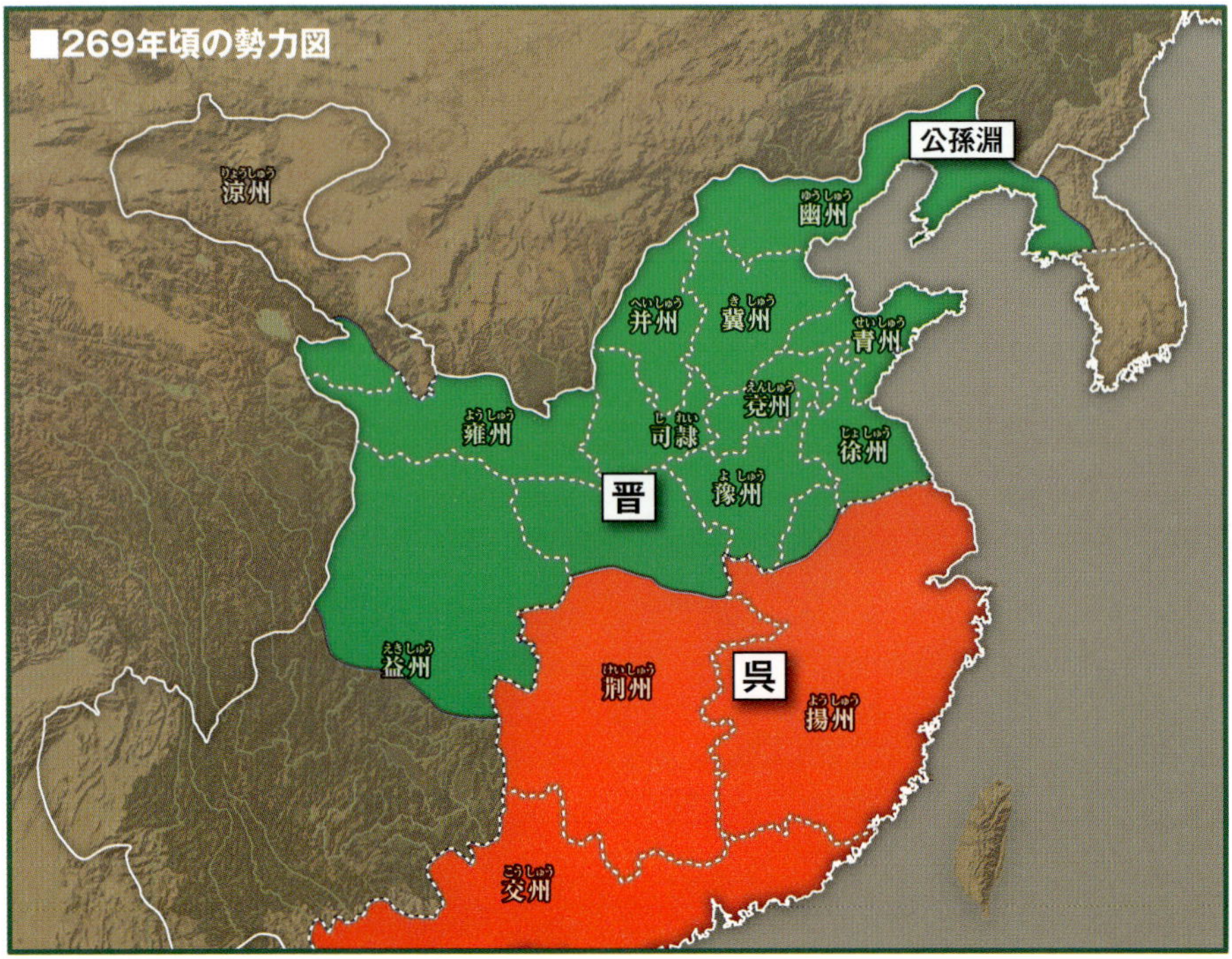

果はあがらないまま北伐が繰り返されたため、蜀の国力は疲弊していった。一方蜀の宮廷では、劉禅が重用した宦官の黄《こう》皓《こう》の専横により政治が乱れた。二六三年に魏が蜀討伐軍を送り込むと、劉禅はあっけなく降伏。蜀は滅亡する。

蜀を併呑し、統一へ大きく前進した魏であったが、天下の主となることはできなかった。

魏の内部においても実権は曹操一族の曹氏から司馬氏へと移っていた。諸葛亮の北伐を防いだ司馬懿は勢力を拡大。二四九年にクーデターを起こして曹氏の実力者であった曹《そう》爽《そう》を排除すると、司馬懿の跡を継承した子の**司馬《しば》師《し》**、**司馬《しば》昭《しょう》**兄弟が魏の実権を掌握していった。

そして、二六五年、司馬懿の孫・**司馬炎《しばえん》**が曹奐《そうかん》から帝位を奪い自ら帝位につき晋を建国した。

一方、二二九年には孫権も皇帝を称した呉であったが、孫権の晩年、跡目争いが激化して弱体化していった。孫権の死後も内紛が絶えず、二六四年に即位した**孫皓《そんこう》**が暴政を始めると、国内は乱れた。

これを見た司馬炎は二七九年に呉に総攻撃を仕掛ける。翌年には呉も滅亡し、晋が中国統一を果たしたのである。

第一章

漢末の動乱

——黄巾の乱から官渡の戦いまで

後漢の衰退から曹操の覇権確立まで

一八四年（光和七年／中平元年）

二月、**張角**《ちょうかく》が率いる太平道《たいへいどう》が一斉に蜂起し、**黄巾の乱**《こうきん》が起こる。（→20ページ）
三月、何進《かしん》が大将軍に任命され、党錮《とうこ》の禁《きん》が解かれる。
六月、盧植《ろしょく》が張角を追い詰めるも、讒言により董卓《とうたく》と交代させられる。

一八五年（中平二年）

韓遂《かんすい》・辺章《へんしょう》が涼州にて蜂起するも、董卓らにより鎮圧される。

一八七年（中平四年）

韓遂が馬騰《ばとう》を伴い再び反乱を起こす。

一八八年（中平五年）

劉焉《りゅうえん》が各地に「牧《ぼく》」を置くことを進言し、益州《えきしゅう》の牧となる。

一八九年（中平六年）

二月、霊帝《れいてい》が崩御し、少帝が即位する。
何進《かしん》が宦官の蹇碩《けんせき》、董太后らを殺害するも、報復で殺害される。
袁紹《えんしょう》らにより宦官二〇〇〇人余りが殺害される。
八月、董卓が洛陽に入城し、少帝を廃して献帝《けんてい》を即位させる。

一九〇年（初平元年）

一月、袁紹を盟主として**反董卓連合軍**が結成される。（→24ページ）
同月、董卓が少帝を殺害し二月、長安への遷都を強行する。

一九一年（初平二年）

二月、孫堅《そんけん》、陽人《ようじん》の戦いで華雄《かゆう》を討ち洛陽に入る。（→30ページ）
七月、袁紹が韓馥《かんふく》から冀州牧の地位を奪い、公孫瓚《こうそんさん》との対立を始める。
袁術と公孫瓚、袁紹と劉表《りゅうひょう》がそれぞれ同盟を結ぶ。
劉表と孫堅が争い、襄陽《じょうよう》の戦いで孫堅が戦死する。（→32ページ）

一九二年（初平三年）

正月、袁紹が公孫瓚を**界橋の戦い**《かいきょう》で破る。（→34ページ）
四月、王允《おういん》と呂布《りょふ》が董卓を誅殺する。
同月、曹操《そうそう》、兗州刺史《えんしゅうしし》となり、黄巾軍を降して青州兵を組織する。
六月、李傕《りかく》と郭汜《かくし》が長安を襲撃し、呂布を追い落とす。

一九三年（初平四年）	正月、曹操、袁術を匡亭《きょうてい》の戦いで破り、敗れた袁術は寿春を本拠とする。
一九四年（興平元年）	六月、父を陶謙《とうけん》の部下に殺された曹操が徐州大虐殺を行なう。
	十月、公孫瓚が幽州牧の劉虞《りゅうぐ》を破り殺害する。
	劉備《りゅうび》、陶謙の跡を継ぎ、徐州の支配権を握る。
	孫策《そんさく》が牛渚《ぎゅうしょ》・曲阿《きょくあ》の戦いで劉繇《りゅうよう》を破る。（→38ページ）
一九五年（興平二年）	正月、曹操が定陶《ていとう》で呂布を破り、敗れた呂布は徐州の劉備を頼る。
一九六年（建安元年）	呂布、盱眙《うい》・淮陰《わいいん》の戦いで袁術と交戦中の劉備を裏切り、徐州を奪う。（→42ページ）
	八月、曹操が洛陽にて献帝を保護して許昌《きょしょう》に移す。
一九七年（建安二年）	正月、曹操、**宛城《えんじょう》の戦い**で張繍《ちょうしゅう》に敗れる。（→46ページ）
	春、袁術が皇帝を自称するも、九月、曹操の討伐を受けて敗れる。
一九八年（建安三年）	十二月、曹操、**下邳《かひ》の戦い**で呂布を捕らえて斬る。（→48ページ）
一九九年（建安四年）	三月、袁紹が易京《えききょう》にて公孫瓚を破り、自害へ追い込む。
	六月、袁術が病死する。
二〇〇年（建安五年）	曹操、袁紹と結んだ徐州の劉備を攻め、関羽《かんう》を捕らえる。
	四月、**白馬《はくば》・延津《えんしん》の戦い**で曹操が袁紹を破る。（→52ページ）
	同月、孫策が刺客に殺され、孫権が後を継ぐ。
	十月、曹操が**官渡《かんと》の戦い**で袁紹を破る。（→56ページ）
二〇一年（建安六年）	劉備、汝南《じょなん》で曹操軍に敗れ、荊州の劉表を頼る。
	曹操、黎陽《れいよう》にて袁紹を破る。（『三国志演義』では**倉亭《そうてい》の戦い**があったとされる）。（→62ページ）
二〇二年（建安七年）	五月、袁紹が病死して、息子の袁譚《えんたん》と袁尚《えんしょう》が争いを始める。
二〇四年（建安九年）	八月、曹操が袁尚を破り、冀州を平定する。

184年
（中平元年）
2月～11月

黄《こう》巾《きん》の乱《らん》

反乱軍に後れを取った官軍、「儒将」の手を借り巻き返しを図る！

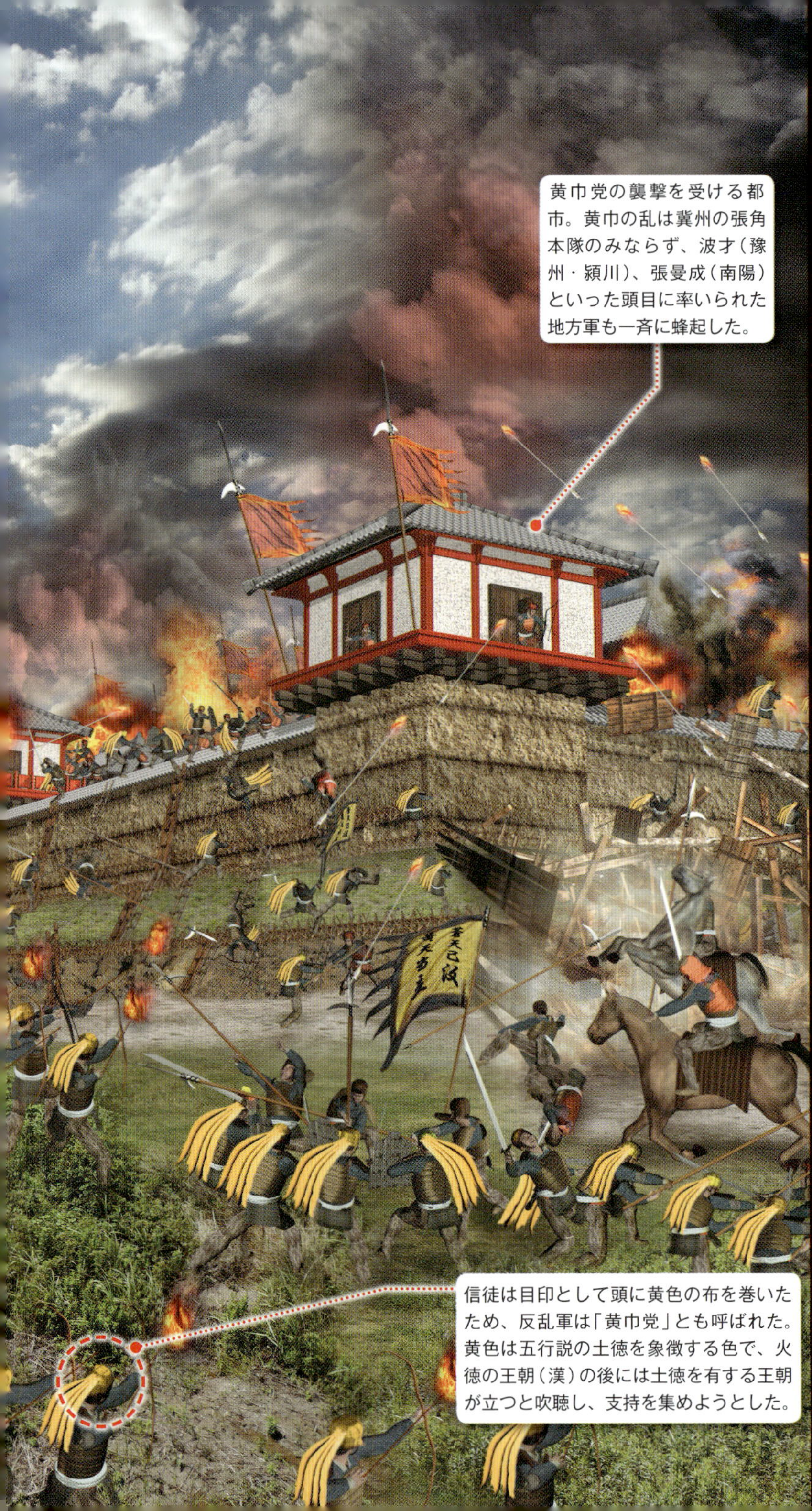

黄巾党の襲撃を受ける都市。黄巾の乱は冀州の張角本隊のみならず、波才（豫州・潁川）、張曼成（南陽）といった頭目に率いられた地方軍も一斉に蜂起した。
信徒は目印として頭に黄色の布を巻いたため、反乱軍は「黄巾党」とも呼ばれた。黄色は五行説の土徳を象徴する色で、火徳の王朝（漢）の後には土徳を有する王朝が立つと吹聴し、支持を集めようとした。

激闘のデータ

官軍 VS. 黄巾党

指揮官

官軍	黄巾党
皇甫嵩	張角
朱儁	張宝
董卓	張梁

兵力

官軍	黄巾党
数万	数十万

戦場

下曲陽、広宗、鉅鹿、長社、汝南など

出典

『三国志』武帝紀ほか／『三国志演義』第1回

黄巾軍の襲撃

どんな戦い？

184年、腐敗を極める漢帝国において太平道の指導者・張角は、数十万に及ぶ信徒を軍事組織化し、一斉蜂起へと至る。漢王朝が事態を甘く見ていたこともあり、乱はまたたくまに全国へ広がっていった。

太平道の信徒である黄巾党が旗印としたのは、「蒼天已死　黄天當立　歳在甲子　天下大吉（蒼天すでに死す、黄天まさに立つべし。歳は甲子に在りて、天下大吉）」のスローガンであった。

劉氏による後漢《ごかん》王朝が君臨する二世紀後半の中国大陸では、政治の実権を巡って外戚《がいせき》や宦官《かんがん》が争い、後漢皇帝の威信が失墜。政治は腐敗を極めていた。

一八四年、そうした王朝を打倒すべく、華北《かほく》を中心とした地域で民衆反乱の火の手が上がる。

三国時代の幕開けを告げる黄巾《こうきん》の乱《らん》である。反乱の首謀者は張角《ちょうかく》といい、太平《たいへい》道《どう》という新興宗教の教祖であった。

彼は数十万人に上る信者を三六の「方《ほう》」という支部に分けて軍事組織化すると、太平道の信者による国をつくるために一斉蜂起を命じる。

これを受けて蜂起した太平道の勢力は、全国の八州に及んだ。信徒は目印として頭に黄色の布を巻いたため、反乱軍は「黄巾」とも呼ばれた。

中央政府は黄巾の蜂起を受け、儒教を奉ずる官僚知識人たちを公職追放した党《とう》錮《こ》の禁を解除し、各地に鎮圧軍を派遣した。この鎮圧戦で活躍したのが、盧植《ろしょく》や

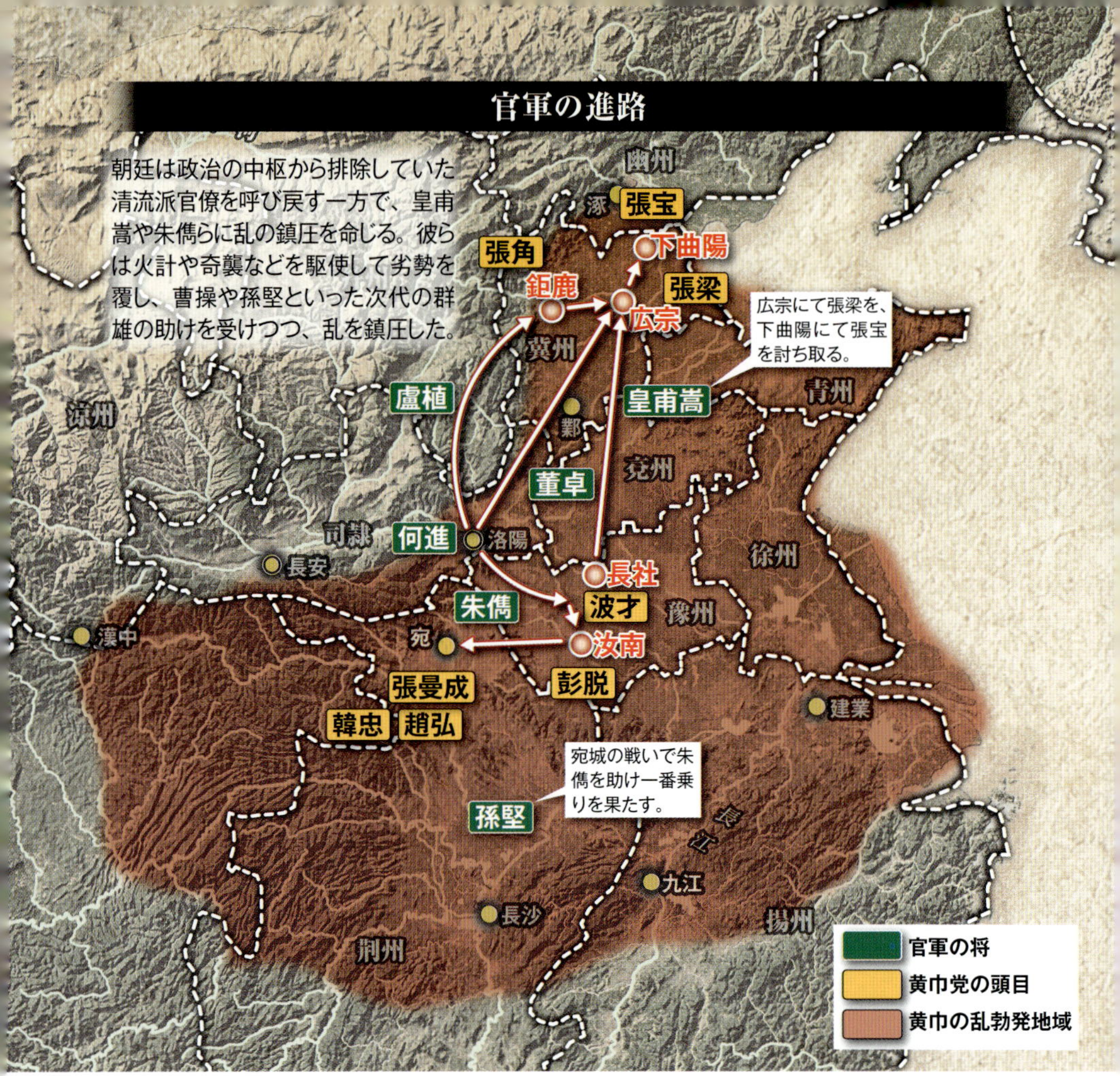
官軍の進路
朝廷は政治の中枢から排除していた清流派官僚を呼び戻す一方で、皇甫嵩や朱儁らに乱の鎮圧を命じる。彼らは火計や奇襲などを駆使して劣勢を覆し、曹操や孫堅といった次代の群雄の助けを受けつつ、乱を鎮圧した。
幽州
涿
張宝
張角
下曲陽
鉅鹿
張梁
広宗
広宗にて張梁を、下曲陽にて張宝を討ち取る。
冀州
盧植
皇甫嵩
青州
涼州
鄴
兗州
董卓
司隷
何進
洛陽
長安
徐州
長社
朱儁
波才
豫州
漢中
宛
汝南
張曼成
彭脱
建業
韓忠
趙弘
宛城の戦いで朱儁を助け一番乗りを果たす。
孫堅
長江
九江
長沙
揚州
荊州
官軍の将
黄巾党の頭目
黄巾の乱勃発地域

皇甫《こうほ》嵩《すう》、朱儁《しゅしゅん》といった将軍たちである。

●敵を欺く奇襲作戦

張角率いる反乱軍の主力を追い詰めたのは、北中郎将《ほくちゅうろうしょう》の盧植だった。張角が広宗県城《こうそうけんじょう》(現・河北省《かほくしょう》)に籠城《ろうじょう》すると、盧植は城を包囲した。

ところが、視察に訪れた宦官・左豊《さほう》に賄賂を渡さなかったために讒言《ざんげん》され、盧植は解任されてしまう。しかし、盧植の代わりに派遣された董卓《とうたく》は成果を上げることができず、董卓に代わり皇甫嵩が起用された。

皇甫嵩はここで一計を案じる。あえて兵士を休ませて敵を油断させたのである。そして夜間、密かに戦いの準備を整え、敵がまだ寝静まっている早朝に総攻撃をかけた。官軍が城内に火矢を打ち込んで火災を起こしたため、城内は混乱の極みに達したという。

黄巾党の組織

張角は数十万の信徒を6000～1万人単位の方に編成する一方、市井には革命の機運を高める工作を施していった。

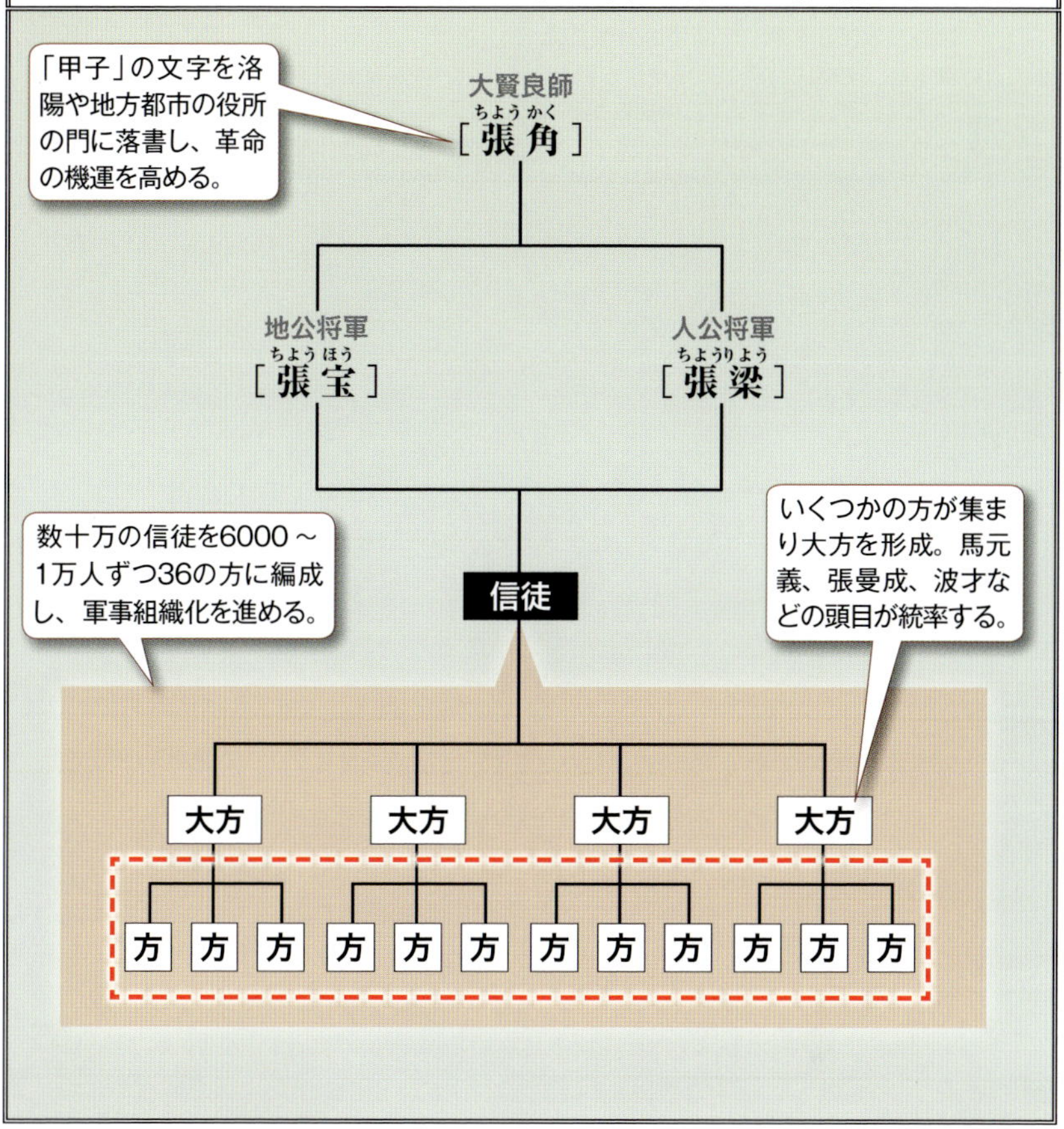

「甲子」の文字を洛陽や地方都市の役所の門に落書し、革命の機運を高める。
大賢良師
[張角《ちょうかく》]
地公将軍
[張宝《ちょうほう》]
人公将軍
[張梁《ちょうりょう》]
数十万の信徒を6000～1万人ずつ36の方に編成し、軍事組織化を進める。
信徒
いくつかの方が集まり大方を形成。馬元義、張曼成、波才などの頭目が統率する。
大方
大方
大方
大方
方
方
方
方
方
方
方
方
方
方
方
方

戦いの意義

反乱鎮圧後も漢帝国の腐敗は改善されることがなく、組織化されていた黄巾党残党や地方勢力の反乱が続いた。そうしたなかで各地に軍閥的な勢力が多数出現し、群雄割拠の様相を呈するようになる。

かくして広宗は落城し、張角がすでに病死していたことも発覚した。

一方南陽《なんよう》の宛城《えんじょう》では「神上使」と称する張曼成《ちょうまんせい》が百日以上籠城していたが、彼は、南陽太守の秦頡《しんけつ》に討ち取られた。その後朱儁は張曼成ののちに賊帥《ぞくすい》となった趙弘《ちょうこう》と戦い、また新たに立った賊帥韓《かん》忠《ちゅう》に対しても大勝を収めた。

この時の陽動作戦で活躍したのが、のちの呉主・孫権の父である、孫堅《そんけん》である。

こうして短期間のうちに反乱は鎮圧されたのだった。

戦場の名言

智者は時に後れず、勇者は決を留めず

反乱軍の鎮圧の際、董卓が皇甫嵩へ放った言葉。好機を見定めるのが智者で、好機を逃さず実行に移せるのが勇者という意味である。

反乱軍をすぐに制圧しようとしない皇甫嵩への皮肉だったが、実際には、この言葉通りに好機を見定め、好機と見るや、董卓の反対を押し切って制圧を実行したのは皇甫嵩のほうだった。

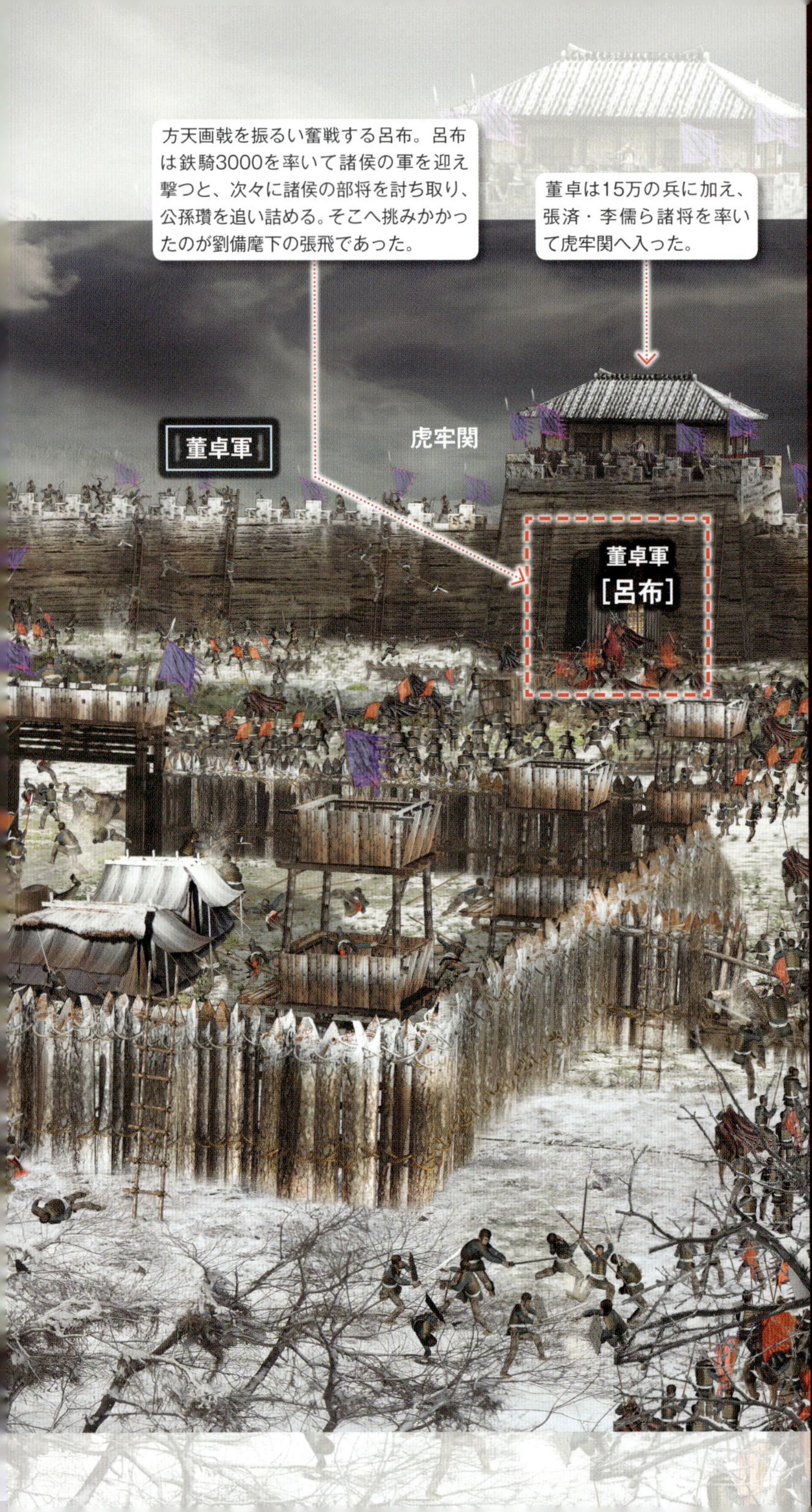
方天画戟を振るい奮戦する呂布。呂布は鉄騎3000を率いて諸侯の軍を迎え撃つと、次々に諸侯の部将を討ち取り、公孫瓚を追い詰める。そこへ挑みかかったのが劉備麾下の張飛であった。
董卓は15万の兵に加え、張済・李傕ら諸将を率いて虎牢関へ入った。
董卓軍
虎牢関
董卓軍
[呂布]

190年
（初平元年）

虎《こ》牢《ろう》関《かん》の戦い

呂布の武勇が光る 反董卓連合軍VS.董卓軍の激突

激闘のデータ

反董卓連合軍 VS. 董卓軍

指揮官

袁紹 ｜ 董卓

兵力

20万 ｜ 15万

戦場

虎牢関

出典

『三国志演義』第5回～6回

激闘！虎牢関

どんな戦い？

『三国志演義』のみに登場する戦い。反董卓連合軍に対し、董卓は呂布らを率いて虎牢関に籠り待ち構えた。この戦いでは呂布の武勇が光る。呂布は挑みかかる諸侯の部将を次々に一騎打ちで破り、張飛・関羽・劉備の三将を相手に互角の戦いを演じてみせた。

虎牢関の両側に迫る山。虎牢関は幅約200mの山間の隘路を塞ぐようにして建てられていた。
董卓は呂布に３万の兵を与えて虎牢関の前に砦を築かせた。
反董卓連合軍

『演義』の名勝負！

呂布 VS. 張飛 関羽 劉備

戦いの最中、呂布に追い詰められた公孫瓚が、討たれそうになったところへ助けに入ったのは、張飛であった。両者は戦うこと50合余り。勝負がつかないため、関羽が加勢した。だが張飛と関羽の2人を相手にしても呂布の勢いは一向に衰えない。そこへ劉備も加わり、3人で呂布を取り囲んだものの、呂布を倒すことはできなかった。

結局、さすがの呂布も疲れがみえたため、潮時と判断して呂布のほうから戦いをやめている。3人は呂布を追ったものの、名馬・赤兎《せきと》に乗る呂布に追いつくことはできなかった。

正史による反董卓連合軍の進路

『三国志演義』において曹操の檄文を機に結成される連合軍は、汜水関・虎牢関と戦い、洛陽へ迫る。しかし、正史によると積極的に戦ったのは、孫堅と曹操くらいであった。

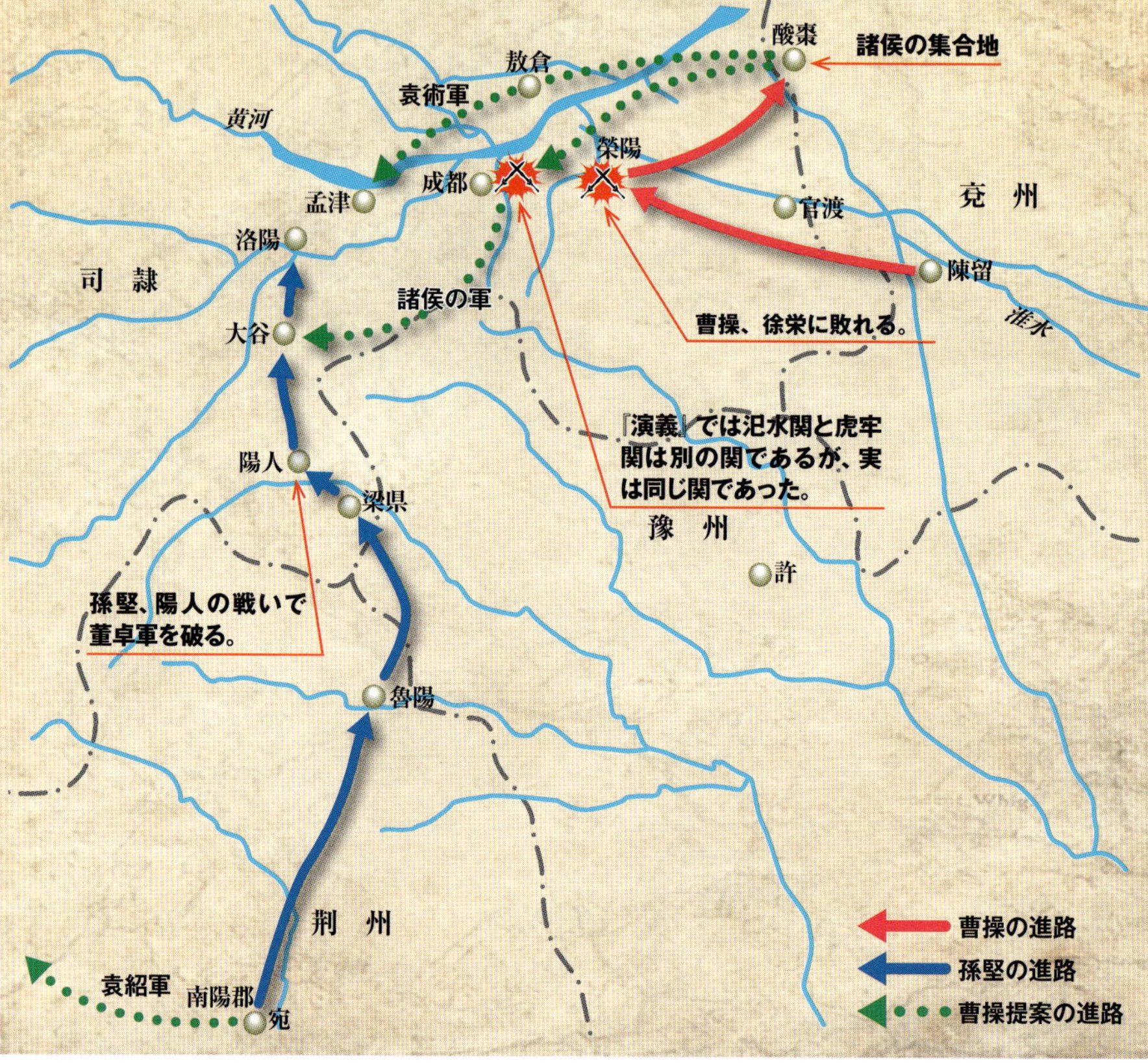

黄巾の乱後、洛陽《らくよう》の都に入り実権を握った涼州《りょうしゅう》の董卓《とうたく》は、帝を挿《す》げ替えて専横をほしいままにするのみならず、気の向くままに民衆を虐《しいた》げる暴虐を働く。

この暴政に対して諸侯たちは一九〇年、反董卓連合軍を結成。袁紹《えんしょう》を盟主として董卓が占拠する洛陽を目指した。

この動きを知った董卓は、猛将・華雄《かゆう》を、汜水関《しすいかん》に送り込んだ。汜水関は守るに易く、攻めるに難い洛陽防衛の要害である。これに対し反董卓連合軍は、長沙《ちょうさ》の太守孫堅を送り込む。孫堅は緒戦でこそ華雄配下の胡軫《こしん》を討ち勝利したものの、孫堅が洛陽に一番乗りすることを警戒した味方の袁術《えんじゅつ》が兵糧を送らなかったために敗れてしまった。

勢いに乗った華雄は、連合軍の陣営まで迫り一騎打ちを申し入れてきた。二人の武将が瞬く間に華雄に討たれ、誰もが尻込みするなか、志願して一騎打ちに挑

反董卓連合軍（正史より）

反董卓連合軍に参加した諸侯の名は、正史と『演義』の間で若干の違いが見られる。

董卓の放火により焼け落ちる宮殿。董卓は宮殿のみならず、歴代皇帝の墓を暴いて副葬品を掠奪し、長安へと運び去ったという。
董卓は洛陽の住民を長安へ移住させたため、都は荒廃した。『演義』では洛陽の富裕層からもその財産を奪っている。

洛陽炎上

『三国志演義』において董卓は、虎牢関を抜いた反董卓連合軍の動きに対し、洛陽を捨てることを決断。漢の都として栄えてきた洛陽に火を放つ。

んだのが関羽《かんう》。公孫瓚《こうそんさん》に属していた劉備《りゅうび》配下の豪傑《ごうけつ》である。

彼は見事に華雄を討ち取り、反董卓軍は虎牢関《ころうかん》へと進軍した。

●張飛・関羽・劉備対呂布の戦い

華雄討死の報を受けた董卓は、十五万の軍勢を率いて虎牢関へ入った。

董卓軍は腹心の呂布《りょふ》に命じて関の手前に砦を築かせると、自身は虎牢関に籠り、連合軍を迎え撃った。

呂布は「飛将《ひしょう》」と呼ばれた豪傑で、荊《けい》州《しゅう》の刺史《しし》丁原《ていげん》の部下だった。しかし董卓の誘いを受けて丁原を斬り、董卓の護衛役となっていた。

董卓への帰順の際に与えられた名馬・赤兎《せきと》に乗り、方天画戟《ほうてんがげき》を構える勇姿は、「人中《じんちゅう》の呂布、馬中《ばちゅう》の赤兎」と讃えられるほど。弓にも馬術にも優れた呂布は、虎牢関の戦闘が始まるや、たちどこ

洛陽入城

洛陽
洛陽へと入城する反董卓連合軍。『演義』では諸侯が入城するが、正史において洛陽を占領したのは、孫堅であった。
反董卓連合軍

虎牢関の戦いに勝利した反董卓連合軍は、灰燼に帰した洛陽へと入城。目的を失い解散へといたる。

戦いの意義

戦いのあと、劣勢と見た董卓は洛陽の放棄を決定。都に火を放って長安へと逃亡していく。架空の戦いであるが、董卓による洛陽炎上と、反董卓連合軍解散の契機となった。

ろに連合軍の武将の方悦《ほうえつ》、穆順《ぼくじゅん》を討ち、武安国《ぶあんこく》の腕を切り落とし、公孫瓚を追い詰めてしまった。

さらに、張飛《ちょうひ》・関羽・劉備の三人を同時に相手にして互角に戦った呂布は、ようやく虎牢関へと引き揚げていった。

このあと董卓は洛陽を捨て長安《ちょうあん》へと撤退し、戦いは連合軍の勝利に終わる。

これが一般に流布している汜水関から虎牢関の戦いであるが、実はこの戦いの描写は正史にはなく、『三国志演義《さんごくしえんぎ》』（以下『演義』）の創作。虎牢関自体も汜水関と同一の関なのである。

三国志名将伝

呂布《りよふ》（？～198）

『三国志演義』では屈指の戦闘力を誇る人物で、多くの武将を討ち取り、劉備、関羽、張飛の３人のほか、許褚《きよちよ》、典韋《てんい》、夏侯惇《かこうとん》、夏侯淵《かこうえん》、李典《りてん》、楽進《がくしん》ら曹操軍の勇将６人を同時に相手取り、寄せ付けなかった。正史において董卓の侍女との密通をきっかけに董卓殺害へと及ぶ逸話から、貂蝉《ちようせん》を絡めた『演義』の三角関係が生まれている。

魯陽にて董卓軍の包囲を受けた孫堅は、数十騎の騎兵に守られつつ脱出を図る。
孫堅軍
フェルト頭巾を被り、孫堅の影武者となって脱出する宿将の祖茂。
董卓軍

191年
（初平2年）
2月

陽《よう》人《じん》の戦い

反董卓連合軍の真実！
董卓を追い落とした孫堅の猛攻

『演義』に描かれる虎牢関の戦いの実相はどのようなものだったのか。正史の記述は、『演義』とかなりの違いがある。

じつは反董卓連合軍の諸侯は、董卓の軍事力に恐れをなしてほとんどが静観を決め込み、率先して董卓軍と戦ったのは曹操《そうそう》と孫堅ぐらいであった。しかも曹操は滎陽《けいよう》の戦いで董卓軍の徐栄《じょえい》に敗れて撤退。結局、一人気を吐いたのは孫堅だった。

●華雄を討ち取り、董卓を脅かした孫堅

長沙太守の孫堅は、一九〇年、洛陽を目指し北上を開始した。荊州刺史の王《おう》叡《えい》、南陽太守の張咨《ちょうし》らを討ちながら魯陽《ろよう》にて袁術に合流し、一九一年二月には洛陽近くの梁《りょう》県まで進んだが、宴の最中、

激闘のデータ

反董卓連合軍 VS. 董卓軍	
指揮官	
孫堅	華雄
兵力	
不明	不明
戦場	
陽人・大谷関	
出典	
『三国志』孫破虜討逆伝	

孫堅の脱出劇

どんな戦い？

　陽人の戦いは正史に見える実際の戦い。長沙より北上した孫堅は、魯陽で董卓の暗殺部隊を退けると、梁県へと進軍。ここで徐栄に敗れたものの、機転を利かせて脱出に成功する。再現CGはこの場面である。この脱出劇によって勢いを盛り返した孫堅は、陽人で華雄を討ち取った。

戦いの意義

戦いに敗れた董卓は、孫堅を恐れて和平を申し入れるも、孫堅はこれを拒否して大谷関へ進軍。董卓はついに洛陽を捨てる。

孫堅の進路

長沙で挙兵した孫堅は江陵・南陽を制圧しながら洛陽へ迫った。

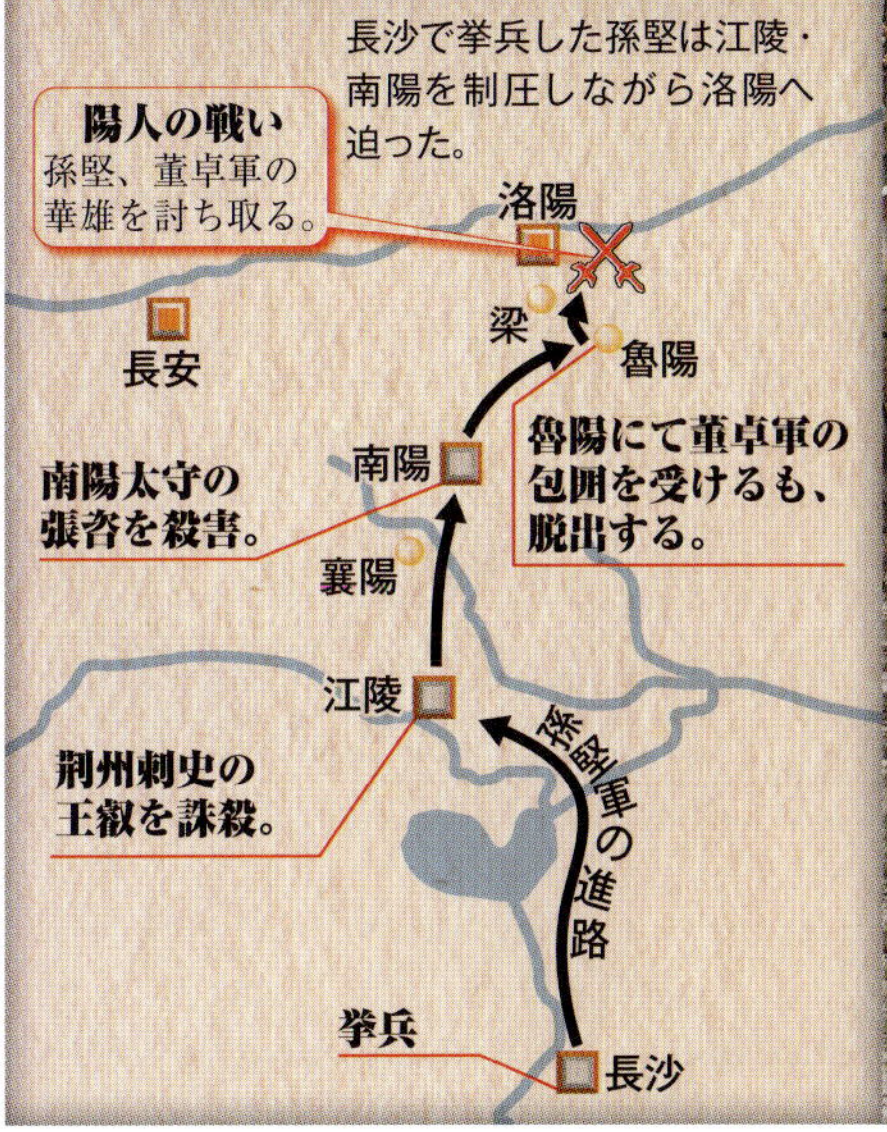

陽人の戦い
孫堅、董卓軍の華雄を討ち取る。
洛陽
長安
梁
魯陽
南陽
魯陽にて董卓軍の包囲を受けるも、脱出する。
南陽太守の張咨を殺害。
襄陽
江陵
荊州刺史の王叡を誅殺。
孫堅軍の進路
挙兵
長沙

魯陽の陣営

董卓の精鋭部隊に急襲されてしまう。しかし孫堅は敵の接近に気づかぬふりをしながら密かに兵を整えさせ、敵が増えると素早く城内へ避難した。これは兵の混乱を防ぐための機転だった。

　また梁に至った際に董卓の大軍に包囲されると、普段被っているフェルトの頭巾を側近《そっきん》の祖茂《そも》に被らせて敵の注意をひき、その隙に逃げ去っている。

　このように、孫堅は機転を駆使して生き残り、着実に洛陽へ近づいていった。

　そして陽人の戦いで董卓軍を破り、華《か》雄《ゆう》の首を斬る功を挙げたのである。

　孫堅の勇猛さに怖気づいた董卓は、和睦を打診したが、孫堅はこれを撥ねつけてみせた。董卓はついに洛陽に火を放って、長安へ撤退。洛陽に入った孫堅は、董卓によって荒らされた歴代皇帝の陵墓を修復し、それが終わると都に留まることなく魯陽へ帰ったのである。

『演義』に登場する石を落とす伏兵。
岘山
劉表軍［黄祖の伏兵］
劉表軍
孫堅軍 孫堅
『演義』の計略
正史では黄祖を追って伏兵に遭ったとされるが、『演義』では蒯良の策を受けた呂公によって誘い出され、落石によって命を落としたことになっている。
劉表軍
劉表軍［黄祖の伏兵］

191年
（初平2年）

襄《じょう》陽《よう》の戦い

快進撃の油断が仇となり、孫堅まさかの戦死を遂げる！

反董卓の戦いのなかで最も目覚ましい活躍を見せた孫堅であったが、当時の孫堅は袁術の部下であり、手柄はことごとく袁術のものとなったため、孫堅の境遇に何ら変化はなかった。

そうしたなかで董卓が長安へ移ると、野心溢れる諸侯たちは互いの領土を巡って争いを始めてしまった。諸侯の対立の大きな軸となったのは、反董卓連合軍の盟主・袁紹と、その従兄弟の袁術である。袁紹は荊州刺史・劉表《りゅうひょう》と、袁術は幽州《ゆうしゅう》に勢力を張る公孫瓚と、それぞれ手を結んで勢力拡大を目論んだ。これに伴い、孫堅は袁術より劉表攻めを命じられる。

●油断が招いた孫堅の死

激闘のデータ
劉表軍 VS.袁術軍
指揮官
劉表 ｜ 孫堅
兵力
不明 ｜ 不明
戦場
襄陽近郊
出典
『三国志』孫堅伝／『三国志演義』第7回

孫堅の最後

どんな戦い？

董卓を洛陽より追い落とした孫堅は、191年、袁紹と対立する主の袁術の命を受け、袁紹と結ぶ荊州の劉表を攻撃する。これに対し劉表は黄祖に迎撃を命じたが、黄祖は孫堅に抗しきれず撤退し、襄陽へと逃れた。さらに黄祖が襄陽を出て峴山へと逃れたところ、孫堅がこれを追撃。だが、黄祖は伏兵を仕掛けており、孫堅は矢を受けて絶命した。

戦いの意義

孫堅軍は後継者の孫策がまだ幼かったこともあり、そのまま袁術軍に吸収されてしまう。以後、孫策は孫堅の宿将や袁術を頼りながら雌伏の時を過ごす。

孫堅の進路

洛陽から董卓を追った孫堅は、袁術の命を受けて劉表攻撃へ向かうも、戦死してしまう。

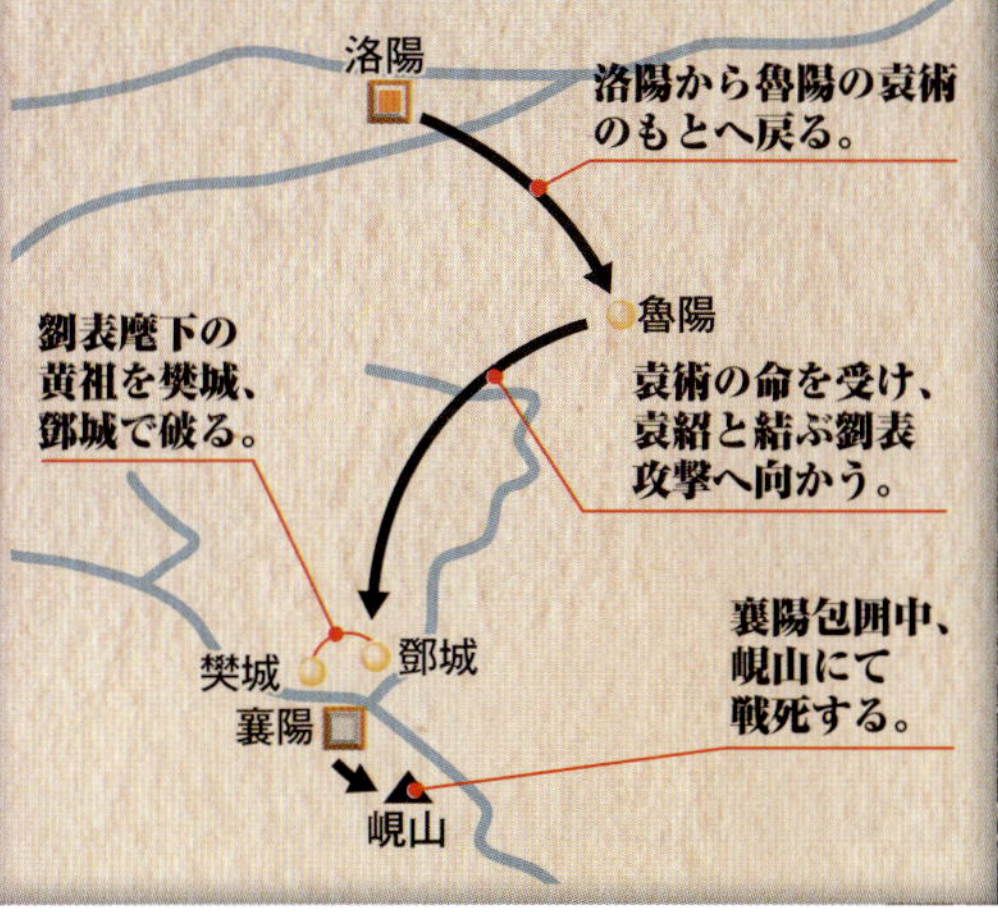

洛陽
洛陽から魯陽の袁術のもとへ戻る。
魯陽
袁術の命を受け、袁紹と結ぶ劉表攻撃へ向かう。
劉表麾下の黄祖を樊城、鄧城で破る。
樊城
鄧城
襄陽
襄陽包囲中、峴山にて戦死する。
峴山

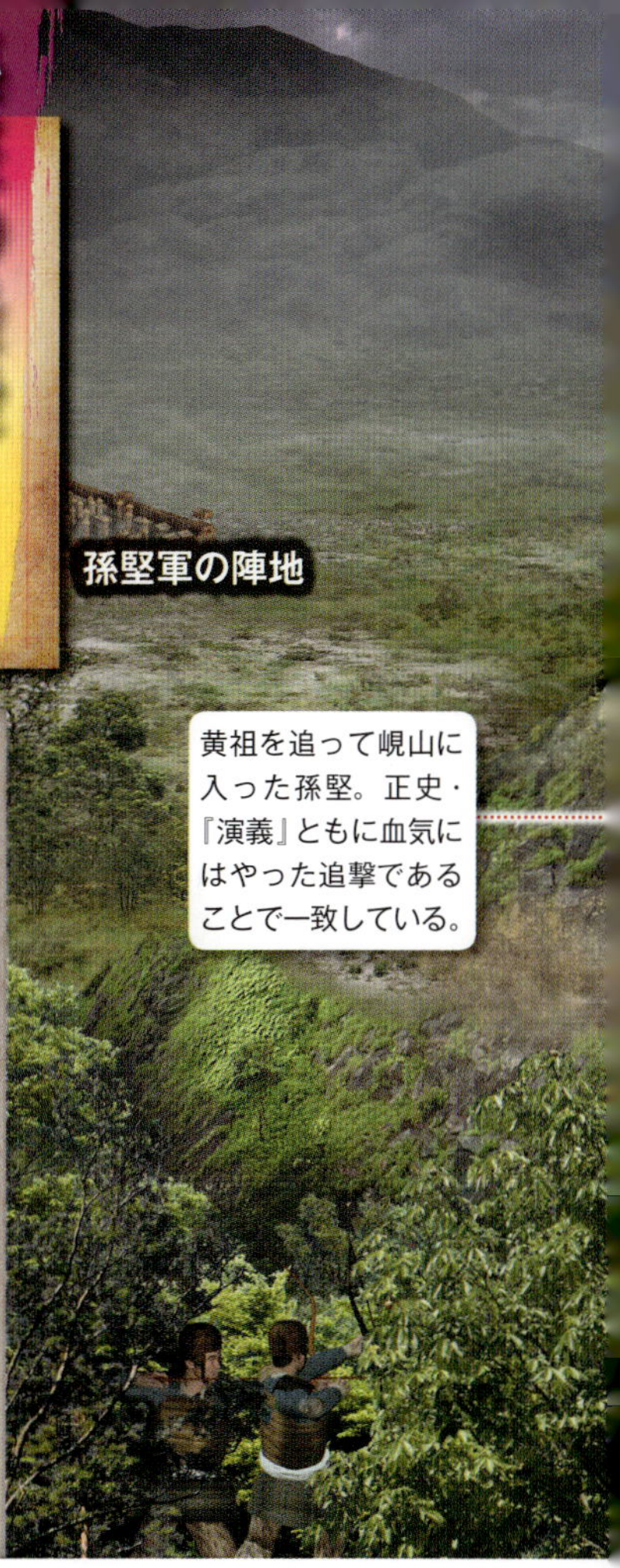

孫堅軍の陣地

黄祖を追って峴山に入った孫堅。正史・『演義』ともに血気にはやった追撃であることで一致している。

一九一年、孫堅は魯陽から劉表の拠点である襄陽を目指して南下した。一方、劉表は配下の黄祖《こうそ》に迎撃を命じたが、黄祖では孫堅の相手にならなかった。戦いは孫堅の一方的な勝利に終わる。

黄祖を破った孫堅は勢いそのままに劉表の籠る襄陽を包囲。襄陽の陥落は時間の問題かと思われたが、ここで孫堅の戦死という番狂わせが起こる。

董卓との戦い以来、不敗の進撃を続けてきた孫堅に油断があったのか、孫堅は峴山《けんざん》を単騎で通行中、黄祖の配下が放った矢を受けて命を落としたのである。

ただし孫堅の死については異説があり、『英雄記』には、劉表配下の呂公《りょこう》が配下を率いて山伝いに孫堅を討とうとし、呂公の兵が石を落としたところ、その石が孫堅の頭に命中。孫堅は死亡したとある。いずれにせよ、一瞬の隙が招いた最期だったといえよう。

192年
（初平3年）
1月

界《かい》橋《きょう》の戦い

対騎兵戦のプロフェッショナルが公孫瓚自慢の騎兵部隊を壊滅させる！

白馬義従の壊滅

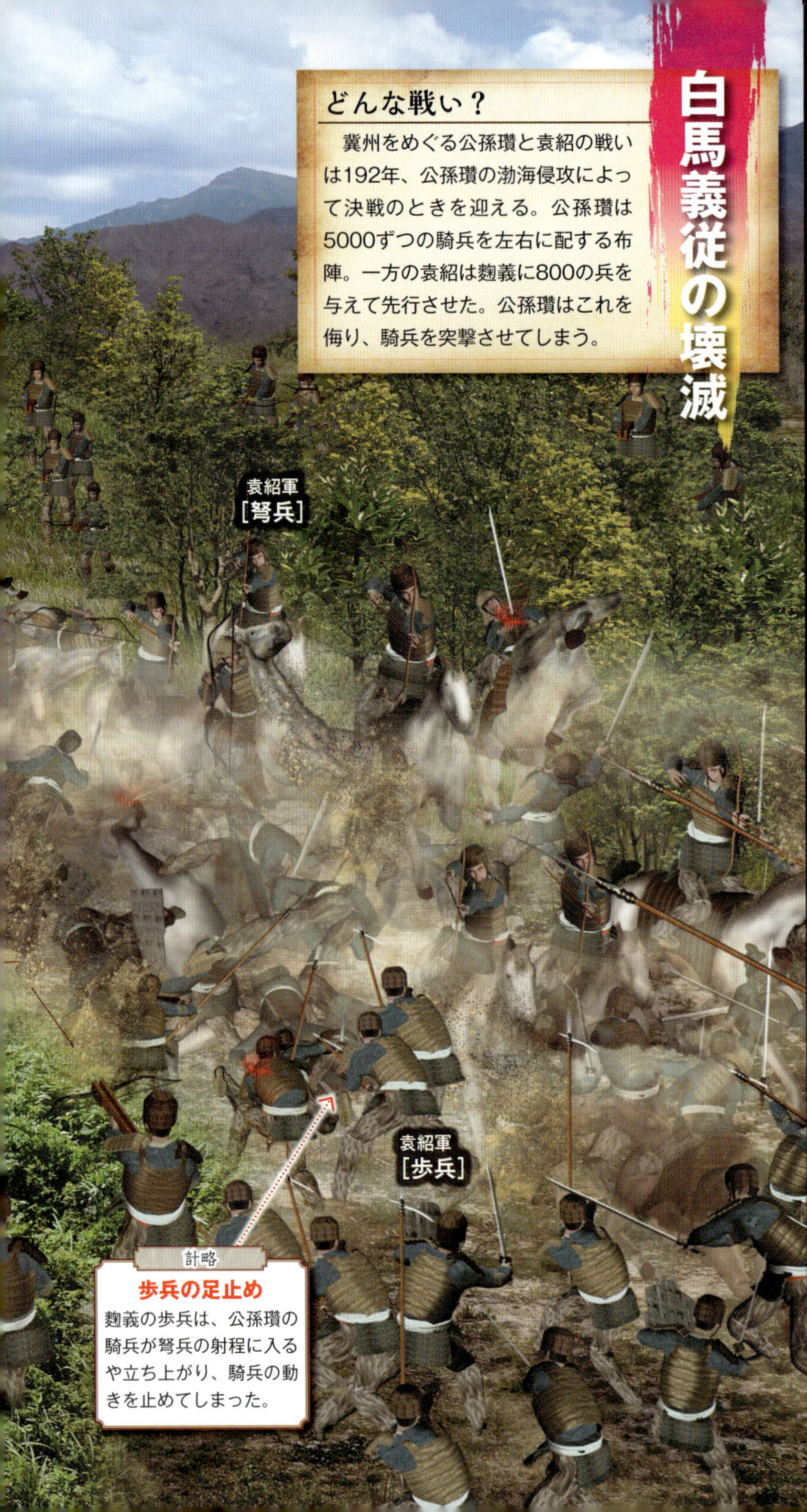

どんな戦い？

冀州をめぐる公孫瓚と袁紹の戦いは192年、公孫瓚の渤海侵攻によって決戦のときを迎える。公孫瓚は5000ずつの騎兵を左右に配する布陣。一方の袁紹は麴義に800の兵を与えて先行させた。公孫瓚はこれを侮り、騎兵を突撃させてしまう。

計略

歩兵の足止め

麴義の歩兵は、公孫瓚の騎兵が弩兵の射程に入るや立ち上がり、騎兵の動きを止めてしまった。

激闘のデータ

袁紹軍	VS. 公孫瓚軍
指揮官	
麴義	公孫瓚
兵力	
800	4万

戦場

界橋

出典

『三国志』袁紹伝、公孫瓚伝／『三国志演義』第7回

『演義』の名勝負！

趙雲 VS. 麹義

公孫瓚撃破の功労者である麹義であるが、『演義』においては白馬義従撃破後に命を落としてしまう。舞台は盤河。麹義を討つのは、前日の戦いで文醜に追い詰められた公孫瓚を助けた趙雲である。正史同様、麹義は公孫瓚を待ち伏せして、騎兵を率いる厳綱を討ち取る。さらに逃げ出した公孫瓚を追って後詰の陣に突入したところ、現われた趙雲に一瞬で突き殺されてしまうのだ。

公孫瓚軍
[白馬義従]
袁紹軍
[弩兵]
計略
弩兵の射撃
伏せていた弩兵が一斉射撃。白馬義従は混乱のなかでなす術なく壊滅していった。

麹義の戦術

正史によると、袁紹の命を受けて先行した麹義は、羌族の戦術に詳しい武将であった。彼は弩兵を伏せつつ、歩兵をもって公孫瓚の騎兵を誘引し、殲滅に成功したという。

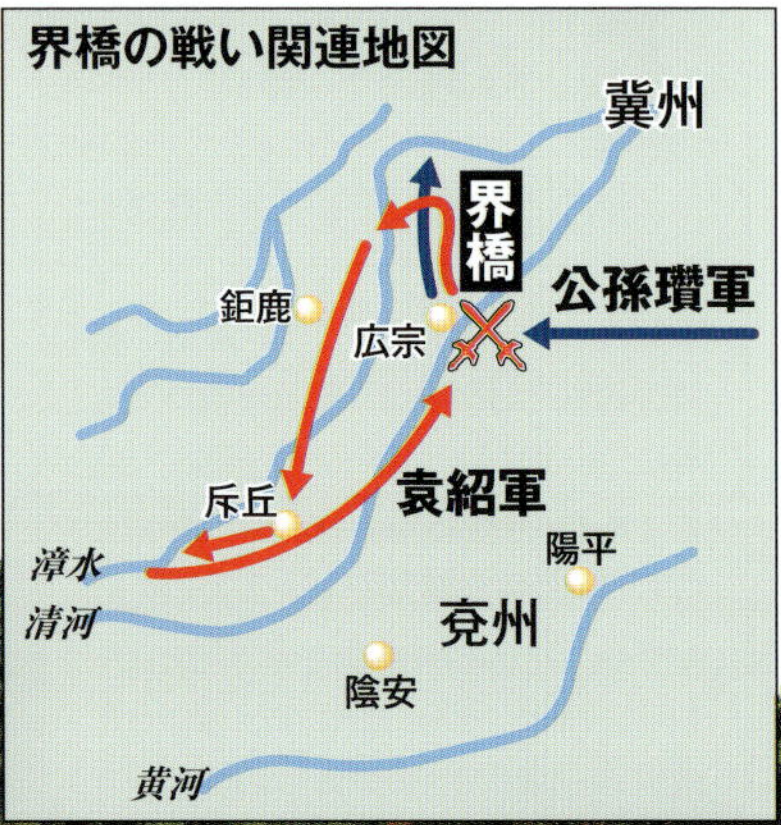

界橋の戦い関連地図
冀州
界橋
公孫瓚軍
鉅鹿
広宗
斥丘
袁紹軍
漳水
清河
陽平
兗州
陰安
黄河

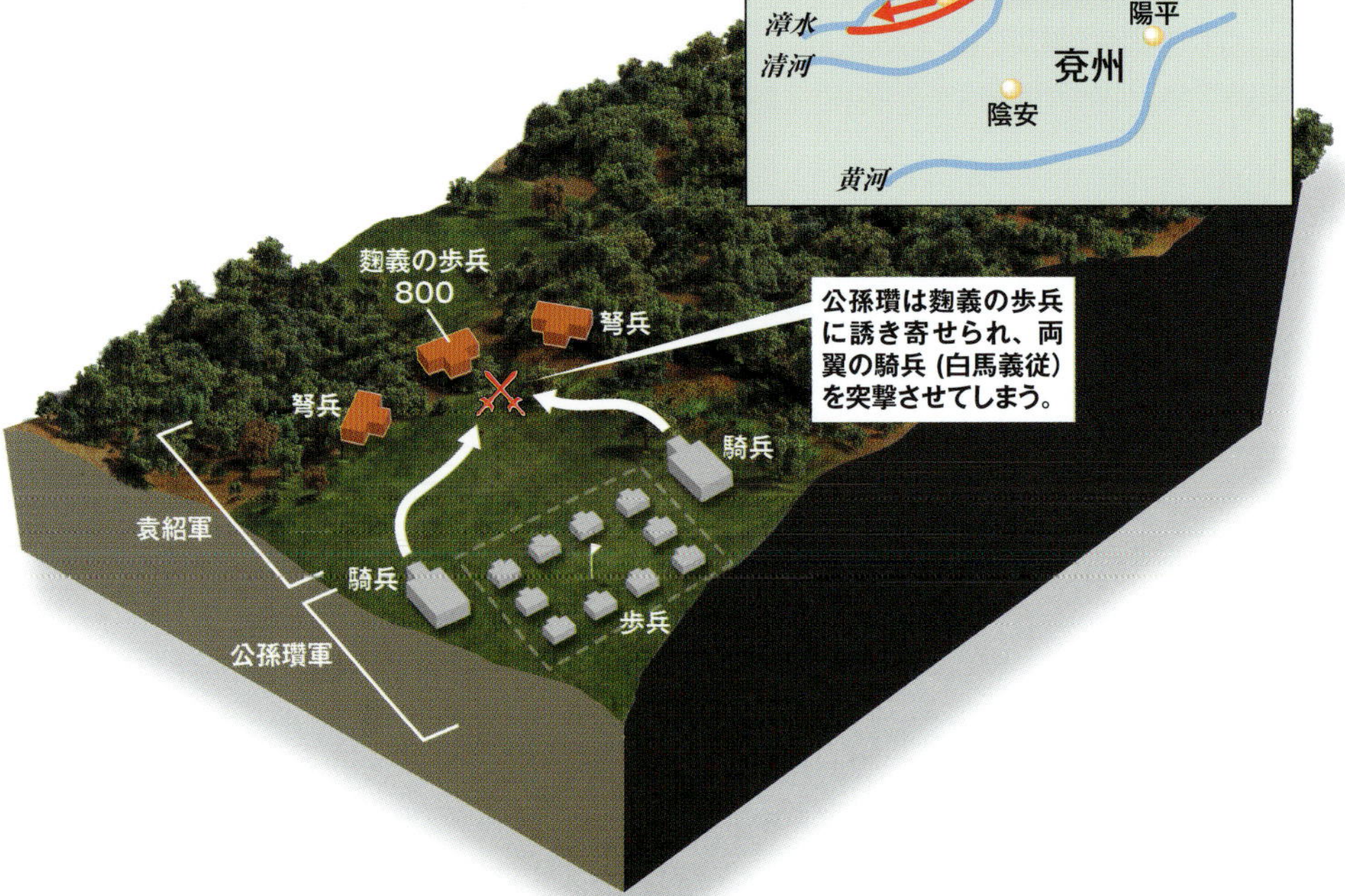

麹義の歩兵
800
弩兵
弩兵
公孫瓚は麹義の歩兵に誘き寄せられ、両翼の騎兵（白馬義従）を突撃させてしまう。
騎兵
袁紹軍
騎兵
歩兵
公孫瓚軍

一九二年春、冀州《きしゅう》を巡る袁紹と公孫瓚の対立は頂点に達し、公孫瓚が冀州の界橋に進出。界橋の戦いが起こる。

公孫瓚軍には、白馬で統一され、騎射を得意とし、異民族で構成された「白馬《はくば》義従《ぎじゅう》」と呼ばれる強力な騎兵部隊が編成されていた。

これを恐れる袁紹は、当初、懐柔策を採っていたが、公孫瓚が軍事行動を始めるに至り、白馬義従との戦いを羌族《きょうぞく》の戦術に詳しい麹義《きくぎ》に託すことにした。

●白馬義従を壊滅させた麹義の戦術

界橋に展開する公孫瓚軍は、中央に三万の歩兵、両翼に五千ずつの騎兵を配する布陣を取った。

しかしこの強力な布陣に対峙した麹義の部隊は、歩兵八〇〇のみ。後方に約五万の袁紹軍主力が控えていたものの、兵力差は圧倒的だった。

整理しておきたい群雄の争い

反董卓連合軍の解散後、諸侯が各地で勢力争いに明け暮れる時代を迎える。公孫瓚と袁紹の冀州を巡る争いもそのひとつ。中原においては袁紹・曹操・劉表が結び、袁術・公孫瓚の勢力と抗争を繰り広げた。

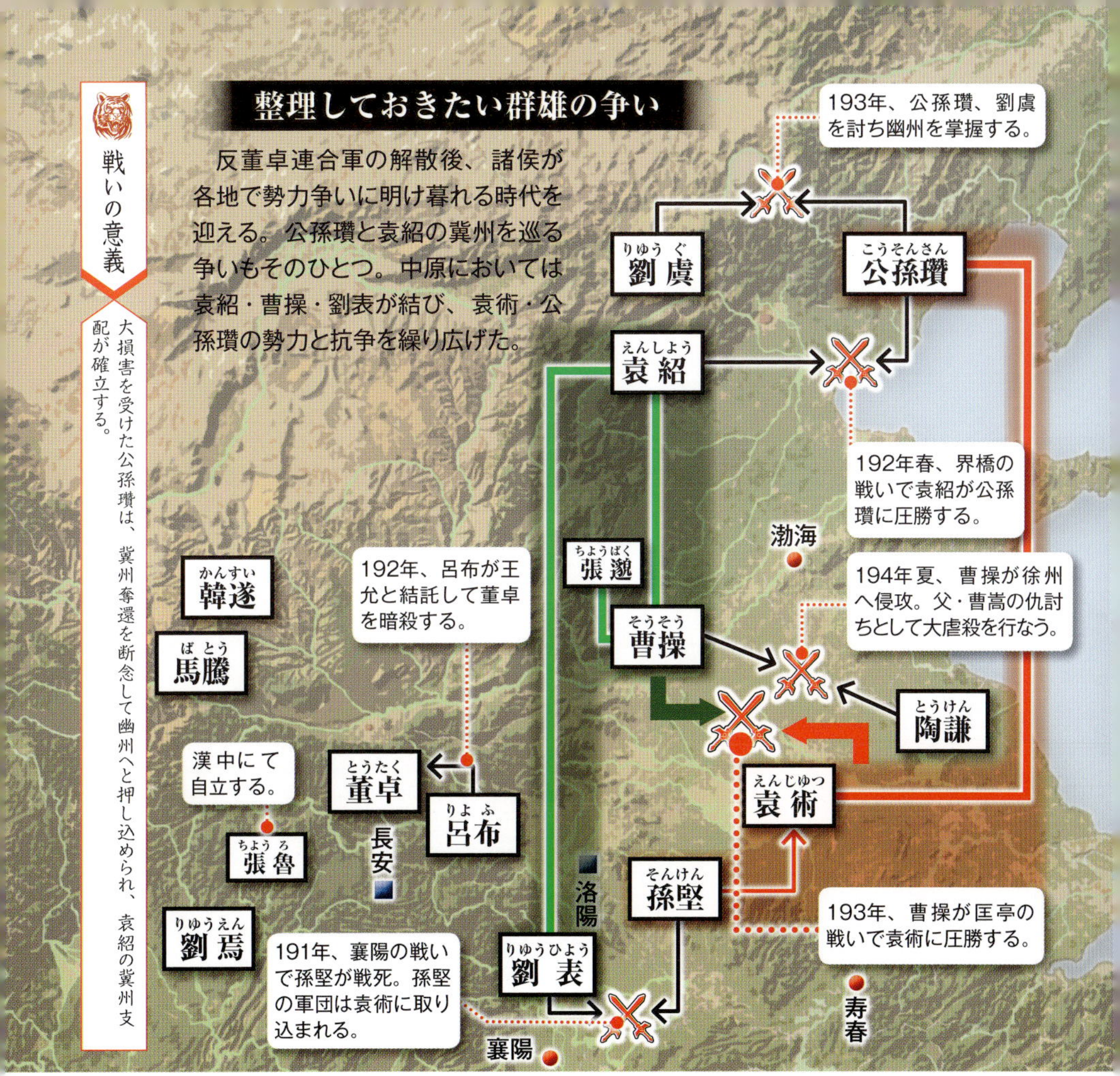

戦いの意義

大損害を受けた公孫瓚は、冀州奪還を断念して幽州へと押し込められ、袁紹の冀州支配が確立する。

これを見た公孫瓚は一気に踏み潰そうと、自慢の騎兵に突撃を命じる。

しかし、これこそが麴義の策だった。突進してくる公孫瓚軍の騎兵に対して、麴義の歩兵は身を低くして楯の下に伏せた。

そして騎兵が間近に迫ったところで、一斉に立ち上がると、騎兵に楯ごと体当たりし、動きを止めてしまったのである。同時に伏せていた千の弩兵が一斉射撃を行なったため、不意を突かれた公孫瓚の騎兵は総崩れになった。

さらに麴義の部隊は、白馬義従を壊滅させた勢いに乗って公孫瓚麾下《きか》の冀州刺史・厳綱《げんこう》を討ち取っている。

頼みの騎兵が崩れた結果、三万の歩兵も壊乱し、公孫瓚軍は敗走した。一万を超える戦死者を出した公孫瓚は冀州攻略を諦めざるを得ず、一九九年、易京《えききょう》の戦いで滅亡へと追い込まれた。

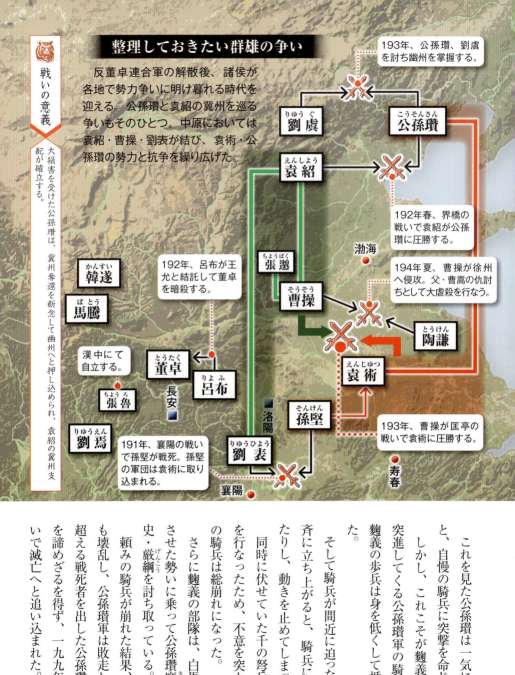

［邸閣（食糧貯蔵庫）］
劉繇軍
牛渚の軍営には多くの兵糧が蓄えられていた。『演義』ではその量を10万石とする。その他、多くの武器が収められており、牛渚を奪うことで孫策はこれらの物資を奪取した。

195年
（興平2年）～
196年
（建安元年）

牛《ぎゅう》渚《しょ》・曲《きょく》阿《あ》の戦い

袁術のもとを脱した孫策、兵站拠点を襲い第一歩を踏み出す！

『演義』の名勝負！

孫策 VS. 太史慈

牛渚での勝利後、神亭に軍を進めた孫策は、自ら劉繇の陣を探りに出かける。これを見た太史慈は孫策を手取りにすべく単騎で出撃。孫策と50合にわたり打ち合った。さらに太史慈が退いたところを孫策が追いすがり50合。それでも勝負が着かず、ふたりは互いの槍を小脇に挟んだのを拍子に、組み合ったまま落馬して殴り合いに至ったという。

実は正史においても、曲阿の戦いで両者の一騎打ちが記されている。偵察中の孫策に遭遇した太史慈は、ためらいもなく戦いを挑み、太史慈が孫策の兜を奪ったのに対し、孫策は太史慈の手戟を奪ったという。

激闘のデータ

孫策軍 VS. 劉繇軍	
指揮官	
孫策	劉繇
兵力	
1万	不明
戦場	
牛渚、秣陵、曲阿など	
出典	
『三国志』孫策伝／『三国志演義』第15回	

牛渚の攻略

どんな戦い？

劉繇に圧迫される叔父・呉景の窮状を救うことを口実に、袁術の援助を得た孫策が戦った、劉繇攻めの緒戦。劉繇が兵糧・武器を集積する重要拠点を急襲し、痛手を与えた。

『演義』では牛渚を守っていたのは張英とされる。
牛渚
孫策軍

孫堅の息子・孫策《そんさく》は父の戦死後、袁術の配下となったが、吝嗇家《りんしょくか》の袁術のもとで冷遇されていたため独立を模索していた。

そこで口実に使ったのが、揚州《ようしゅう》刺史・劉繇《りゅうよう》の討伐である。劉繇は曲阿《きょくあ》を拠点として勢力を伸ばし、丹陽《たんよう》にいた孫策の叔父・呉景《ごけい》や、孫策の従兄で丹楊都尉《とい》の孫賁《そんふん》を追い出していた。孫策は彼らに加勢し、揚州を劉繇から奪い返したいと袁術に申し出たのである。

袁術としても劉繇の台頭は不都合だったため、孫策の申し出を受け容れた。しかし、袁術が孫策に与えた兵はわずか千余人、馬は数十頭だった。

しかしながら、孫策が各地で兵を集めるなか、周瑜《しゅうゆ》をはじめとする孫家ゆかりの有力者が参陣し、呉景らが待つ歴陽《れきよう》に着く頃には五千から六千の兵を率いるまでになっていた。

孫策の江東攻略

丹徒
江乗
曲阿
胡熟
秣陵
笮融の陣営
笮融
揚州
薛礼の陣営
薛礼
策
長江
歴陽
孫策、牛渚を急襲。敗れた劉繇は曲阿へ逃亡する。
劉繇
牛渚
笮融との戦いで負傷した孫策は、囮作戦を用いて笮融を撃退する。

牛渚を攻略した孫策は、江東を縦横無尽に動き回りながら各拠点を攻略していった。

●奇襲と囮作戦で大勝した孫策

一九五年、孫策は劉繇との間に戦端を開くや真っ先に牛渚《ぎゅうしょ》を奇襲した。これは牛渚が劉繇軍の兵站《へいたん》基地であったためである。この襲撃により孫策は、敵の武器と兵糧を根こそぎ手に入れたのだ。さらに孫策は、北東の秣陵《まつりょう》へ進み、同地に陣営を構える下邳《かひ》国の相・笮融《さくゆう》を攻撃。五〇〇の首を取った。形勢不利と判断した笮融が籠城して膠着《こうちゃく》状態となるや、孫策は長江を渡って彭城《ほうじょう》の相・薛礼《せつれい》を攻めた。薛礼は孫策に恐れをなして逃走する。

ところが、孫策が笮融や薛礼を攻撃している隙に、劉繇の兵が牛渚を奪還してしまった。これを知った孫策は早急に牛渚へと引き返し、一万人を生け捕りにしたのである。予期せぬ事態にも臨機応変に対応する孫策の軍才が垣間見られる。

そうした孫策の才能は、笮融に対して

戦いの意義

孫策の征服により、陸氏、顧氏、張氏、朱氏の「呉の四姓」と呼ばれる豪族が孫氏を支える体制が構築され、呉の礎が築かれた。

孫策の江東・江南攻略経路

寿春を発った孫策は、真っ先に武器・兵糧の貯蔵庫である牛渚を襲撃し、劉繇を慌てさせる。劉繇の反撃にも素早く対応し、さらに自身の負傷をも逆手にとり、囮作戦によって劉繇を撃退。その後の戦いで江東を、さらに江南を平定した。

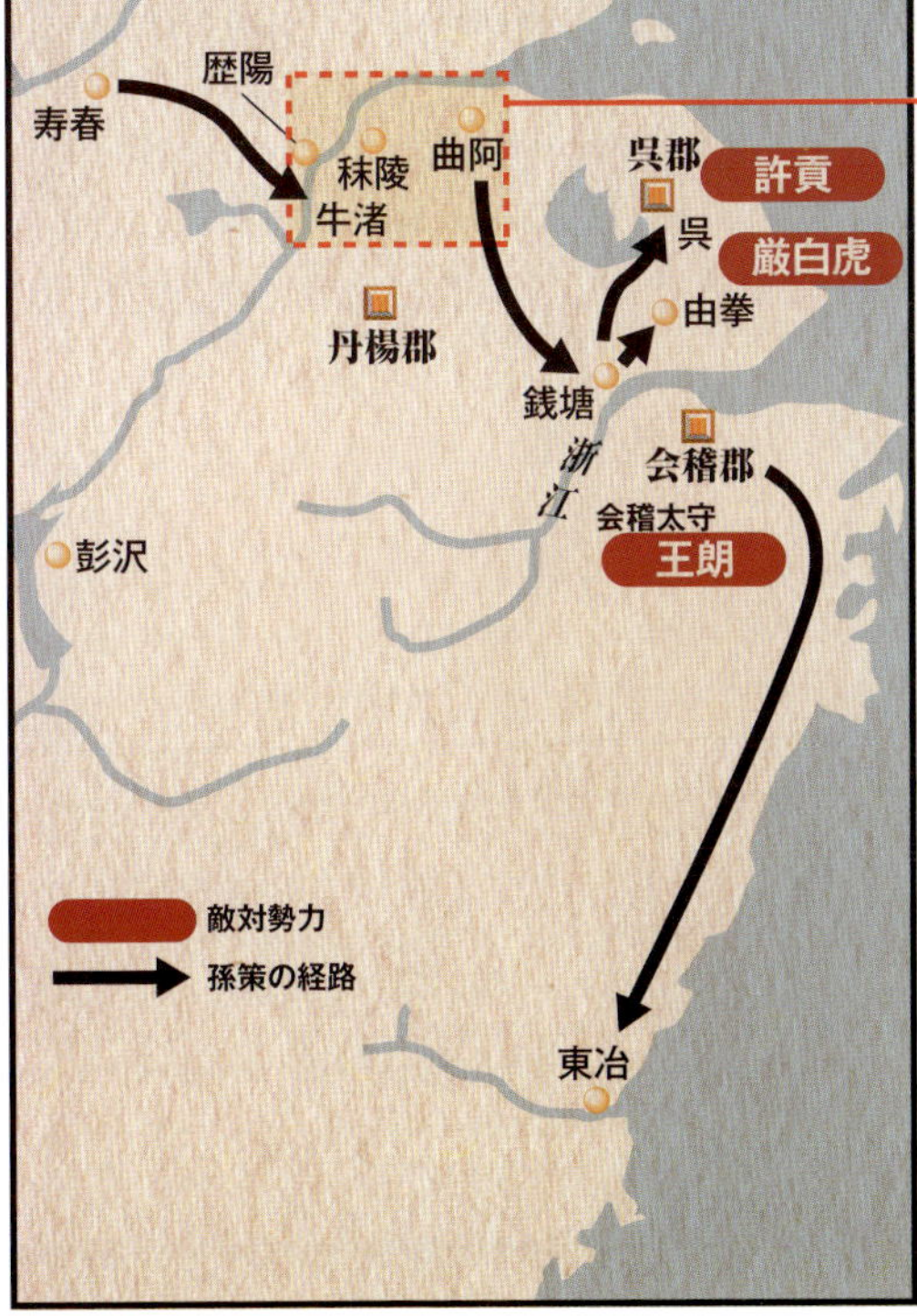

寿春
歴陽
秣陵
牛渚
曲阿
呉郡
許貢
呉
厳白虎
由拳
丹楊郡
銭塘
浙江
会稽郡
会稽太守
王朗
彭沢
東冶
敵対勢力
孫策の経路

海陵
孫策、秣陵攻略中に牛渚を襲われたため、奪還へ向かう。
歴陽に到着した孫策は盟友周瑜と合流する。

仕掛けた囮《おとり》作戦でも証明されている。

牛渚を奪還した後、孫策は再び秣陵に籠城する笮融に攻撃を仕掛けたが、流れ矢にあたり負傷してしまった。

すると、孫策はあえて自分が死亡したという噂を流した。

孫策の死を信じて笮融軍が攻勢を仕掛けると、孫策軍は慌てて逃げ出した。ところがこれは孫策の罠で、伏兵がいる場所まで笮融の軍勢を誘い出し、壊滅させたのである。

以後孫策は、一九六年にかけて江東一帯を手中に収めていく。

三国志名将伝

孫策《そんさく》(175-200)

字は伯符。孫堅の長男で孫権の兄。孫堅の戦死後は一旦呉景のもとに身を寄せたのち袁術に仕えたが、198年までに江東・江南を押さえ、自立した。200年、官渡《かんと》の戦いに際して曹操のもとを襲おうと計画するも、かつて粛清した呉郡太守・許貢《きょこう》の食客に襲われて重傷を負い、26歳で没した。正史の『捜神記《そうしんき》』や、それを採用した『演義』では殺害した道士・干吉《かんきつ》の呪いで死んだとされる。

196年
（建安元年）
1月～

盱《う》眙《い》・淮《わい》陰《いん》の戦い

呂布の野心を刺激し、徐州・南陽に風雲を巻き起こした長期戦

張飛の失態と下邳の陥落

どんな戦い？

袁術の侵攻を受けた劉備は盱眙・淮陰にて迎撃し、１か月にわたり袁術の攻撃を凌ぎ続ける。そうしたなか、劉備の食客の身であった呂布が劉備を裏切り、張飛の守る下邳を急襲。これを奪ってしまう。『演義』ではこの動きの背景に曹操の策謀を描いている。

激闘のデータ

袁術軍
呂布軍 VS. 劉備軍

指揮官

袁術 呂布	劉備

兵力

不明	不明

戦場

盱眙、淮陰

出典

『三国志』先主伝、呂布伝ほか／『三国志演義』第15回～第16回

一九六年、袁術は孫策に江東平定を任せ、劉備が牧の座に収まる徐州への侵攻を開始した。

戦闘の詳細は明らかではないが、劉備は、盱眙《うい》と淮陰で袁術軍の侵攻を一か月もくいとめたという。業を煮やした袁術は、劉備の下に身を寄せていた呂布を懐柔して、劉備を裏切るようにと説得した。その誘いに応じた呂布は、劉備軍が袁術軍との戦闘中で留守にしていた本拠地・下邳《かひ》を占拠した。

当時の下邳は張飛が守りについていたが、間の悪いことに元陶謙《とうけん》の部下であった曹豹《そうひょう》と対立していた。この曹豹が裏切り、呂布を招き入れたのだという。

抵抗虚しく張飛は敗走し、下邳は呂布によって奪われてしまう。この急報に接した劉備はやむなく呂布に降り、小沛《しょうはい》に駐屯することとなった。

一方呂布は、徐州牧を自称し、同州の支配者となった。

『演義』の計略
駆虎呑狼の計
『演義』において、劉備と呂布が手を組んだことを危惧した曹操に、謀臣の荀彧が献じた策。呂布の性格を利用し、劉備に袁術攻めを命じて徐州の守りを手薄にさせると、果たして呂布はこの機を狙って徐州奪取を実行する。
『演義』では、張飛の怠慢により酒盛りが始まり、城兵は寝入ってしまう。張飛はともに城を守る曹豹と揉め事を起こし、この曹豹が呂布を手引きして城へ入れたとしている。
劉備軍
(張飛指揮)

劉備を陥れるふたつの計略

呂布の裏切りの背景として『演義』で語られるのが、「二虎競食の計」と「駆虎呑狼の計」である。ともに曹操が劉備と呂布の結託を恐れて打った手で、結果、後者が的中して劉備は徐州を追われる羽目になる。

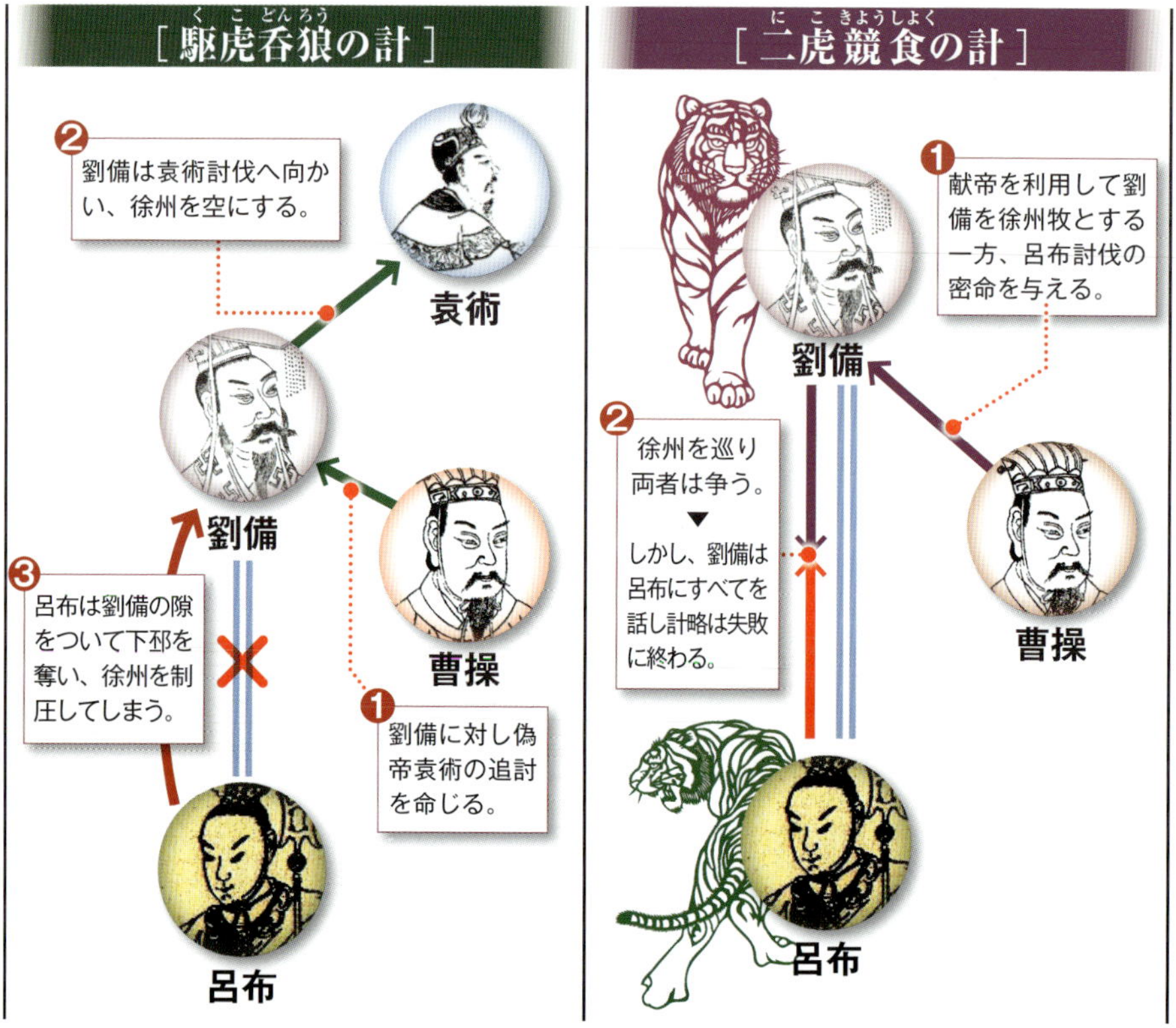

●「二虎競食の計」と「駆虎呑狼の計」

『演義』によると、劉備を牽制するために呂布の裏切りを画策したのは曹操となっている。この時、曹操が用いたのが「二虎競食《にこきょうしょく》の計」と「駆虎呑狼《くこどんろう》の計」である。「二虎競食の計」とは、敵同士を戦わせることで、一方を敗北させ、もう一方の力を弱らせるというものだ。

そこで曹操は献帝《けんてい》に推挙して劉備を正式に徐州牧とする代わりに、呂布を殺すよう命じる。しかし、劉備は曹操の意図を見抜いて提案に乗らなかった。

続く「駆虎呑狼の計」は、虎の穴の近くに豹を放ち、虎が豹との戦いのために穴を留守にした隙に、穴に狼を送り込んで虎の穴を占拠するというもの。この場合、虎の穴とは徐州のことである。

虎は徐州牧の劉備、虎と戦う豹が袁術、二者が争う間に徐州を占拠する狼が

戦いの意義

徐州は呂布の支配下に入り、劉備は曹操へと接近していく。

呂布となる。劉備に袁術討伐の勅命を出し、その間に呂布に徐州を取らせてしまうというわけだ。

この計略通り、劉備が徐州を留守にすると、野心をくすぐられた呂布が徐州を襲撃。かすめ取ることに成功した。

正史においても『演義』同様、曹豹が呂布を招き入れている。のちに呂布と劉備は和解したものの、それなりに袁術、劉備の力を削ぐ成果があったといえる。

戦場の名場面

呂布、戟を射抜く！

徐州を呂布に奪われた劉備はやむなく呂布に降り、小沛への駐屯を命じられる。そこへ袁術が部将の紀霊に3万の兵を与えて侵攻し、さらに呂布に協力を求めた。すると呂布は紀霊のもとに赴き、戟を掲げて、「劉備は自分の弟である。今から自分が戟の小枝を射るので、命中したら兵を退いてほしい」という。呂布はすぐさま弓を射ると、これが小枝に命中。紀霊は引き上げ、劉備は救われることとなった。（『三国志』呂布伝より）

197年
（建安2年）

宛《えん》城《じょう》の戦い

二度にわたり曹操を翻弄した張繡麾下・賈詡の軍略

曹操
曹操は絶影という名の名馬に乗って逃亡に成功したが、矢に当たって顔と足、右肱を負傷したという。
軍門を守り、曹操を逃亡させた典韋は、張繡軍に囲まれる。典韋は鉄戟を振り回し、敵に突進するなど壮絶な戦いののち、数十か所に矢傷を負って大声で敵を罵りながら息絶えた。
曹操軍
典韋

一九七年、袁紹と講和した曹操は、荊州北部の宛城《えんじょう》に侵攻した。宛は董卓亡き後の長安を支配した李《り》傕《かく》・郭汜《かくし》政権の一翼を担った張済《ちょうさい》が治めた都市で、その死後に甥の張繡《ちょうしゅう》へと支配権が移っていた。

張繡が曹操の軍事力に屈して城を明け渡したところ、喜んだ曹操は何日も祝宴を開き、その最中に張済の妻を手籠めにしてしまう。憤った張繡は、参謀の賈《か》詡《く》と諮って曹操撃退の戦略を実行に移す。

まず張繡は、自軍部隊を移動させることを曹操に願い出た。本来なら武装解除して移動すべきだが、それでは運ぶのに無駄な労力がいるので、兵士一人ひとりに鎧や武器を持たせたまま、曹操の陣営のなかを移動する許可がほしいと言っ

激闘のデータ
張繡軍VS.曹操軍

指揮官
張繡 ¦ 曹操

兵力
不明 ¦ 不明

戦場
宛城

出典
『三国志』
武帝紀、賈詡伝／
『三国志演義』
第18回

曹操の油断と典韋の戦死

どんな戦い？

袁紹と講和した曹操は、197年、張繡が治める宛に侵攻した。張繡はあっさり降伏したが、曹操が祝宴の最中に張繡の叔父の妻に手を出したことを恨み、賈詡の奇策に従い陣中の曹操を襲撃した。曹操は側近の典韋や長男・曹昂らの犠牲を払いながら、辛くも脱出に成功した。

曹操は乱戦のなかで長男の曹昂と甥の曹安民、校尉の典韋を失った。
張繡軍

戦いの意義

曹操を一度敗北させたことによって、2年後に降伏した張繡は、曹操に武勇を認められて厚遇された。

た。無血開城で気をよくしていた曹操は、張繡が歯向かうとは考えもせず、その申し出を許可したのである。

かくして完全武装の張繡軍は、曹操の陣営に侵入するや、合図とともに攻撃を開始した。不意を突かれた曹操軍は総崩れとなる。

●二度にわたり敗れた曹操

命からがら逃げた曹操だが、その後も張繡の穰城《じょうじょう》を攻め、一九八年、ついに城を包囲することに成功した。しかし、劉表が張繡の援軍に駆け付けたうえ、袁紹が曹操の本拠地をうかがう様子を見せたので撤退を決意した。この時、一度は追撃してきた張繡軍を撃退したが、その直後に再度の追撃を受けて大打撃を受けている。実はこれも賈詡の策。賈詡は曹操の内情を読み、最初の追撃を撃退すれば、軽装になって撤退に集中すると見ていたのだ。

198年
(建安3年)
12月

下邳《かひ》の戦い

周到な根回しのもと、曹操が牙狼・呂布を仕留める！

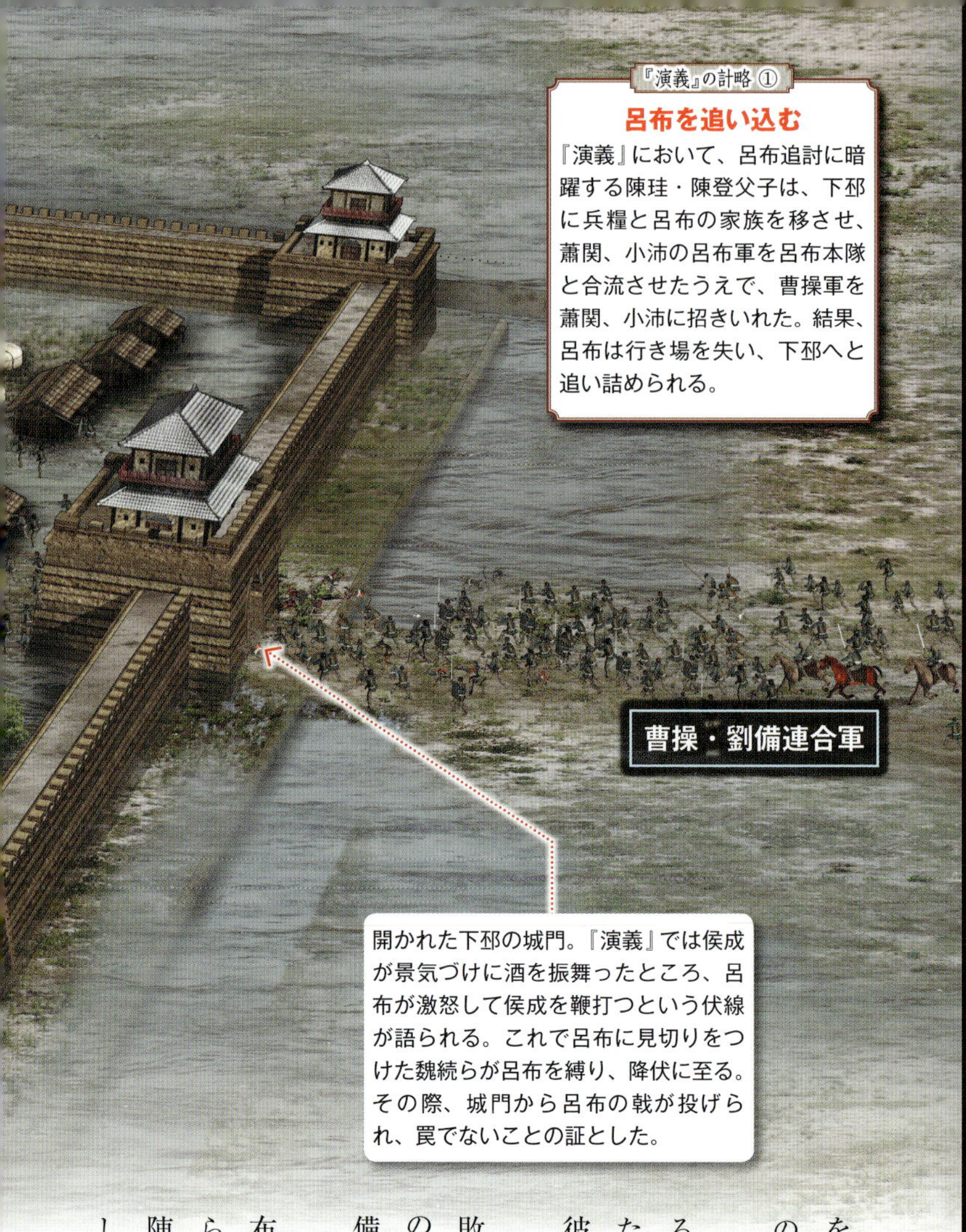

『演義』の計略 ①

呂布を追い込む

『演義』において、呂布追討に暗躍する陳珪・陳登父子は、下邳に兵糧と呂布の家族を移させ、蕭関、小沛の呂布軍を呂布本隊と合流させたうえで、曹操軍を蕭関、小沛に招きいれた。結果、呂布は行き場を失い、下邳へと追い詰められる。

開かれた下邳の城門。『演義』では侯成が景気づけに酒を振舞ったところ、呂布が激怒して侯成を鞭打つという伏線が語られる。これで呂布に見切りをつけた魏続らが呂布を縛り、降伏に至る。その際、城門から呂布の戟が投げられ、罠でないことの証とした。

後漢末期の朝廷を牛耳《ぎゅうじ》り、暴虐の限りを尽くした董卓を葬り去ったのは、養子の呂布である。

本来ならば救国の英雄として讃えられるところだが、二度にわたり主を殺害した経歴からその後、董卓の残党に敗れた彼を迎える諸侯はいなかった。

そうしたなか、曹操との兗州《えんしゅう》争奪戦に敗れた敗残の呂布を唯一迎えたのが徐州の劉備だった。ところが呂布は恩人の劉備にさえも牙をむき、徐州を奪っている。

そうした呂布を危険視する曹操は、呂布を懐柔しながらも、徐州の名士《めいし》・陳珪《ちんけい》らと結んで呂布の追い落としを図った。陳珪は、呂布が袁術との政略結婚を画策した際には、反対を唱えて阻止し、呂布

激闘のデータ

曹操軍・劉備軍 VS. 呂布軍

指揮官	
曹操・劉備	呂布
兵力	
不明	不明
戦場	下邳
出典	『三国志』武帝紀、呂布伝、先主伝ほか／『三国志演義』第18回

曹操軍の水攻めと呂布の最期

どんな戦い？

下邳へと追い詰められた呂布は、味方の裏切りによって捕縛され、曹操のもとへと引き出される。類稀な武勇を誇りながら、裏切りに裏切りを重ねた呂布の生涯は、皮肉にも裏切りによって幕を引かれることとなる。

『演義』の計略 ②

水攻めの計

下邳包囲から２か月を経て、荀彧と郭嘉が提案した策。曹操はこれを受けて泗水と沂水の堰を切って堤防を決壊させた。水は下邳を襲い、下邳は東門を残して水没した。

の孤立に貢献している。

一九八年、呂布が袁術と組んで劉備を攻撃したのを機に、曹操は徐州に侵攻し呂布を下邳城へと追い詰めた。ところが、下邳城は泗《し》水《すい》に守られた難攻不落の城で、城内には十分な備蓄があったため、曹操も攻めあぐね、二か月余りが過ぎた。

なお『演義』によれば、迅速な攻略のために、荀彧《じゅんいく》、郭嘉《かくか》の提案により、下邳周辺のふたつの川を決壊させ城内を水浸しにする水攻めが行なわれている。

一方呂布も生き残る道を模索している。正史の註に引用される『英雄記』によれば、袁術に援軍を求めるために自ら娘を馬に乗せて袁術のもとへ運ぼうとしたという。しかし、途中で曹操の兵に発見され、失敗に終わっている。

●呂布の最期

曹操にとっても下邳の戦いが長期化し

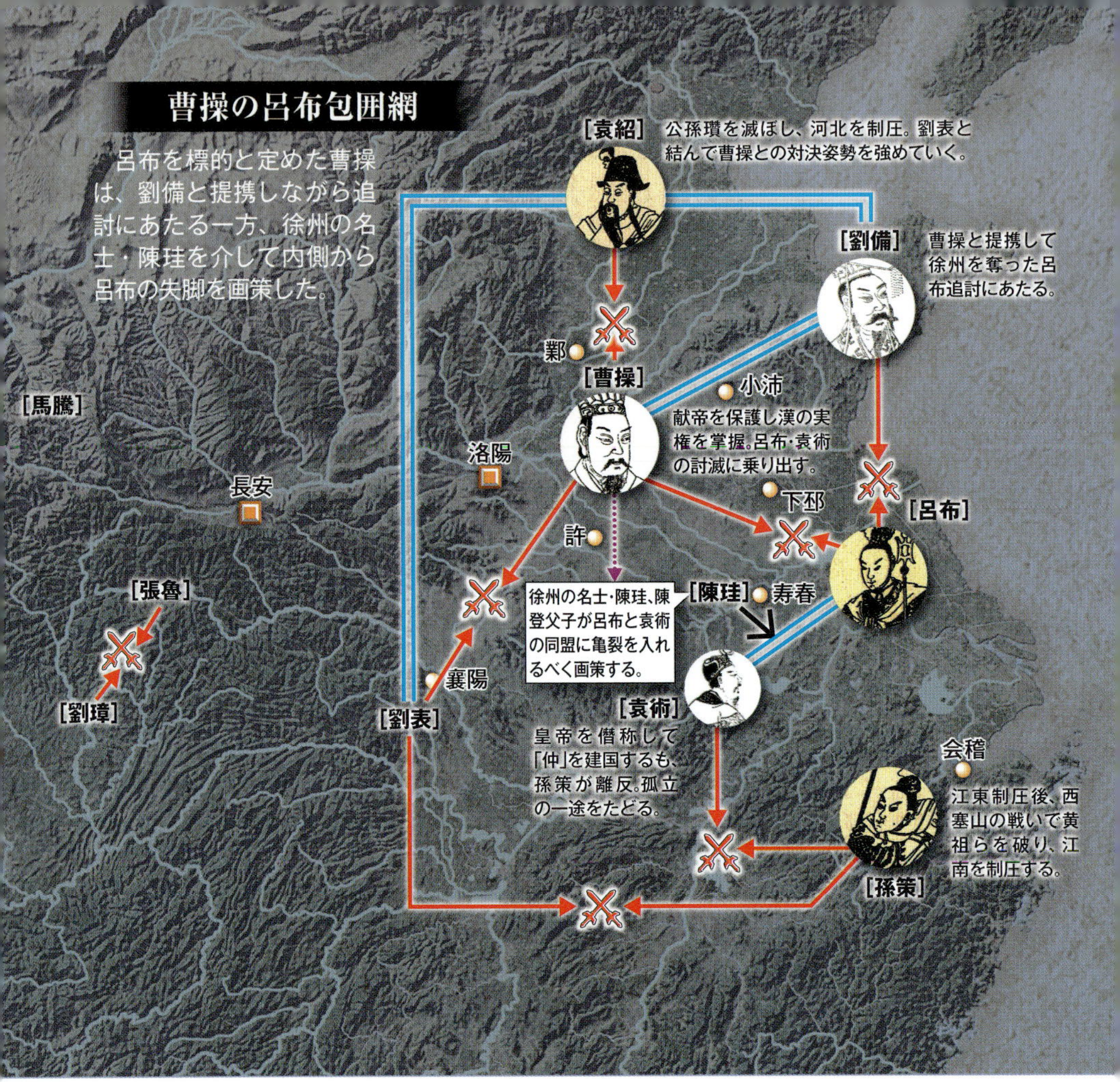

て都を長く留守にすることは、北の袁紹、西の劉表と張繍、南の袁術に隙を見せることになり、いつ、誰が侵攻してくるかわからない。

やがて曹操が焦れ始めた頃、下邳城内では呂布軍の崩壊が始まっていた。

統制が緩み、ついに包囲三か月目にして呂布配下の将、侯成《こうせい》・魏《ぎ》続《ぞく》・宋憲《そうけん》の三名が、呂布の腹心陳宮《ちんきゅう》を縛り上げ、降伏してしまったのである。

侯成については、『九州春秋』に、馬を盗んで劉備につこうとした食客《しょっかく》を追い、馬を取り返した際、祝いの酒宴を開こうとして呂布の逆鱗《げきりん》に触れ、殺されそうになったため、曹操軍に降伏したとある。

こうして呂布は抵抗を止め、降伏した。

だが呂布もしぶとい。生け捕りにされながらも曹操に命乞いをしている。

「あなた様が歩兵を将《ひき》い、私に騎兵を

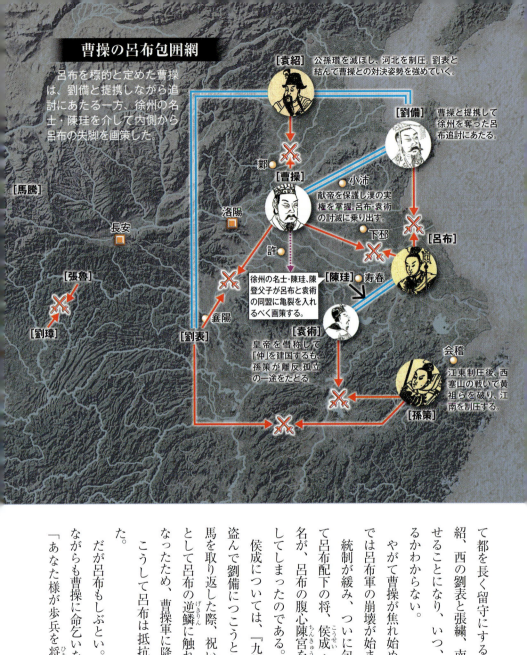

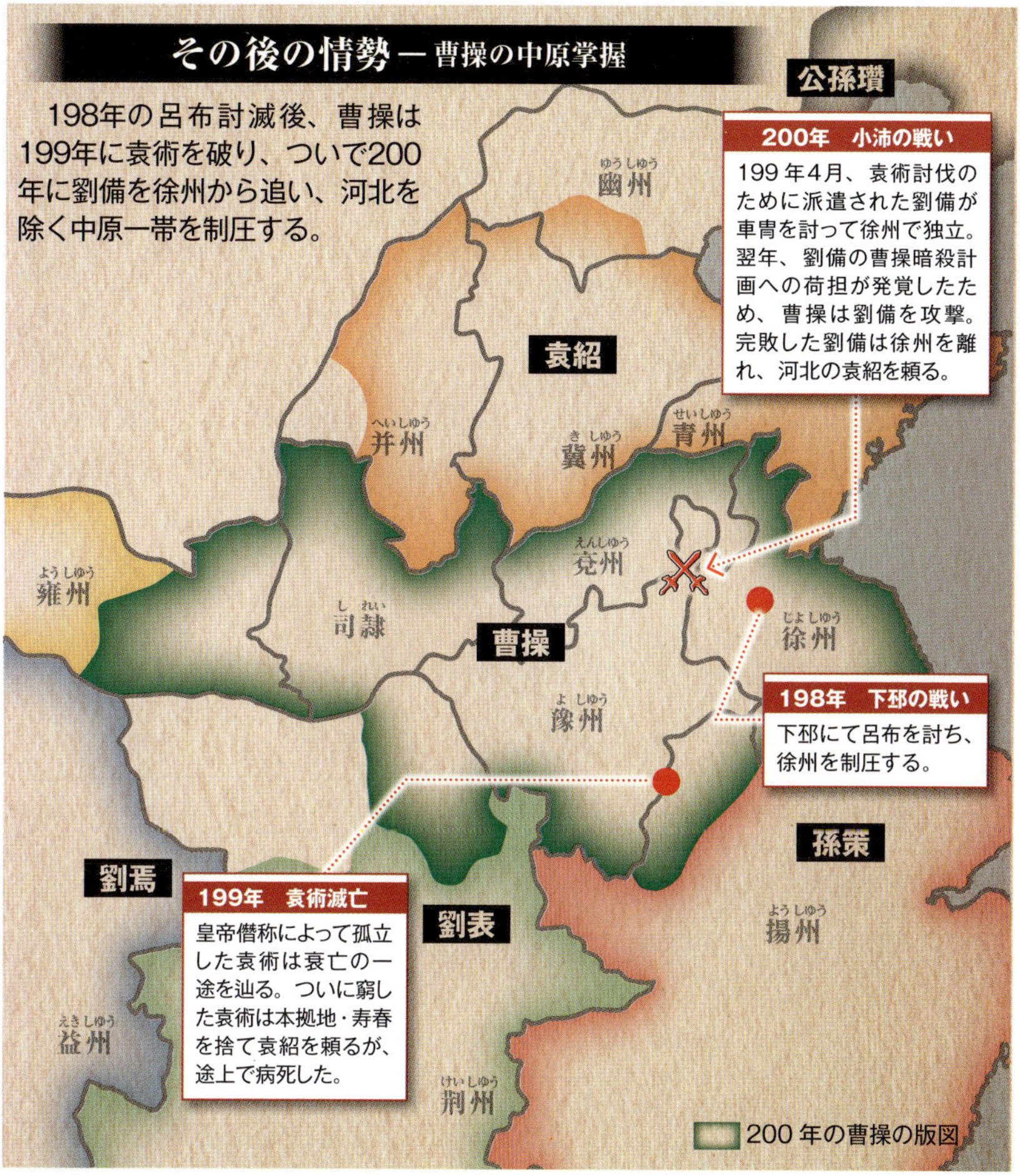

その後の情勢 ― 曹操の中原掌握
198年の呂布討滅後、曹操は199年に袁術を破り、ついで200年に劉備を徐州から追い、河北を除く中原一帯を制圧する。
公孫瓚
200年　小沛の戦い
199年4月、袁術討伐のために派遣された劉備が車冑を討って徐州で独立。翌年、劉備の曹操暗殺計画への荷担が発覚したため、曹操は劉備を攻撃。完敗した劉備は徐州を離れ、河北の袁紹を頼る。
幽州《ゆうしゅう》
袁紹
并州《へいしゅう》
冀州《きしゅう》
青州《せいしゅう》
雍州《ようしゅう》
兗州《えんしゅう》
司隷《しれい》
曹操
徐州《じょしゅう》
豫州《よしゅう》
198年　下邳の戦い
下邳にて呂布を討ち、徐州を制圧する。
孫策
劉焉
199年　袁術滅亡
皇帝僭称によって孤立した袁術は衰亡の一途を辿る。ついに窮した袁術は本拠地・寿春を捨て袁紹を頼るが、途上で病死した。
劉表
揚州《ようしゅう》
益州《えきしゅう》
荊州《けいしゅう》
200年の曹操の版図

戦いの意義

呂布の滅亡によって南の敵を袁術のみとした曹操は、一九九年に袁術を滅亡へと追いやる。さらに徐州の劉備を討ち、中原を制圧。袁紹との決戦に臨む体制が整う。

将いさせれば、天下を定めるのは簡単です」と呂布は説得を続けた。呂布は誰もが最強の武将と認めるほどの実力者である。しかも、「唯才主義」を掲げた曹操は敵であっても優れた人材を積極的に登用する人物だった。

曹操が考え込んだのを見て、呂布はもう一押しすれば命が助かると踏んだ。そこで劉備に助け船を求めた。すると劉備は「丁原《ていげん》と董卓《とうたく》のことをお忘れなきように」と釘を刺したのである。曹操はこの言葉で呂布の斬首を決めたのだった。

三国志名将伝

張遼《ちょうりょう》（165 ～ 221）

字は**文遠**《ぶんえん》。はじめ并州刺史の丁原に仕えたのち、何進《かしん》、董卓を経て呂布の配下となる。呂布討伐の際に曹操に降伏し、その後重用された。とくに合肥《がっぴ》の守りについてからは、10万の孫権軍をわずか7000の兵で破るなど大功を挙げた。

『演義』では曹操への降伏に際して関羽からの助命嘆願があり、その後張遼も関羽の降伏の説得にあたるなど、関係が深い。

200年
（建安5年）
4月

白《はく》馬《ば》・延《えん》津《しん》の戦い

曹操、巧みな陽動で袁紹自慢の二将を討ち取り、前哨戦を勝利で飾る！

関羽VS.顔良の一騎打ち

どんな戦い？

河北を制した袁紹と、曹操が激突した官渡の戦いの前哨戦。白馬攻略を狙った袁紹に対し、兵力で劣る曹操は軍略を駆使して袁紹軍の勇将・顔良を討ち取った。

正史において顔良は、曹操の白馬到着に驚いたものの、果敢に迎撃してきたとされる。
袁紹軍
袁紹軍
顔良
白馬の袁紹軍は、顔良の戦死とともに崩壊した。

『演義』の計略

荀攸の進言

正史に見える戦術。白馬包囲の報を受け、救援に向かおうとする曹操に対し、荀攸は延津到着後、陽動の兵を渡河させて袁紹の眼をひきつけ、その隙に白馬の顔良らを攻撃するよう、提案する。

激闘のデータ

曹操軍 VS.袁紹軍

項目	曹操軍	袁紹軍
指揮官	曹操	顔良 郭図 淳于瓊
兵力	1万	10万

戦場：白馬、延津

出典：『三国志』武帝紀、関羽伝ほか／『三国志演義』第25回

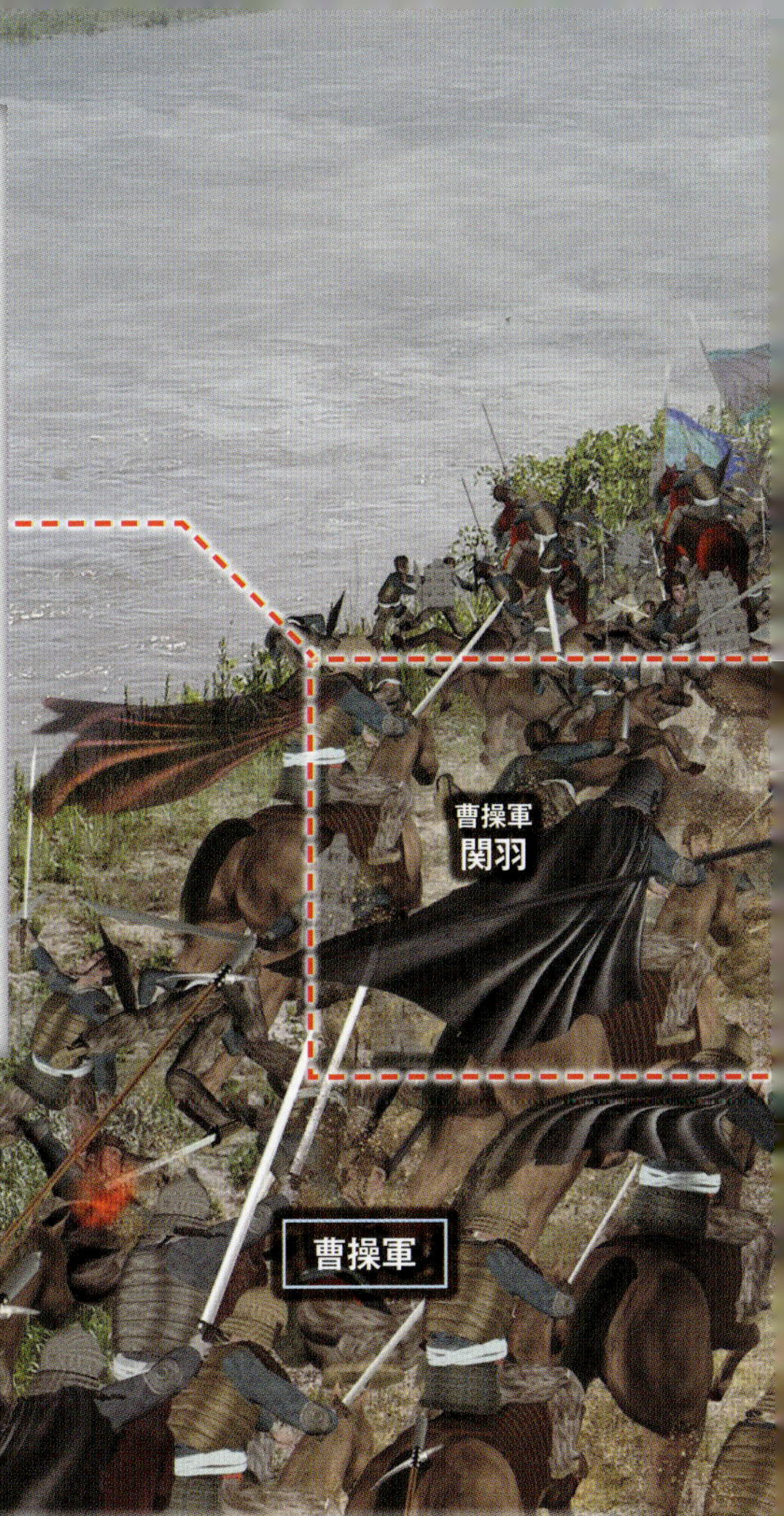

『演義』の名勝負！

関羽 vs. 顔良

白馬に至った曹操は、顔良の部隊10万と遭遇。かつて呂布の配下であった宋憲、魏続に一騎打ちを命じるが、両者ともあっという間に討たれてしまう。さらに徐晃が立ち向かったが、20合の打ち合いの末に敗れて陣へ戻った。

ここで起用されたのが、徐州で曹操に降っていた関羽である。関羽は曹操から賜った赤兎馬に跨り、青龍偃月刀を手に顔良に接近すると、一刀のもとに顔良を討ち取ってしまった。これによって袁紹軍は総崩れとなった。

実は正史の関羽伝にも、関羽は顔良の旗印と車蓋を認めるや、大軍のなかに分け入ってその首を取ったとあり、稀な一騎打ちの例が記されている。

呂布、袁術を討ち、独立を画策した劉備を制圧した曹操と、一九九年に幽州の公孫瓚を滅ぼして河北を制した袁紹は、二〇〇年、決戦のときを迎える。

二月、袁紹は曹操が本拠とする許都《きょと》の攻略を命令。一〇万の歩兵と一万の騎兵を動員して南下を開始する。

袁紹との決戦を見越していた曹操は、官渡《かんと》の砦の防備を固める一方、袁紹が拠点を置くであろう黎陽《れいよう》の対岸、白馬《はくば》と延《えん》津《しん》に守備兵を置いていた。

袁紹が最初に狙ったのが、このうちの白馬である。袁紹は黄河北岸の黎陽に達すると、名将・顔良《がんりょう》の部隊を南岸へ渡らせ、白馬を包囲させた。

曹操からすれば白馬救援に急行するわけにはいかない。なぜなら白馬に到達するや、黎陽の袁紹軍主力が進出してきて粉砕される可能性が高いからだ。そこで曹操は参謀の荀攸《じゅんゆう》が提案した分断策を採

白馬の戦い関連地図

寡兵の曹操軍は、袁紹との緒戦となった白馬の戦いにおいて陽動作戦を駆使して白馬の顔良を討ち取った。

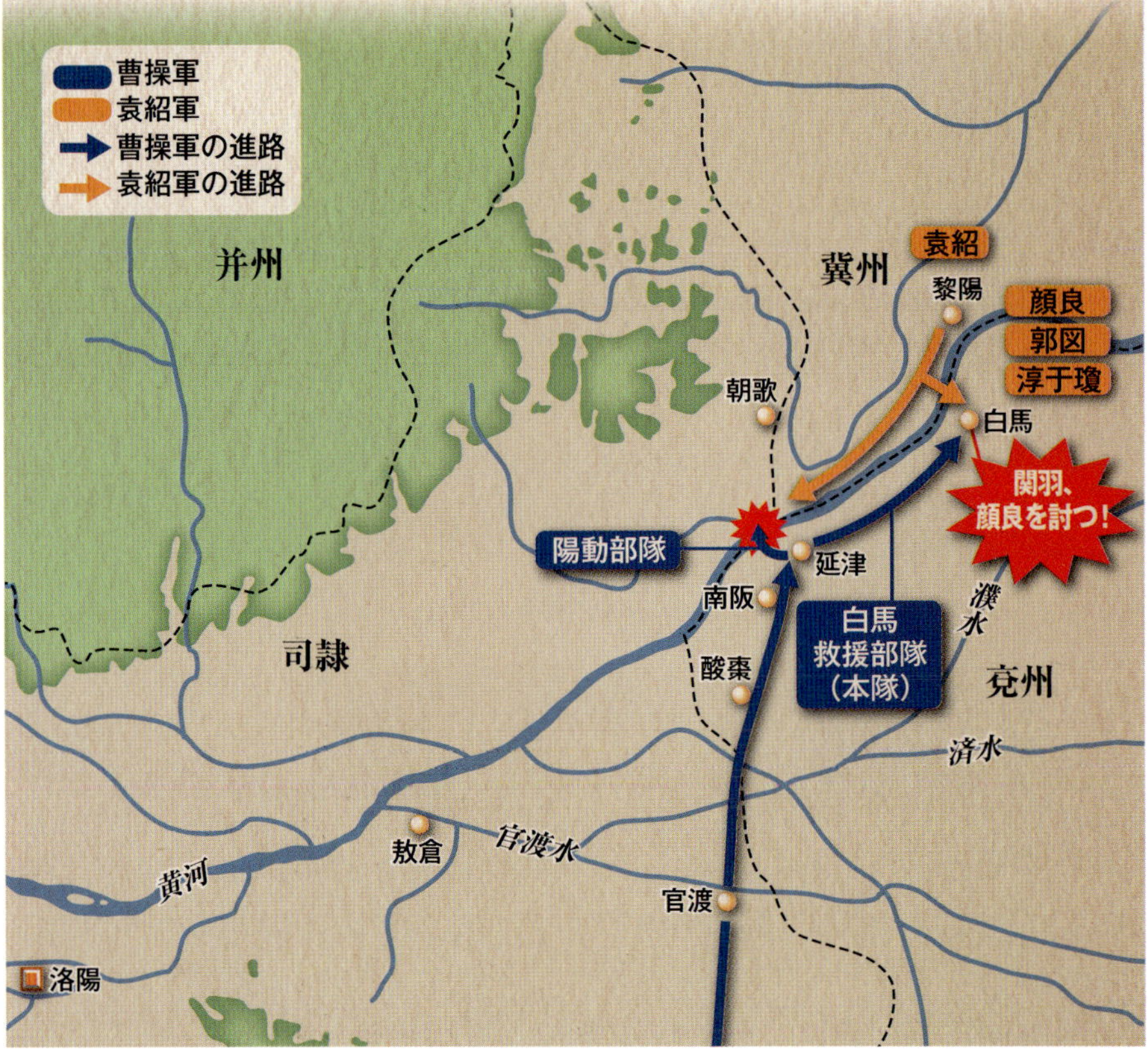

用する。まず白馬の南西、四〇キロ上流に位置する延津に兵を集結させると、延津から黄河《こうが》を渡る動きを見せた。これにより、袁紹は曹操本隊が黄河西岸を北上して直接黎陽を突くものと思い込んだ。そこで袁紹の本隊は黎陽から黄河の西岸を南下して、延津の北岸を固めようとしたため、白馬から注意がそれた。

そのうえで曹操は軽装の騎兵部隊を率いて白馬へと急行した。そして曹操軍の突然の出現に驚く顔良を討ち取ることに成功したのである。

●待ち伏せ攻撃で文醜を討ち取る

顔良を失った袁紹は、ただちに黄河を渡り文醜《ぶんしゅう》・劉備を前衛として延津の曹操軍を壊滅させようとした。

曹操軍が軍を官渡へと退いたため、袁紹は文醜を急行させて肉薄させた。

この退避中、殿《しんがり》を自ら引き受けた曹操

袁紹軍の陣容

袁紹軍の幕僚および将校の人間関係を見てみると、後継者争いも絡んだ派閥抗争が渦巻いていたことが分かる。強固な団結力を誇った曹操軍に対し、袁紹軍は必ずしも一枚岩ではなかったようだ。

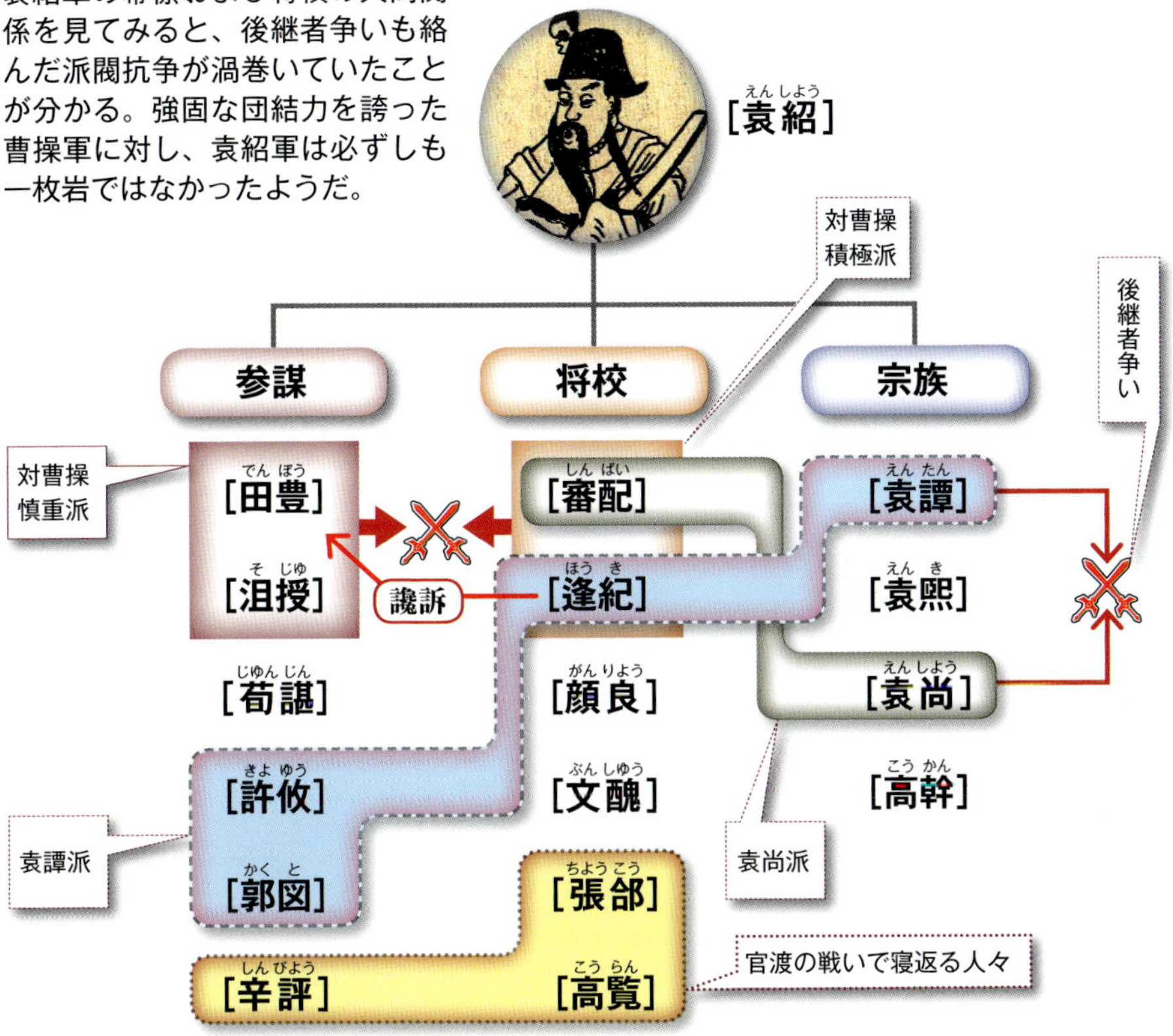

「名士」の戦い

袁紹出兵を巡る河北「名士」の角逐

袁紹を支えた名士は、田豊《でんぽう》、沮授《そじゅ》といった冀州出身者と、郭図《かくと》ら潁川・汝南《じょなん》出身者に分かれ、両者は対立を深めていた。

曹操との決戦に当たって前者が一様に反対を唱えたのに対し、後者は積極策を取った。袁紹は郭図らの意見を採用したが、その後も郭図や逢紀《ほうき》がたびたび田豊・沮授を讒言《ざんげん》した。結局沮授は軍権を奪われ、出陣に最後まで反対した田豊は獄につながれ、敗戦後処刑されてしまう。

は、兵糧や武器などを運ぶ輜重隊《しちょうたい》を街道上に放置するよう命じている。そこへ文醜の部隊が到着すると、兵糧などを横取りしようと掠奪《りゃくだつ》の混乱が起こった。こうして袁紹軍の陣形が崩れたところへ、曹操は伏せていた騎兵に突撃を命じたのである。これにより文醜は防御体制を整えることもできないまま、討ち取られてしまう。曹操は緒戦で袁紹軍が誇る二将を討ち取ることに成功したのである。

200年
（建安5年）
10月

官《かん》渡《と》の戦い

攻める袁紹、守る曹操！
両雄の熾烈な攻防は、
乾坤一擲の兵糧庫襲撃により
決着を迎える！

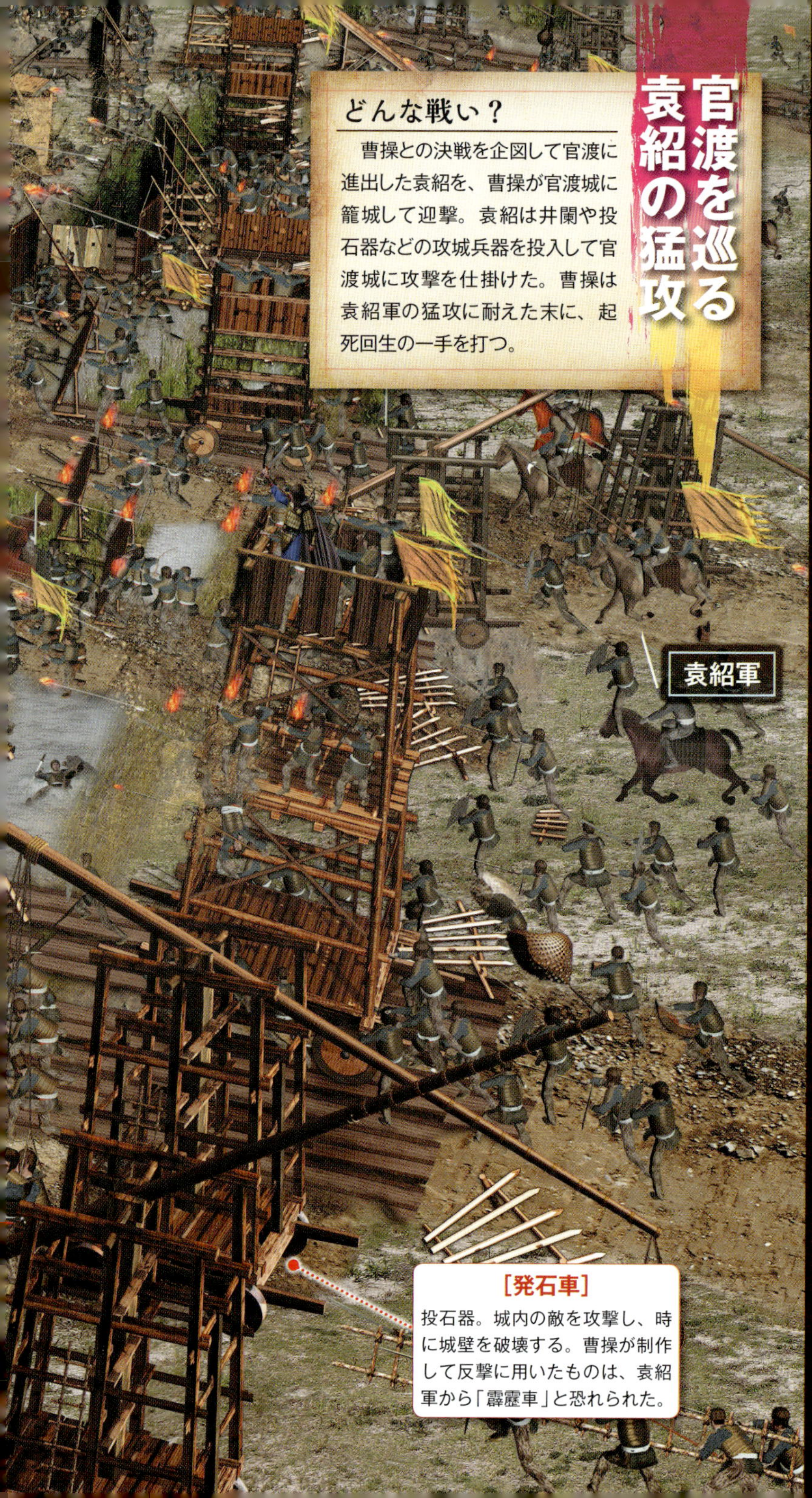

官渡を巡る袁紹の猛攻

どんな戦い？

曹操との決戦を企図して官渡に進出した袁紹を、曹操が官渡城に籠城して迎撃。袁紹は井闌や投石器などの攻城兵器を投入して官渡城に攻撃を仕掛けた。曹操は袁紹軍の猛攻に耐えた末に、起死回生の一手を打つ。

［発石車］

投石器。城内の敵を攻撃し、時に城壁を破壊する。曹操が制作して反撃に用いたものは、袁紹軍から「霹靂車」と恐れられた。

激闘のデータ

曹操軍 VS. 袁紹軍

指揮官	
曹操	袁紹

兵力	
1万	約10万

戦場
官渡

出典
『三国志』武帝紀、袁紹伝ほか／『三国志演義』第30回

曹操軍
官渡城
[雲梯]
台車に長い梯子のついた攻城兵器。
曹操の援軍によって城内の兵は1万を超えたが、それでも袁紹には遠く及ばなかった。
[井闌]
袁紹が前線へ推し進めた高楼を持つ車。城内からの投石と火矢を浴びて戦局には寄与しなかった。

官渡の戦い関連年表

官渡にて追い詰められた曹操であったが、ひたすら耐え抜き、許攸の寝返りを機に烏巣攻撃を敢行する。

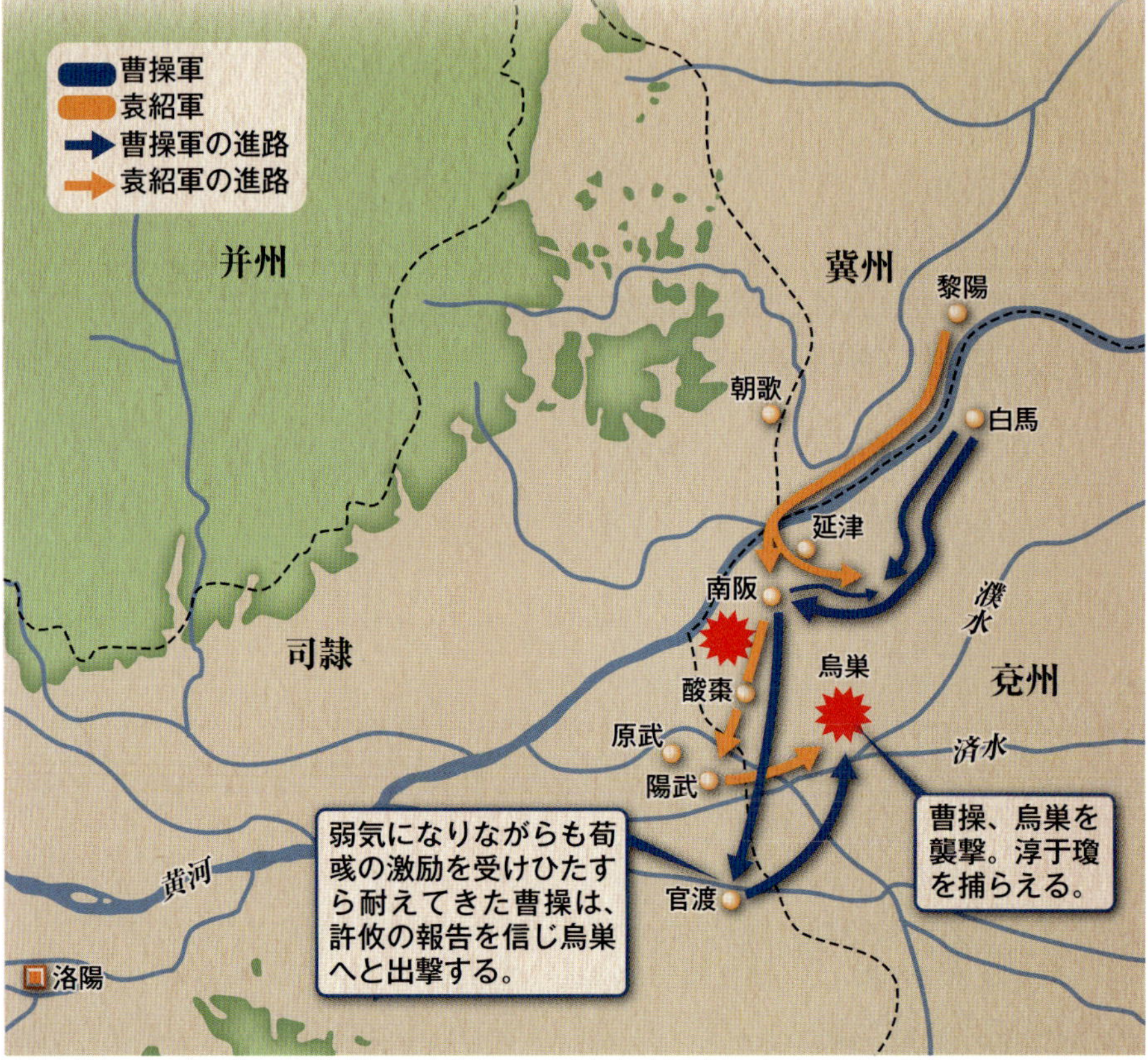

曹操軍
袁紹軍
曹操軍の進路
袁紹軍の進路
并州
冀州
黎陽
朝歌
白馬
延津
南阪
濮水
司隷
烏巣
兗州
酸棗
原武
陽武
済水
黄河
官渡
洛陽
弱気になりながらも荀彧の激励を受けひたすら耐えてきた曹操は、許攸の報告を信じ烏巣へと出撃する。
曹操、烏巣を襲撃。淳于瓊を捕らえる。

兵力に勝る袁紹軍は、顔良・文醜の二将を失いながらも攻撃の手を緩めず、黄河を渡り、官渡城に迫った。

一万ほどの兵しか持たなかった曹操は、官渡城で籠城へと追い込まれてしまう。

この時、城内の曹操軍を攻撃するために袁紹軍が用いたのが高櫓《こうろ》である。まず城外に盛り土をして小高い築山を築くと、そこに城内を一望できる櫓を建て、そこから矢を打ち込んだのである。

城内の兵士は矢の雨にさらされ、盾を頭上に掲げて防ぐしかなかった。

●曹操を援けた謀臣の助言

防戦一方ではますます戦況は不利になる。そこで、曹操が考案したのが霹靂車《へきれきしゃ》だった。これは投石機の一種と考えられる。この霹靂車から放たれた巨石が袁紹軍の櫓を破壊し、袁紹の試みを失敗へと追い込んだ。

戦場の名言

兵多けれども分画《ぶんかく》明らかならず。
将驕《おご》りて政令一ならず
（『三国志』武帝紀）

官渡の戦いに勝利した曹操が、祝宴にて袁紹を評した言葉。袁紹の軍は、「兵は多くとも組織がしっかりしておらず、将軍たちは威張り勝手な命令を出している」という意味。現代にも当てはまる普遍的な組織論といえる。

曹操軍の陣容

［曹操《そうそう》］

- 親衛隊長 ［許褚《きよちよ》］
- 旗本集団
  - ［張遼《ちようりよう》］
  - ［楽進《がくしん》］
  - ［李典《りてん》］
  - ［于禁《うきん》］
  - ［徐晃《じよこう》］
  - ［臧覇《そうは》］
- 参謀
  - ［荀彧《じゆんいく》］
  - ［荀攸《じゆんゆう》］
  - ［程昱《ていいく》］
  - ［郭嘉《かくか》］
  - ［賈詡《かく》］
- 親族
  - ［夏侯惇《かこうとん》］
  - ［夏侯淵《かこうえん》］
  - ［曹仁《そうじん》］
  - ［曹洪《そうこう》］
  - ［曹純《そうじゆん》］
    - 虎豹騎

次に袁紹軍が仕掛けたのは、地下道を掘り、そこから城内に侵入する坑道戦術で、易京の戦いでも袁紹はこの策を用いて公孫瓚を破っている。

しかし袁紹の手を心得ていた曹操は、城の内側に塹壕《ざんごう》を掘り、仮に袁紹軍が穴を掘り進めてきても、塹壕に行き着くことで、侵入をすぐに察知できるようにして袁紹の作戦を破綻させた。

袁紹の計略を二度にわたり防いだ曹操だが、戦局は厳しく、一向に好転しなかった。さすがの曹操も撤退を考え、許都を守る荀彧へ手紙を送った。

しかし荀彧は「先に退いた方が屈服を余儀なくされます。袁紹の勢いはいつか尽きます。その時こそ奇策を用いるときです」と諫めたのである。曹操は自分の間違いに気づいて防戦の意志を固め、虎視眈々と反撃の機会を狙い続けた。

一方の袁紹軍のなかでも、曹操を官渡

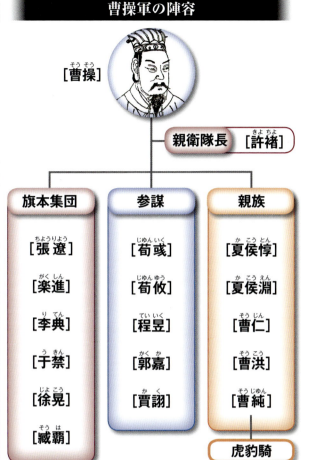

襲撃！烏巣の兵糧庫

許攸の降伏で得た情報をもとに、曹操は烏巣攻略を実行。兵糧を奪われたことで袁紹軍は浮き足立ち、張郃・高覧ら将軍の離脱も相次いで、崩壊していった。

烏巣襲撃時、主将の淳于瓊は酔いつぶれていたという。
曹操軍は烏巣襲撃時、袁紹軍に偽装して接近し夜襲をかけたという。

に足止めしている間に許都を陥れるべきだという沮授の進言がなされたが、正攻法にこだわる袁紹はその策を採用しなかった。

●なぜ袁紹軍は崩壊したか

官渡の戦局が大きく動いたのは十月のこと。決め手は兵糧だった。

袁紹軍も曹操軍も長期戦でともに兵糧が不足していた。包囲を受ける曹操軍に兵糧の補給は困難だったが、袁紹軍は烏《う》巣《そう》に兵糧基地があった。曹操軍は一度、輜重《しちょう》隊を襲い兵糧を焼き払うことで袁紹軍に打撃を与えている。

この被害に教訓を得た袁紹は、その後、一万余りの兵で輜重隊を護衛することとした。

しかし、兵糧が蓄積される烏巣自体に強固な防衛体制が敷かれることはなかったようだ。

これが裏目に出る。自分の献策を用いない袁紹に不満を募らせた許攸《きょゆう》が曹操に投降し、烏巣の守備が手薄であることを伝えてしまったのである。これを受けて曹操は自ら出陣する。そして烏巣へと接近すると、守備隊を蹴《け》散《ち》らして袁紹軍の兵糧を焼き払った。

兵糧が失われたことで袁紹軍は大いに動揺したが、袁紹は兵の心理を読み取ることができなかった。

この時点で兵糧を取り返しにいくか、曹操が留守にした官渡に猛攻をかけて奪取するかの二つの選択肢があったが、袁紹は自軍の兵糧よりも官渡城陥落を優先したのである。

すると官渡城の攻撃を担当していた張郃《ちょうこう》が兵を連れて曹操に投降。これによって袁紹軍は崩壊し、総崩れとなる。袁紹は長男の袁譚《えんたん》とともに戦場を離脱していった。

曹操軍の火攻めによって炎上する邸閣（兵糧庫）。正史の註に引用される『曹瞞伝』によれば、1万石以上の輜重が運び込まれていたという。

袁紹没後の勢力図
公孫度
幽州《ゆうしゅう》
袁熙
高幹
袁紹
袁譚
并州《へいしゅう》
冀州《きしゅう》
青州《せいしゅう》
雍州《ようしゅう》
兗州《えんしゅう》
司隷《しれい》
曹操
徐州《じょしゅう》
豫州《よしゅう》
孫権
荊州《けいしゅう》
揚州《ようしゅう》
劉表
交州《こうしゅう》

戦いの意義

官渡の戦いによって中原のパワーバランスは曹操へと傾く。袁紹はその後も勢力を保ち続けたが、失意のうちに死去し、子供たちによる分裂の時代を迎える。

200年
（建安元年）

倉《そう》亭《てい》の戦い

官渡の挽回を企図した
袁紹の大軍を完膚なきまでに粉砕した
程昱の秘策

炸裂！十面埋伏の計

どんな戦い？

倉亭の戦いは『三国志演義』にのみ見える戦いで、官渡の敗戦後、袁紹が3人の子供たちが率いてきた河北の兵を糾合して曹操に再戦を挑んだもの。数的劣勢の曹操軍は黄河の畔まで追い詰められたが、ここで程昱が提案した十面埋伏の計が展開される。

『演義』の計略

十面埋伏の計！

まず許褚率いる中軍が袁紹軍に挑み、袁紹軍と接触する。許褚は頃合を見て退却し、河岸まで追い詰められたところで反転。背水の陣で死に物狂いの防戦に移行する。そこへ左右十手の部隊が側面から攻撃を仕掛け、袁紹軍を殲滅した。

激闘のデータ

曹操軍 VS. 袁紹軍

指揮官	
夏侯淵 許褚 夏侯惇 ほか	袁譚 袁熙 袁尚
兵力	
2万～3万	20万～30万

戦場
倉亭

出典
『三国志演義』第31回

十方向を囲まれた袁紹は、3人の息子たちと血路を拓いて脱出するも、屈辱のあまり吐血する。
曹操軍右1～5手
1 曹洪　2 張郃　3 徐晃
4 于禁　5 高覧
袁紹軍
曹操軍左1～5手
1 夏侯惇　2 張遼　3 李典
4 楽進　5 夏侯淵

官渡の戦いで大敗を喫したものの、袁紹はわずかな領土さえも失っておらず、依然として強大な力を有していた。

しかし袁紹が二〇二年に没すると、袁紹の長男・袁譚と三男・袁尚《えんしょう》が後継者争いを始め、以降、河北は曹操の狩場となる。曹操は内紛の機を逃さずに、勢力を拡大していったのである。

二〇二年から二〇三年にかけて、曹操は黎陽を攻めた。袁尚との後継争いに際し、袁譚が曹操に援軍を依頼したためである。これにより袁尚は敗走した。

二〇四年の鄴《ぎょう》城の戦いでは、曹操が鄴城を攻略。審配《しんぱい》を討ち取った。さらに二〇六年には、曹操は袁家最後の実力者である袁紹の甥・高幹《こうかん》を攻め、并州《へいしゅう》を支

曹操の河北平定戦

袁紹没後、曹操は、後継者争いによって分裂した袁家勢力を河北各地で撃破しながら、着実に追い詰めていった。

壷関の戦い
（205年～206年）
曹操 VS. 高幹
一時曹操に降っていた袁一族の高幹が挙兵するも、曹操軍に破れる。
袁家に加担
柳城
襄平
烏桓
袁熙
范陽
（幽州）
白狼山の戦い
（207年）
曹操 VS. 袁煕・袁尚・烏桓
高幹
晋陽
（并州）
南皮の戦い
（205年）
曹操 VS. 袁尚・袁譚
南皮
（渤海郡）
臨淄
（青州）
鄴
（冀州）
壷関
袁尚
黎陽
鄴城の戦い
（204年）
曹操 VS. 袁尚・審 配
粘り強い抵抗を続ける審配に対し、曹操は水攻めを行なって鄴城を陥落させた。
黎陽の戦い
（202年）
曹操 VS. 袁尚・袁譚
官渡
許昌
宛
（南陽郡）
襄陽
（荊州）
汝南
寿春
（揚州）
汝南の戦い
（200年）
曹操 VS. 劉備
7月、許をうかがう動きを見せた劉備と黄巾残党を、曹仁が破る。

配下に置いた。

　こうして曹操は鄴城、冀州、并州を手に入れ、二〇八年までに河北を制圧。中原（中国の中心地域）の支配者となる。

　こうした河北平定戦のなかで、『演義』だけに描かれた、曹操と袁紹の最後の戦いが倉亭《そうてい》の戦いである。

　河北中から兵を集めた二〇万～三〇万の袁紹軍に対し、曹操軍は二万～三万。官渡と同じく劣勢のなかであったが、曹操は程昱《ていいく》が提案する「十面埋伏《じゅうめんまいふく》の計」を用いている。

　これは兵を十隊に分けて、五隊ずつ左右に伏せ、囮《おとり》部隊がおびき出してきた敵を左右から取り囲む計略である。

　戦いでは、許褚《きょちょ》率いる囮部隊が巧みに袁紹軍を黄河の河岸までおびき寄せ、背水の陣で抵抗。袁紹が勝利を確信するなかに、左右から曹操軍の諸隊が現われ、袁紹軍を壊滅させたのだった。

三国時代の戦い方（基本篇）

三国時代の武器・防具・戦術を知る！

三国時代の武器

白兵戦や遠距離攻撃にも対応しながら進化を遂げた、古代中国の刃

『三国志演義』に登場する英雄たちは、それぞれ愛用の武器を振るって活躍している。呂布《りょふ》は方天画《ほうてんが》戟《げき》を携え、武勇で名を馳せた。また関羽《かんう》は、三日月形の刃で付け根に龍の頭部を刻んだ青龍偃月刀《せいりゅうえんげつとう》を手に奮戦した。

では実際、三国時代にはどのような武器が使われていたのだろうか。

春秋時代の末に鉄の製錬技術が進むと、それまで青銅製だった武器も強度のある鉄製に代わり、三国時代には武器のほとんどが鉄製になっていた。

接近戦で用いられたのは、扱いやすい短柄武器である。

真っ直ぐで両側に刃のある剣は、斬撃のみならず刺《し》突《とつ》にも適していた。だが騎

三国時代の武器 ― 短柄・長柄そして弓

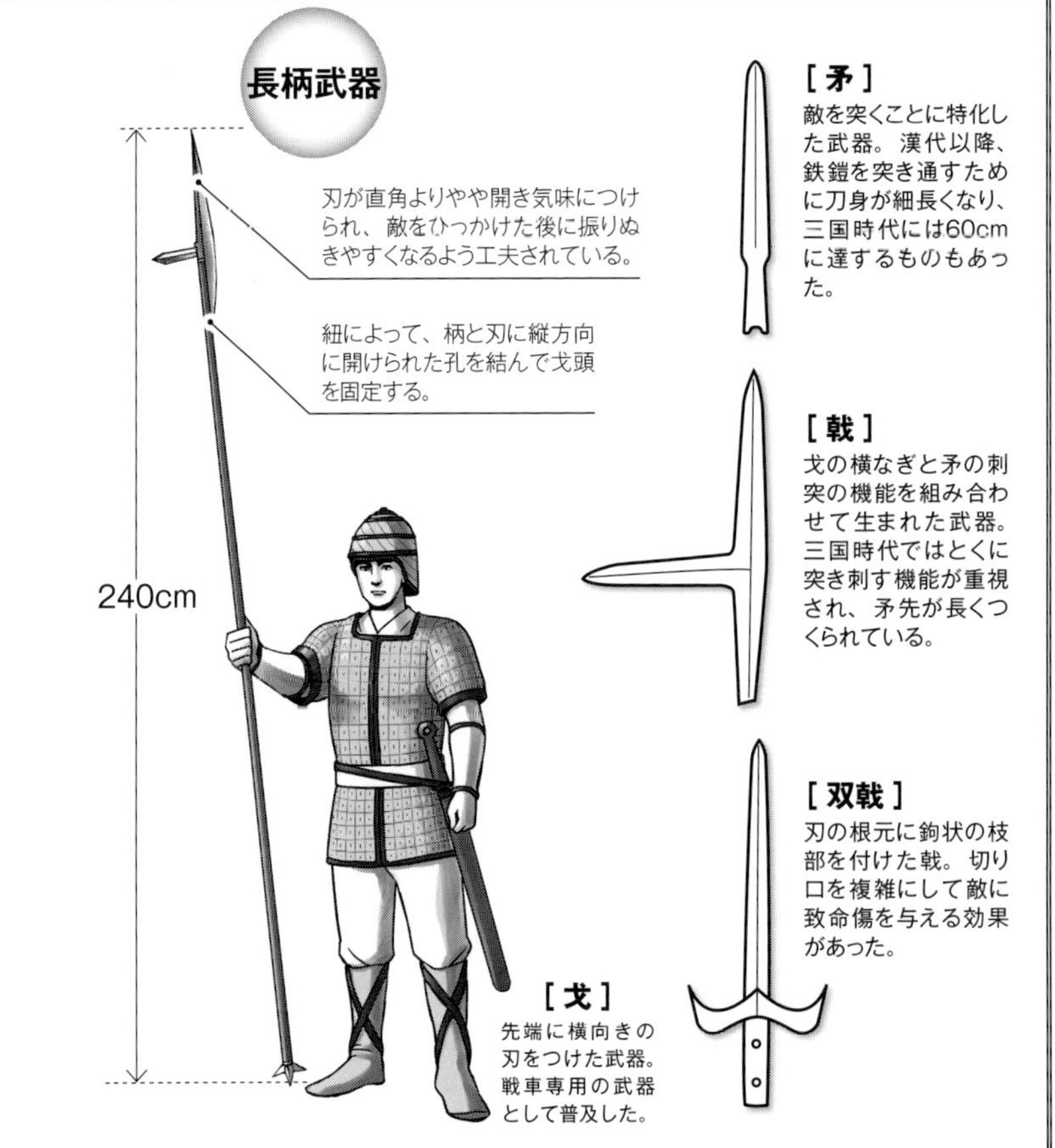

長柄武器
刃が直角よりやや開き気味につけられ、敵をひっかけた後に振りぬきやすくなるよう工夫されている。
紐によって、柄と刃に縦方向に開けられた孔を結んで戈頭を固定する。
240cm
[矛]
敵を突くことに特化した武器。漢代以降、鉄鎧を突き通すために刀身が細長くなり、三国時代には60cmに達するものもあった。
[戟]
戈の横なぎと矛の刺突の機能を組み合わせて生まれた武器。三国時代ではとくに突き刺す機能が重視され、矛先が長くつくられている。
[双戟]
刃の根元に鉤状の枝部を付けた戟。切り口を複雑にして敵に致命傷を与える効果があった。
[戈]
先端に横向きの刃をつけた武器。戦車専用の武器として普及した。

「筒袖鎧《とうしゅうがい》」などが普及した。

兵士の軍装は役割によって様々だった。

比較的軽装だったのは、射兵である。当時、もっとも実用的だった防具は盾だが、射兵は弓や弩を持って戦場に出るため、片方の手がふさがる盾を持つことはなかった。また戦況に応じて前線からいち早く退却するため、重い鎧をまとうことも少なかったと思われる。

白兵戦に投入される歩兵は、片方の手に長柄武器、もう片方の手に盾を持ち、鎧を着用した。

騎兵の軍装は兵も馬も鎧を着用しない、兵のみが鎧を着ける、兵も馬も鎧で体を覆う、の三通りに分かれていた。

鎧をまとわない軽騎兵は戦場を縦横に駆けて機動力を生かすことができた。だが敵に突撃して恐怖感を与え、戦列や布陣を大きく崩すのは、兵も馬も鎧を着用した重騎兵であった。

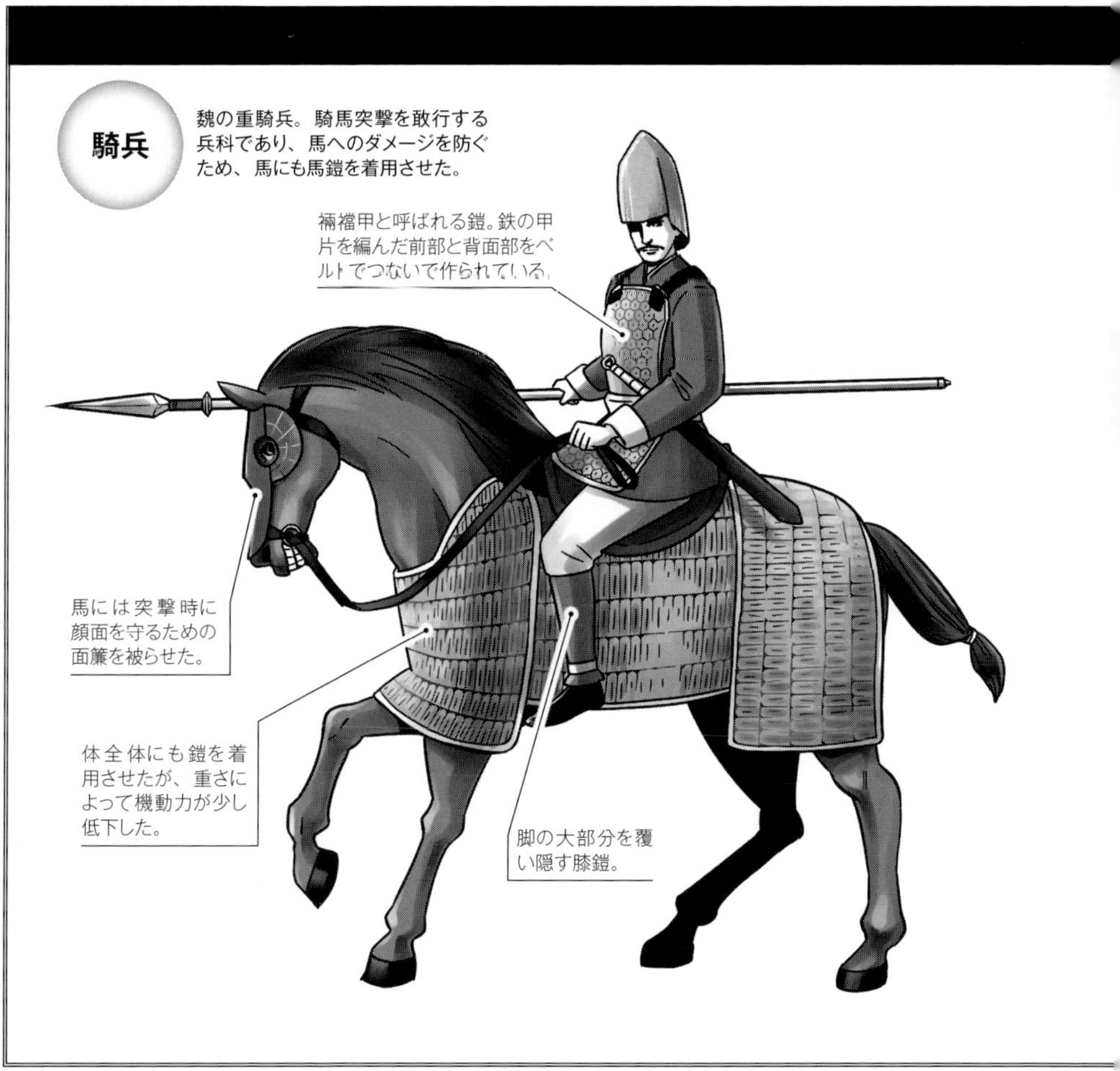

騎兵
魏の重騎兵。騎馬突撃を敢行する兵科であり、馬へのダメージを防ぐため、馬にも馬鎧を着用させた。

裲襠甲と呼ばれる鎧。鉄の甲片を編んだ前部と背面部をベルトでつないで作られている。

馬には突撃時に顔面を守るための面簾を被らせた。

体全体にも鎧を着用させたが、重さによって機動力が少し低下した。

脚の大部分を覆い隠す膝鎧。

兵種と職務

戦いを勝利に導くために兵たちが担ったそれぞれの役割

兵士といっても、歩兵のみで戦闘に勝利することは難しい。

三国時代の軍隊も歩兵・騎兵・弩兵から成る統合部隊であった。ではそれらの兵種はそれぞれどのような役割を担っていたのか。

三国時代の軍隊の主体は、徒歩で移動し徒歩で戦う歩兵である。彼らは基本的に五人を最小単位とした「什伍《じゅうご》の制」の編成で隊を組み、密集して戦った。

歩兵の装備は主に矛や戟などの長柄武器、剣、刀などの短柄武器に分かれる。

長柄武器は突撃して敵の陣を破り、逆に敵の突撃を阻止するためにも用いられた。一方の短柄武器は森林や水上、市街地や城壁の上など、限られた空間での白

三国時代基本の三兵種

歩兵　弓・矛・刀剣など様々な武器を装備して戦う汎用性の高い兵種。

弓・弩による遠距離攻撃

遠距離攻撃ができる弓や弩を備えた歩兵。一斉射撃によって遠距離から敵軍にダメージを与えることができた。

矛・戟などによる突撃・防御

矛や戟など長柄武器を使う歩兵。おもに密集陣を組み、集団で突撃して敵の陣形を破ったり、敵の突撃を阻止したりする役目だった。

刀剣を用いた白兵戦

短柄武器をもった白兵戦用の歩兵。開けた平地では長柄武器を使っていたが、短柄武器は森林などの動きづらい場所や攻城戦に適していた。

兵戦でも役立った。

弓や弩の投射武器を持った歩兵は、遠距離から敵に奇襲攻撃をかけたり、身を隠して敵を狙撃したりする伏兵として効果的に用いられた。

広い戦場においては、陣中から味方を援護し、敵の進路上に矢や弩を射かけて動きを封じた。

そして騎兵は、騎乗に長けた兵士で編成されたエリート部隊である。戦場では左右両翼の外側か司令官の近くに配置されるのが常で、その機動力を生かして、偵察、伝令、襲撃、伏撃、誘撃、突撃、奇襲、迂回、包囲、救援など、あらゆる作戦を遂行する上で欠かせない存在だった。

騎兵だけを繰り出して戦うこともあり、前衛の弓騎兵の射撃に続いて中段の槍騎兵が突撃、最後に刀を持った騎兵が敵騎兵を殲滅する流れが戦いのセオリーだった。

騎兵

馬に乗って戦う兵士。偵察から奇襲、追撃までをこなすエリート部隊である。

輜重兵

物資の輸送を担当する後方支援の兵士。敵部隊の襲撃に備えて兵士によって護衛されていた。北伐において補給に苦しみ続けた蜀では、諸葛亮が険阻な渓谷に架けられた細い桟道を通すために、木牛・流馬という輸送車を開発するなど、低い食料生産能力を補う試行錯誤がなされた。

攻城兵器

堅固な城壁を突破するために開発された大規模兵器

古代中国の都市は、町自体が城壁で囲まれた城塞都市であった。厚く高い城壁による堅固な防備を破るため、攻め手側は様々な攻城兵器を考案し、攻撃の段階ごとに使い分けたとみられる。あくまで推定に過ぎないが、以下のような攻城兵器の存在が指摘されている。

城内の様子を偵察するには、さらに高所に登る必要がある。そのために用いられたとされるのが、兵士を乗せた物見小屋を滑車で引き揚げる「巣車《そうしゃ》」、兵士が踏み板を登って物見小屋に入る「望楼車《ぼうろうしゃ》」などである。

城壁への接近が可能と判断されると、濠を埋めるための土砂を積んだ「填壕《てんごう》車《しゃ》」や、重い丸太を槌として城門を破壊

三国時代の主な攻城兵器

先端には城壁にかける鉄製の鉤が付けられている。
雲梯《うんてい》
城壁を乗り越えるための兵器。行天橋や塔天車と呼ばれる同様の兵器もあった。
城壁の上にいる敵を、同じ高さから狙うことができた。
填壕車《てんごうしゃ》
幔と呼ばれる矢除けの盾をつけた車。攻め手は矢を防ぎながら城壁の際まで近づき、濠を埋めるなどした。

する「衝車《しょうしゃ》」が投入された。兵士を運ぶ「轒轀車《ふんおんしゃ》」は、素早く移動できるよう、内部の兵士も歩きながら車を押して前進できるようになっていた。城の守備兵は矢を放つだけではなく、石や火を投げ落として攻撃してくる。攻城兵器にはそれらをしのぐため屋根や衝立《ついたて》が備えられ、兵を守るようになっていた。また、いずれも車輪が取り付けられており、人力での移動が可能だった。

ほかにも、長い梯子の先端部分を城壁に引っ掛け、登って侵入するための「雲梯《うんてい》」や、木材を井桁のように組み上げて城壁の上から内部に矢を射かける「井闌《せいらん》」、梃子《てこ》の原理を応用して巨石を空高く飛ばし、城壁や内部を破壊する「霹靂車《へきれきしゃ》」などの投石兵器があった。

これら大型兵器は、分解されて攻撃目標まで運ばれた。そして城壁や守備兵の状況に応じて、臨機応変に加工された。

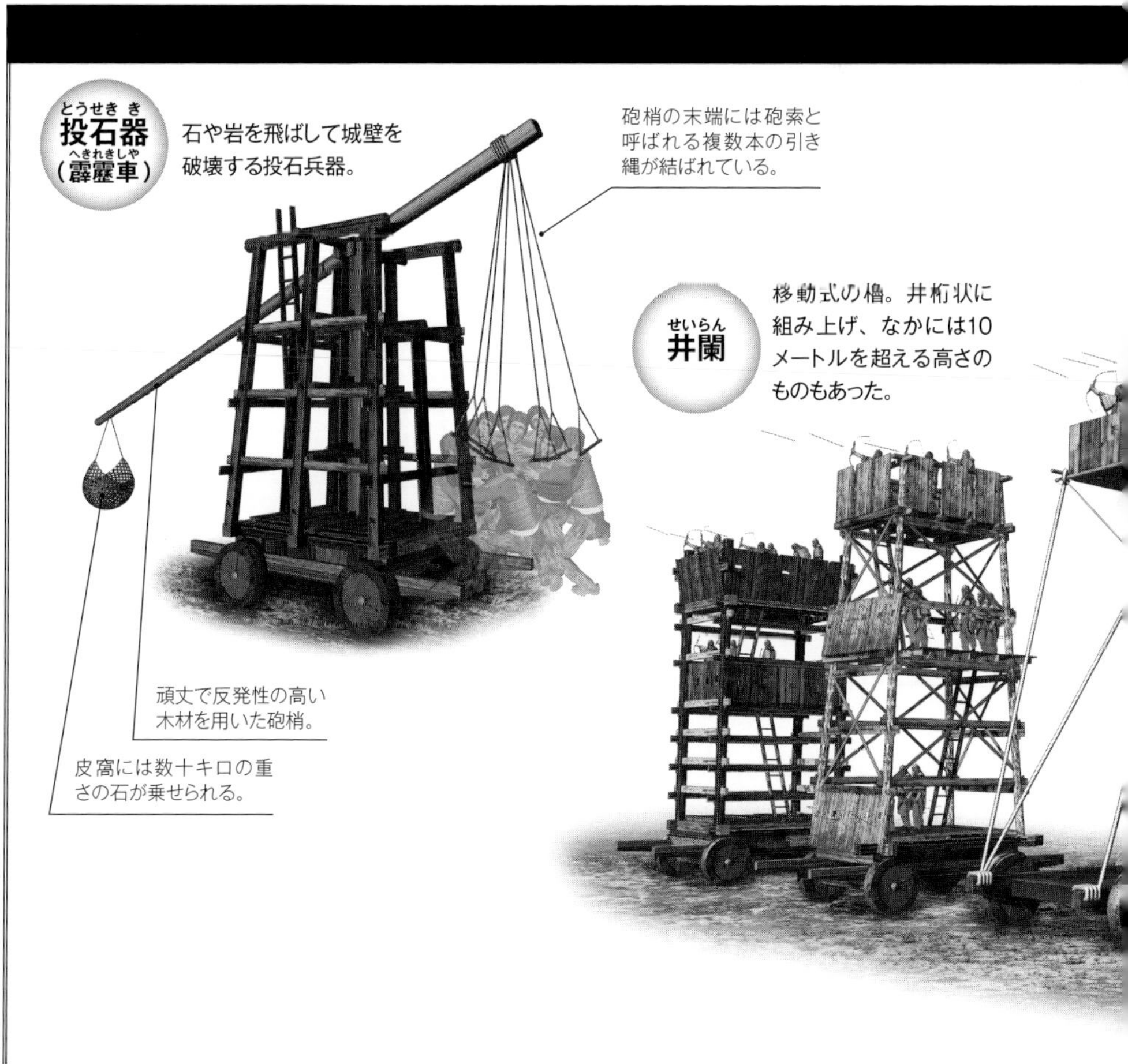

投石器《とうせきき》
（霹靂車《へきれきしゃ》）
石や岩を飛ばして城壁を破壊する投石兵器。
砲梢の末端には砲索と呼ばれる複数本の引き縄が結ばれている。
頑丈で反発性の高い木材を用いた砲梢。
皮窩には数十キロの重さの石が乗せられる。
井闌《せいらん》
移動式の櫓。井桁状に組み上げ、なかには10メートルを超える高さのものもあった。

望楼を備えた城のような外観をしていた。

楼船《ろうせん》
大型の兵器や大量の戦闘要員を運搬するための巨大艦。水上戦時には本陣の役割を務めた。

弩を打ち出すための孔が開けられている。

横幅を広くするため、2つの船体を長い梁でつなぎ合わせた双胴船になっていた。

船体に板が張られていた。

走舸《そうか》
偵察・通信・伝令・監視に用いられた小型の高速船。

戦闘用ではないため防御の囲いを持たない。

軍船

三国時代の河川で水上戦を演じた軍船

中国では「南船《なんせん》北馬《ほくば》」という言葉があるように、山と平野の多い北方では馬による交通手段が発達して騎馬が強く、川が多い南方では船による水上交通が発展したために、水軍が発達していた。

赤壁の戦いの結果には、発達した華南地域の船舶技術の影響が指摘されるが、では当時、どのような船が戦闘で活躍したのだろうか。

水上戦で本陣の役割を担ったのは、巨大な「楼船《ろうせん》」である。広い甲板に高楼と見紛う屋形を載せた設計からこう呼ばれ、指揮官の部屋をはじめとする多くの船室や、武器庫、食料庫もあった。船体は二隻の船を並べて連結し、安定性を持たせた双胴船《そうどうせん》だったと考えられ、転覆の

三国時代の軍船

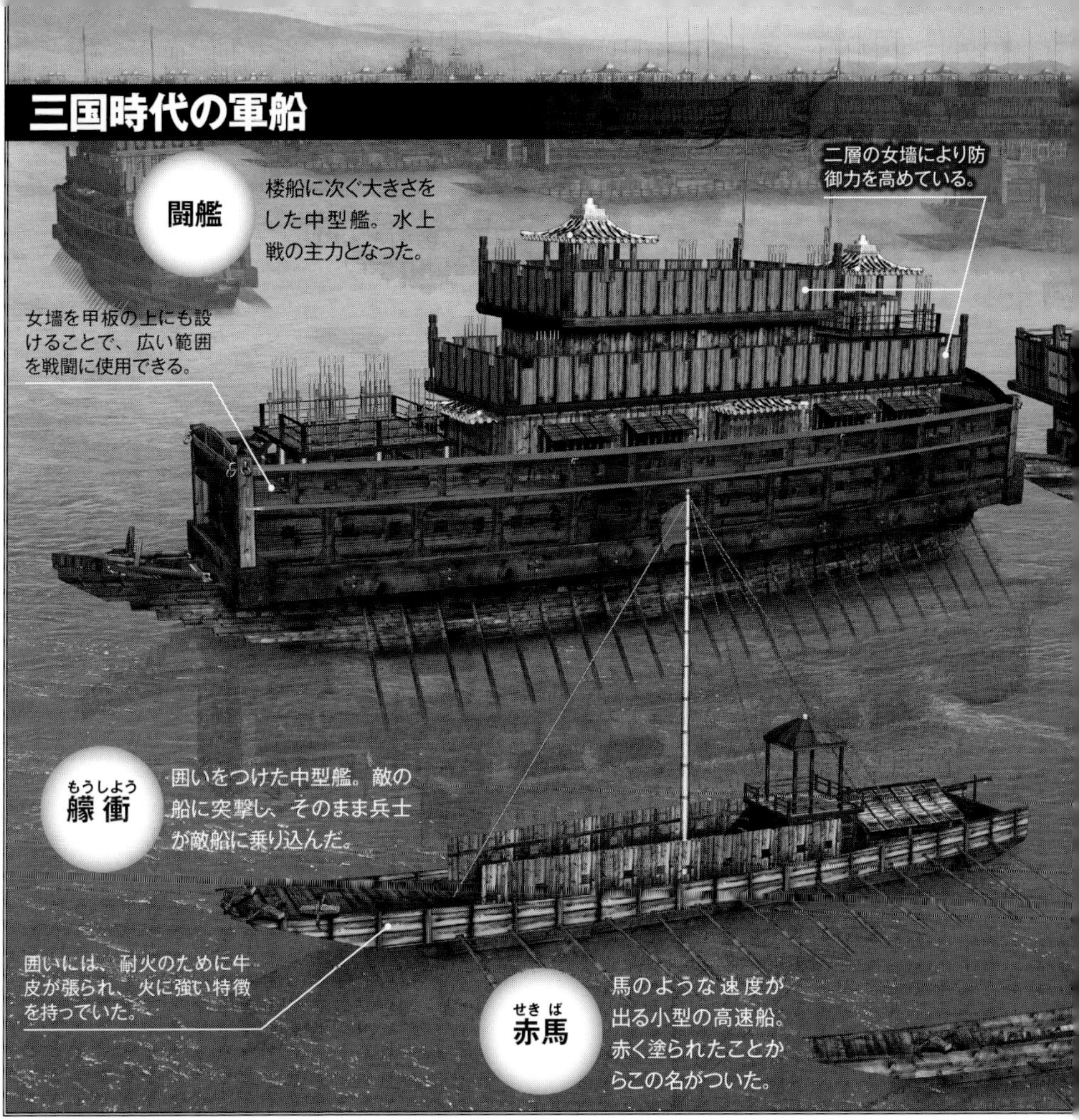
闘艦
楼船に次ぐ大きさをした中型艦。水上戦の主力となった。
二層の女墻により防御力を高めている。
女墻を甲板の上にも設けることで、広い範囲を戦闘に使用できる。
艨衝《もうしょう》
囲いをつけた中型艦。敵の船に突撃し、そのまま兵士が敵船に乗り込んだ。
囲いには、耐火のために牛皮が張られ、火に強い特徴を持っていた。
赤馬《せきば》
馬のような速度が出る小型の高速船。赤く塗られたことからこの名がついた。

心配はなく積載量も多かった。

　このような楼船に何百人もの弩兵が乗り船縁から矢を放てば、敵船は接近することすらできなかった。

　しかし楼船は、その大きさゆえに小回りが利かず、しかも多くの漕ぎ手を必要とする。そこで接近戦の主力となったのが「闘艦《とうかん》」である。楼船に次ぐ中規模の大きさで、二層の女墻《じょしょう》を備えた防壁のある甲板室を有し、側面には弩を打ち出す孔が空いているなど、高い攻撃力を持っていた。

　敵船と入り乱れての白兵戦を演じたのが、船体を牛の生皮で覆った小型快速船の「艨衝《もうしょう》」である。牛の生皮は撥水性があって熱にも強いので、荒波にも火器の攻撃にもよく耐え、敵船に衝突してダメージを与えた。さらに小型で細長い船体の「走舸《そうか》」は、漕ぎ手は多数だが兵士は少数精鋭という乗員構成で敵の不意を突いた。

城塞都市

堅固な城壁と工夫を凝らした防備施設によって守られた古代都市

地下に掘った深い溝から築き上げた城壁。上部には女墻を巡らせて敵を射撃できるようにしていた。
一般庶民の居住区
城壁の外側を流れる城濠。防御に加え、湛えられた水は飲料水として重宝された。
城郭都市に築かれていた高台建築。魏・鄴城の銅雀台が有名。宴の場であるとともに戦時には要塞としての機能も果たした。

古代中国の都市は、民衆が生活する町と君主が暮らす宮殿、政庁などの施設を、外部からの襲撃に備える丈夫な城壁がぐるりと囲む城塞都市であった。都市のみならず、各地方の県城、村も城壁で囲まれ、国境には長城が築かれていた。壁こそが定住地を守る存在だったのである。

城壁は、自然の風土や地形を利用して築かれた。北方では、黄土を突き固めて重ねる「版築《はんちく》」で高い土壁を盛り、その外側にV字形の深い空濠を設けていた。

曹操が袁紹を破って手に入れ、魏の都とした鄴城《ぎょう》は、城壁内全体が東西と南北の中軸線によって整然と分かたれ、北部は宮殿、南部は官庁および一般の居住区として区分されていた。この構造は、の

三国時代の都市

支配階層の居住区
直線的な街路によって、町は整然と区画されていた。
城壁内部への入り口となる城門。攻城戦の際は、寄せ手が城門の突破をしかけてくるため、激戦場となる。
政庁群
田畑など食料生産の場は城壁の外にあった。
政治の場となった宮殿。
庭園

南方の湿潤な地帯では、大小無数の河川が交錯して流れており、その制約を受けるため、北方の城塞都市ほどの面積を確保することができない。だが、河川を水濠として利用すれば、防御力が高まるメリットもあった。呉の孫権は、北側を長江、東側を濠水に面した武昌《ぶしょう》に都を置き、南と西に城壁を築いた。

ちの洛陽、長安、北京にまで受け継がれ、日本の平城京、平安京もこれに倣《なら》っており、都市計画の原点といえる。

堅牢な壁に囲まれた城塞都市であったが、出入り口となる城門が最大の弱点であった。ここを破られることは都市の滅亡に直結したから、城門周辺には図のような様々な防御設備が設けられた。

城門の前には小さな出城の「関城《せきじょう》」が建ち、城壁と連動して攻め寄せる敵を攻撃した。また、城壁には「馬面《ばめん》」と呼ばれる突出部を設けて、城壁に殺到する敵を側面から攻撃する機能を持たせていた。

時に攻城側が城門前に至ると、門扉を破壊する行動をとる。

こうした攻撃に備え、城門の扉の内側には、上下する鉄板の貼られた分厚い戸板「懸門《けんもん》」が設置されていた。

さらに城壁の外側にも、濠や水濠などを設け、敵の攻撃に備えたのである。

指揮

将軍を頂点としたピラミッド構造になっていた三国時代の軍隊

『三国志演義』には大将軍のほかにも、征北将軍、討逆将軍など、様々な将軍号が登場するが、彼らはどのような役割を担っていたのか。三国時代の軍隊の編成を見てみよう。

当時の軍隊は漢の軍隊制度を継承・改変したものである。軍隊の基本単位は五人であり、これを「伍《ご》」と称する。この伍を二つ合わせて「什《じゅう》」となり、什が複数集まって「隊」となる。さらに隊の上に曲長が指揮する「曲」、その上の校尉が指揮する「部」があり、部が複数集まって「軍」となった。また牙門《がもん》という軍があり、牙門将によって指揮された。

軍の総指揮権を握っていたのが将軍で、軍縮が進んでいた後漢期には常設されず、黄巾《こうきん》の乱では中郎将《ちゅうろうしょう》が軍隊の指揮にあたっている。やがて三国時代に入ると、軍事官僚が重視され、多くの将軍号が復活した。数ある将軍号は大将軍を最高位とし、驃騎《ひょうき》将軍・車騎《しゃき》将軍・衛《えい》将軍が続く。その下には征北将軍、征西将軍、征東将軍、征南将軍の四征将軍および四鎮将軍（鎮東・鎮西・鎮南・鎮北）があり、ここまでが「使持節《しじせつ》（軍の司令権）」を加えられ、外交権も掌握したうえで、方面軍司令官の「都督《ととく》」となって複数の軍を束ねる役割を負う。

これらの将軍号の下に置かれたのが、征蜀《せいしょく》将軍、平虜《へいりょ》将軍といった目的に応じた将軍号や、振威《しんい》将軍、揚武《ようぶ》将軍といった「雑号《ざつごう》将軍」である。

三国時代の軍編成

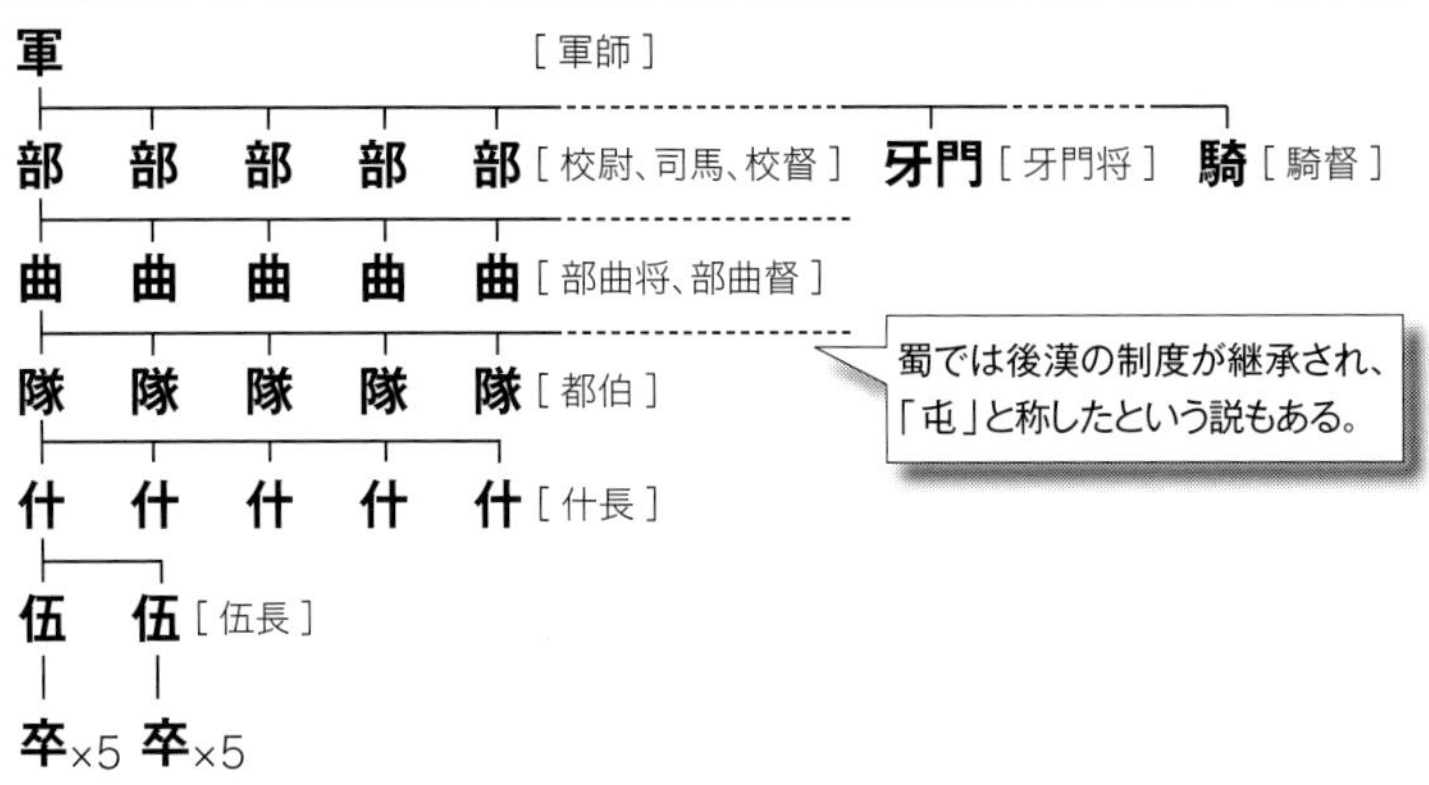

軍
［軍師］
部　部　部　部　部［校尉、司馬、校督］
牙門［牙門将］
騎［騎督］
曲　曲　曲　曲　曲［部曲将、部曲督］
隊　隊　隊　隊　隊［都伯］
蜀では後漢の制度が継承され、「屯」と称したという説もある。
什　什　什　什　什［什長］
伍　伍［伍長］
卒×5　卒×5

三国時代の軍隊制度

三国時代に軍隊を動かしていたのは、将軍や都督と呼ばれる地位の人物だった。将軍たちのなかにも階級があり、それぞれに将軍号が与えられていた。

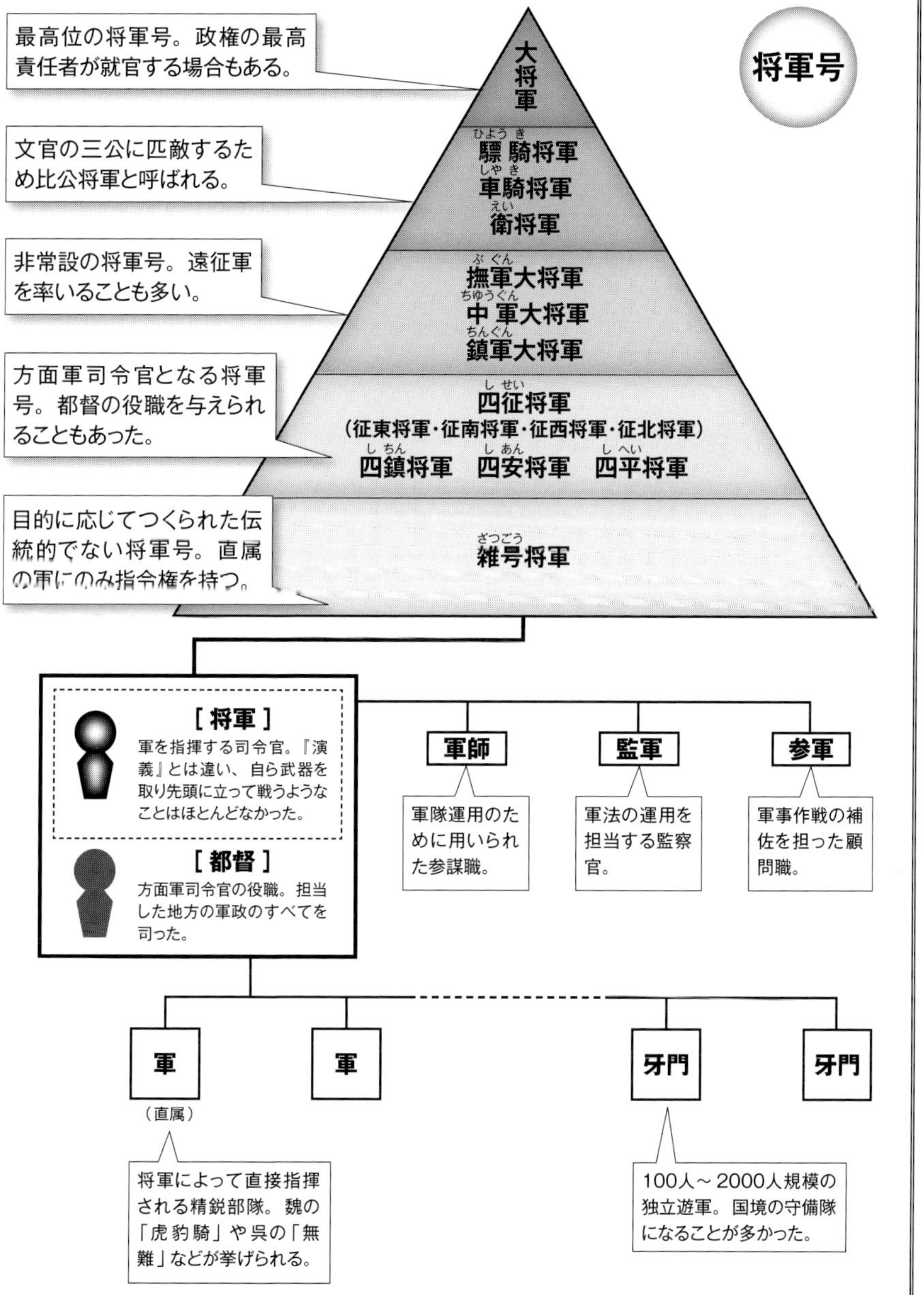

軍事制度

魏・呉・蜀の三国は、どのように兵を集め、維持したのか？

魏、呉、蜀の三国は、後漢末期の混乱のなかで、どのように兵を集め、維持したのであろうか。各国の特色を見てみよう。

まず三国一の大国であった魏の軍団は、曹操が創出した軍事制度により維持されていた。

曹操は、各地に割拠していた群雄たちの私兵集団を解体。一族と親族を中核とする軍団に吸収し、直属の常備軍を編成した。そこでは、優秀な人材を出自に関係なく登用し、組織を充実させた。

さらに農政に力を入れ「屯田制《とんでんせい》」を実施した。屯田制は、荒れた土地を流民に開墾させた「民屯《みんとん》」と、平時に国境地域の兵士に耕作させる「軍屯《ぐんとん》」から成り、食糧の安定的な増産をもたらした。

また曹操は、「兵戸制《へいこせい》」によって兵力の確保に努めた。兵戸制は、兵役義務の世襲化であり、土地に住む権利を与えられる代わりに、戸主が代々兵役を受け継ぐものだ。

次に、呉はどうであろうか。

呉は、国内各地の豪族や有力者に支えられた国であった。これらの兵を養うために将軍には奉邑《ほうのう》が与えられたが、孫権が中央集権化を進めるなかで次第に縮小。屯田制へと切り替えられた。

三国のなかで最も規模の小さい蜀の軍制については詳細な記録がなく、戦争のたびに、兵士を雇い入れる必要に迫られたとみられている。

兵戸制とふたつの屯田制

兵戸制	軍制	兵士を一般民衆と区別して一定地に居住させ、父親が死亡するとその子を兵士とする。
屯田制	民屯	国有化した荒地に募集した流民を配置、耕作させた。
	軍屯	国境地帯に配置した兵士に、平時の開墾を義務付けた。

第二章 三国の成立

——赤壁の戦いから夷陵の戦いまで

赤壁の戦いから劉備の死まで

二〇五年（建安十年）
曹操《そうそう》が并州《へいしゅう》、**幽州**《ゆうしゅう》を平定し、華北を制圧する。

二〇七年（建安十二年）
公孫康《こうそんこう》、袁熙《えんき》・袁尚《えんしょう》の首を討ち、曹操に送る。

二〇八年（建安十三年）
孫権《そんけん》、父の敵である黄祖《こうそ》を討つ。
八月、劉表《りゅうひょう》が病死して跡を継いだ劉琮《りゅうそう》が曹操に降伏したため、**劉備**《りゅうび》は荊州より逃亡し、**長坂の戦い**で曹操に敗れる。（↓88ページ）
赤壁の戦いで**周瑜**《しゅうゆ》が曹操軍を火計によって撃破する。（↓92ページ、96ページ）
十二月、孫権が**合肥**を攻撃する。

二〇九年（建安十四年）
孫権が合肥から撤退。周瑜が**曹仁**《そうじん》を破って江陵《こうりょう》を占領する。

二一〇年（建安十五年）
春、曹操が人材登用に当たって才能のみを重視することを宣言する。
また、鄴《ぎょう》に銅雀台《どうじゃくだい》を築く。
周瑜が蜀《しょく》攻略の準備中に没する。

二一一年（建安十六年）
三月、**馬超**《ばちょう》が反乱し、潼関にて曹操と戦う。（↓100ページ）
九月、**劉璋**《りゅうしょう》が**法正**《ほうせい》の意見を容れて劉備を益州に迎え入れる。

二一二年（建安十七年）
孫権が本拠地を建業《けんぎょう》に移す。
曹操の魏公就任に反対した**荀彧**《じゅんいく》が自殺する。
劉備が劉璋に対して軍事行動を開始する。（↓102ページ）

二一三年（建安十八年）
五月、曹操が魏公となる。

二一四年（建安十九年）
五月、劉璋が劉備に降る。
十一月、曹操が伏《ふく》皇后を幽殺し、二人の皇子を殺害する。

二一五年（建安二〇年）
孫権が荊州の返還を劉備に要求するも、劉備がこれを拒否したため、孫権は**呂蒙**《りょもう》・魯粛《ろしゅく》らの軍に攻め込ませる。

曹操の漢中進出に伴い劉備は孫権と荊州を二分する盟約を結ぶ。
八月、孫権が合肥を攻めるも**張遼**《ちょうりょう》に敗れる。（→104ページ）
十一月、曹操が**張魯**《ちょうろ》を降して漢中を平定する。（→106ページ）

二一六年（建安二十一年）
五月、曹操が魏王となる。

二一七年（建安二十二年）
二月、曹操が**濡須**《じゅす》まで軍を進めるも、孫権がこれを撃退する。

二一八年（建安二十三年）
三月、曹洪《そうこう》が蜀の**呉蘭**《ごらん》を破り、**張飛**《ちょうひ》・馬超は撤退する。
劉備が**陽平関**《ようへいかん》へ進出し、漢中にて**夏侯淵**《かこうえん》と対峙する。

二一九年（建安二十四年）
劉備が**定軍山**《ていぐんざん》**の戦い**で夏侯淵を討ち取り、
五月までに漢中を確保する。（→108ページ）
七月、劉備が**漢中王**を自称する。
呂蒙が荊州を攻め、十二月、**関羽**《かんう》を捕らえて殺す。（→112ページ）

二二〇年（建安二十五年／延康元年／黄初元年）
正月、曹操が死去し、**曹丕**《そうひ》が魏王を継ぐと、
十月、献帝《けんてい》から禅譲を受けて魏の皇帝となる。

二二一年（黄初二年）
四月、蜀の劉備が帝位につく。
七月、劉備が呉への侵攻を開始するも、張飛が殺害される。
八月、孫権は魏に臣下の令を取り、呉王に封ぜられる。

二二二年（黄初三年）
閏六月、劉備が**夷陵**《いりょう》にて呉の**陸遜**《りくそん》に敗れ、白帝城に逃げ込む。（→116ページ）
九月、魏が孫権の呉への侵攻を開始する。
十一月、呉と蜀の外交関係が修復される。

二二三年（黄初四年）
四月、劉備が永安（白帝城）にて死去し、**劉禅**《りゅうぜん》が即位。
諸葛亮《しょかつりょう》が丞相となる。

崩壊！八門金鎖の陣

どんな戦い？

『演義』にのみ見られる架空の戦い。樊城へ進出した曹操の部将曹仁が、先鋒として新野に派遣した呂曠・呂翔を討たれ、自ら出陣したことで起こった。曹仁は八門金鎖の陣を敷き劉備軍を挑発したが、これを劉備の軍師・単福が打ち破る。

207年
（建安12年）

新《しん》野《や》攻防戦

曹仁が敷いた八門金鎖を
ひと目で見抜いた軍師の慧眼

激闘のデータ

劉備軍 VS. 曹操軍

項目	劉備軍	曹操軍
指揮官	関羽 張飛 趙雲	曹仁
兵力	2000	3万

戦場
新野

出典
『三国志演義』第36回

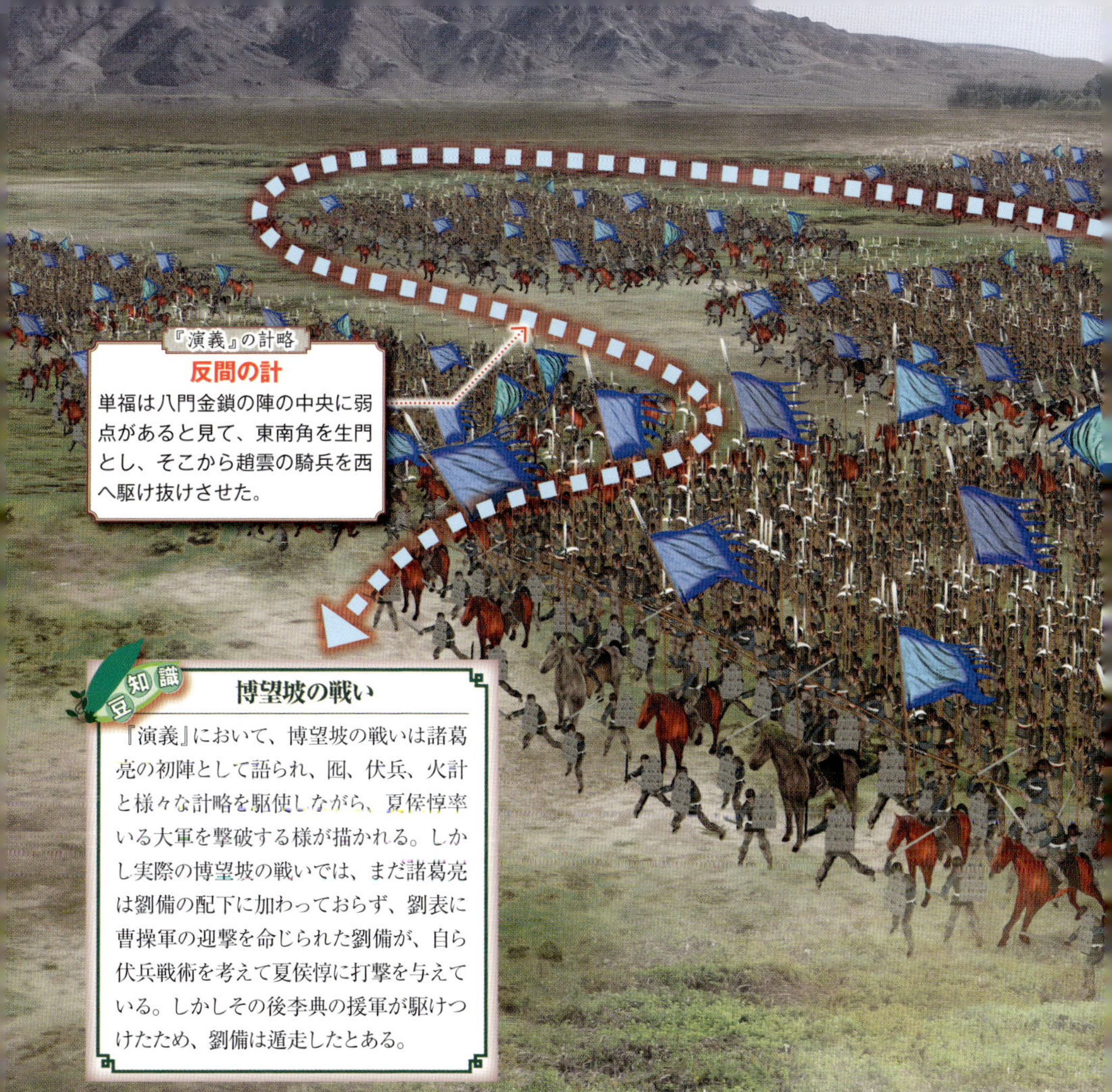
『演義』の計略
反間の計
単福は八門金鎖の陣の中央に弱点があると見て、東南角を生門とし、そこから趙雲の騎兵を西へ駆け抜けさせた。

豆知識

博望坡の戦い

『演義』において、博望坡の戦いは諸葛亮の初陣として語られ、囮、伏兵、火計と様々な計略を駆使しながら、夏侯惇率いる大軍を撃破する様が描かれる。しかし実際の博望坡の戦いでは、まだ諸葛亮は劉備の配下に加わっておらず、劉表に曹操軍の迎撃を命じられた劉備が、自ら伏兵戦術を考えて夏侯惇に打撃を与えている。しかしその後李典の援軍が駆けつけたため、劉備は遁走したとある。

徐州《じょしゅう》での戦い以降、曹操《そうそう》と袂を分かった劉備《りゅうび》は、袁紹《えんしょう》の庇護を経て汝南《じょなん》へと移った。だが、官渡《かんと》の戦いに勝利を収めた曹操軍の攻撃を受けて逃走。荊州《けいしゅう》の劉《りゅう》表《ひょう》のもとに身を寄せた。

劉表は劉備の力を買ってか、それとも警戒してか、荊州防衛の最前線となる新《しん》野《や》に劉備を置く。その後、曹操が華《か》北《ほく》平定に注力したため劉備はしばしの平穏を得ることが出来た。

そうした二〇七年、曹操が樊城《はんじょう》に駐屯する曹仁《そうじん》に命じて新野の劉備を攻撃させたのが新野の戦いである。この戦いは『演義』にのみ登場する架空の戦いだ。

三万の兵を率いる曹仁は、まず呂曠《りょこう》・呂翔《りょしょう》に五千の兵を与えて先鋒として出陣させたが、両将は趙雲《ちょううん》と張飛《ちょうひ》に討ち取られてしまう。

八門金鎖の陣の破り方

曹仁が敷いた八門金鎖の陣は、休・生・傷・杜・景・死・驚・開の8つの門から成る陣形で、生門・景門・開門の位置を見抜いた上で、それらのいずれかから攻め込まない限り、大損害を受けるという。単福（徐庶）は陣形を俯瞰して中央に弱点があると見抜き、東南の生門から趙雲を突入させ、西の景門へと駆け抜けさせた。すると後方の3つの門が後退したため、陣形が緩み、劉備軍はそこを突いて陣を崩壊させたのである。

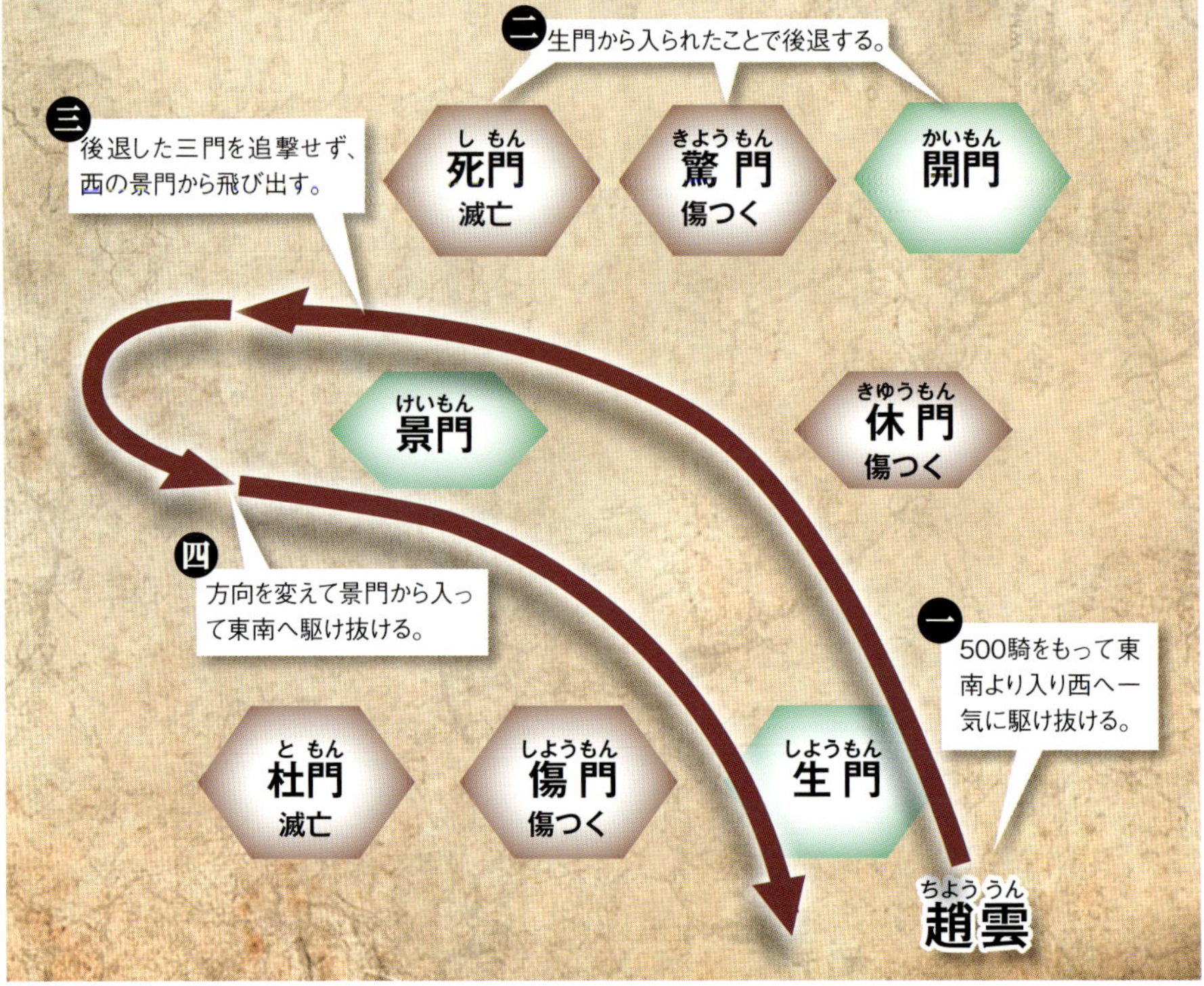

この敗戦に怒った曹仁は、自ら兵を率いて李典《りてん》とともに新野に迫った。だがまたも李典が趙雲との一騎打ちに破れ機先を制されてしまう。

そこで翌日、曹仁は奥の手を用いる。それが八門金鎖《はちもんきんさ》の陣だ。兵を八つのグループに分けて方陣《ほうじん》を形成し、それぞれの陣が相互に連携するなどして、侵入する敵を撃退する様が連想される。曹仁は陣太鼓を鳴らさせて陣形を整えると、「この陣形をご存知か」と自信を見せた。

●堅陣を破った単福の慧眼

これに対し劉備に仕える軍師・単福《ぜんふく》は、曹仁の陣形が「八門金鎖の陣」であり、八つの門のうち生《しょう》・景《けい》・開《かい》の三門は攻めるに適しているが、ほかの五門から攻撃すると大損害を被ることを説明した。その上で中央に隙を見抜いて東南を生門とし、ここから西へ駆け抜ければ陣

戦いの意義

勢いに乗って劉備軍は曹仁の拠点である樊城をも占領。これを受けて曹操は、ついに南下と荊州および呉の制圧を決意する。

諸葛亮の天下三分の計と人口統計

劉備は、三顧の礼をもって諸葛亮を家臣に加えた。その際、諸葛亮が示したのが天下三分の計。すなわち劉備は荊州を足がかりに蜀の地を制して地盤を整え、華北の曹操にあたるというものであった。

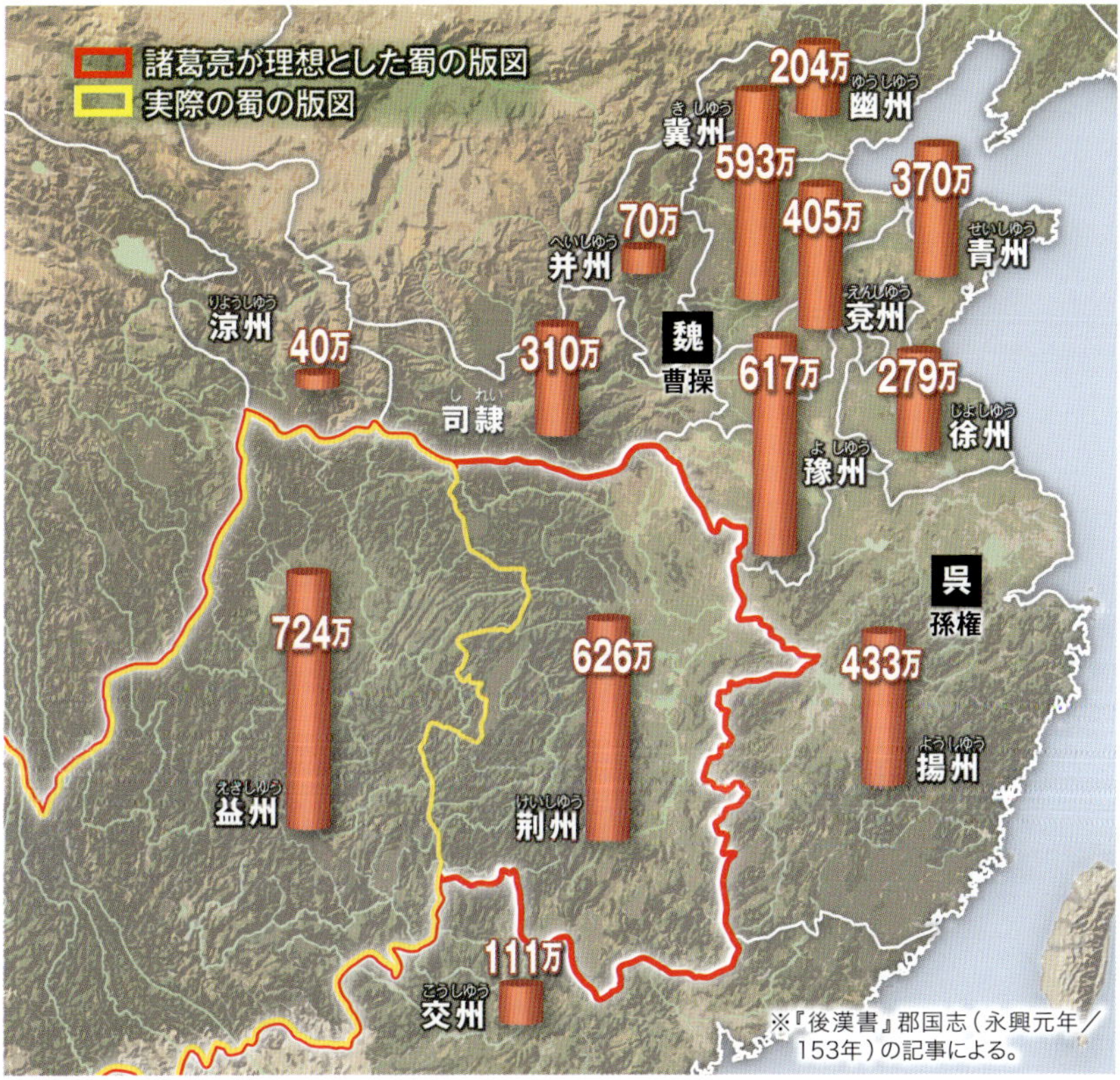

諸葛亮が理想とした蜀の版図
実際の蜀の版図
204万
幽州《ゆうしゅう》
冀州《きしゅう》
593万
370万
70万
405万
并州《へいしゅう》
青州《せいしゅう》
兗州《えんしゅう》
涼州《りょうしゅう》
40万
310万
魏
曹操
617万
279万
司隷《しれい》
徐州《じょしゅう》
豫州《よしゅう》
呉
孫権
724万
626万
433万
揚州《ようしゅう》
益州《えきしゅう》
荊州《けいしゅう》
111万
交州《こうしゅう》

※『後漢書』郡国志（永興元年／153年）の記事による。

が乱れると見破った。

かくして劉備の指示を受けた趙雲が五〇〇騎を率いて東南より突入。西へ抜けると八門金鎖の陣は乱れた。

そこへ劉備軍が総攻撃をかけたため、曹仁軍は崩壊し、撤退していった。

「名士」の戦い

単福から諸葛亮へ
―三顧の礼を巡る駆け引き―

単福は本名を徐庶《じょしょ》といい、荊州の「名士《めいし》」たちとつながりを持つ人物であった。

正史によると、もともと穎川《えいせん》の単家（権勢のない家柄）の出身で、戦乱の激化に伴い荊州へ移って司馬徽《しばき》に弟子入りしたという。この時に知遇《ちぐう》を得たのが諸葛亮《しょかつりょう》であった。やがて劉備に仕えた徐庶は、諸葛亮を迎えるよう推薦し、劉備と諸葛亮をつなぐ役割を果たすこととなる。その際、諸葛亮を連れてくるよう依頼する劉備に対し、徐庶は劉備自ら出向いて迎えるよう進言し、荊州「名士」層の優遇を促している。

208年
（建安13年）

長坂《ちょうはん》の戦い

絶体絶命の劉備を救った猛将・張飛の大喝

曹操軍をひるませた張飛の一喝

どんな戦い？

劉琮の降伏によって行き場を失った劉備は江陵への逃避行を始める。劉備が江陵に入るのを警戒した曹操は5000の騎兵を率いて劉備を猛追し、長坂で劉備をついに捕捉した。

劉備軍
逃げる民衆。劉備軍には10万を超える民衆が従っていたという。

激闘のデータ

曹操軍 VS. 劉備軍

指揮官

曹操軍	劉備軍
曹操	張飛
夏侯惇	趙雲

兵力

曹操軍	劉備軍
10万～15万	2000～2万

戦場
長坂

出典
『三国志』武帝紀、張飛伝、趙雲伝ほか／『三国志演義』第41回～第42回

「中原《ちゅうげん》」と呼ばれる黄河中流域、河北を含む華北一帯の平定を終えた曹操は、二〇八年七月、荊州・揚州《ようしゅう》制圧を企図して自ら率いる八〇万の大軍を南下させる。

折しも荊州では刺史の劉表が没し、子の劉琮《りゅうそう》が跡を継いだばかりという状況も影響して和平派が多数を占め、劉琮はあっさり曹操に降伏してしまう。これで孤立した劉備は新野からの逃走を余儀なくされる。

そこで劉備は荊州の軍事物資の集積地である江陵《こうりょう》を目指して逃走を始めた。曹操からすれば、江陵を劉備に押さえられては少々面倒なことになる。

ここを勝負どころと捉えた曹操は、足の遅い輜重隊《しちょうたい》を置き去りにして襄陽《じょうよう》に到

『演義』の名勝負！

趙雲 VS. 曹操軍100万

正史によると、趙雲は長坂の戦いで劉備の子・阿斗（劉禅）と甘夫人を保護したとある。『三国志演義』ではこの逸話をもとにその活躍が語られる。

混乱のなかで劉備の妻の麋《び》夫人と甘夫人、阿斗を見失った趙雲は、曹操軍のなかへ単騎突入して夫人らの救出に挑む。結果的に麋夫人の救出はならなかったが、甘夫人と阿斗を助け出し、劉備のもとへ送り届けている。

そうしたなかで趙雲は、淳于導《じゅんうどう》、夏侯恩《かこうおん》、晏明《あんめい》を討ち、張部《ちょうこう》、馬延など次々に現われる曹操軍の将と一騎打ちを繰り広げた。とくに夏侯恩を討った際には、名剣・青釭の剣を手に入れている。その姿を見て感心した曹操は、名を尋ねさせ、生け捕りにしようとするも失敗に終わる。

『演義』の計略

張飛の大喝！

殿を率いた張飛は橋を落とすと、目をいからせ矛を横に構えながら「我こそは張益徳である！ 死をかけて戦おうぞ！」と大喝した。曹操軍の諸将はひるみ、遠巻きにして誰も近寄らなかったという。劉備はこれに救われて無事逃走に成功した。『演義』でもこのエピソードを踏襲しているが、橋を落としたのは曹操軍が逃げ去ったあとのこととしている。

達。すでに劉備が襄陽を通過したことを知ると、さらに五〇〇〇の騎兵を選抜して猛追する。

その速度は正史『三国志』（以下正史）先主伝《せんしゅでん》に、一昼夜で約三〇〇里（約一二〇キロメートル）に達したとある。

一方の劉備軍には彼を慕う一〇万を超える領民が従っており、その進軍は遅い。当然家臣たちは領民を連れて行くことに反対したが、劉備は「大事を成し遂げるためには必ず人間を根本としなければならない」と聞き入れなかったという。

当陽《とうよう》にて関羽《かんう》が調達した数百艘の船に領民の一部を乗せたものの、乗り切れなかった民は劉備と共に陸路を進まざるを得なかった。

こうして速度の上がらない劉備軍は、ついに長坂にて曹操軍に捕捉されてしまう。

戦いは一方的な展開となり、劉備と行動をともにしていた民衆は蹴散《けち》らされ、

長坂の戦い━追う曹操、逃げる劉備

曹操の南下を知った劉備は、新野を捨てて江陵を目指す。一方の曹操はここを勝負どころとみて輜重兵を置いて5000騎に劉備を猛追させた。結果、長坂にて劉備を捕捉し、大損害を与えていった。だが張飛の活躍によって曹操の追撃は阻まれ、劉備は夏口へと逃れていった。

ここに劉備は最大の危機を迎える。

正史の先主伝によれば、ここで劉備は妻子を置いて諸葛亮《しょかつりょう》や張飛、趙雲ら数十騎とともに逃げ出したという。

●劉備の窮地を救った名将

劉備絶体絶命の窮地を救ったのが張飛である。張飛伝はこの時の活躍を記す。

彼は騎馬二〇騎を率いて殿《しんがり》となり、長坂橋を落とした上で、「我こそは張益徳《えきとく》である！　死をかけて戦おうぞ！」と大声で曹操軍を威嚇した。すると曹操軍の将兵は怖気づいてか、それとも伏兵を警戒してか誰も近づくことができない。

その間に劉備は戦場を離脱することができたという。この時すでに江陵へ向かう道は曹操に押さえられていたため、劉備は関羽の水軍と合流して東へ転じ、劉表の長子で後継争いから外されていた夏口《かこう》の劉琦《りゅうき》を頼っていく。

夏口へ逃れる劉備

民衆を従えるために一日十里余りしか進めなかった劉備は、関羽に数百隻の船を率いさせ、民衆の一部を分乗させた。

戦いの意義

長坂にて大損害を被った劉備であったが、なんとか夏口にたどり着きひと息つくことができた。以後劉備は呉へ接近する。

また、乱戦のなかで一時行方知れずとなった甘夫人《かんふじん》と嫡子・阿斗《あと》は趙雲によって救い出された。

この趙雲の活躍は『演義』においても、張飛の活躍に並ぶ長坂の戦いの見せ場のひとつとなっている。

趙雲は劉備が南方に逃げたあとに北へ向かって曹操軍のなかに突入したようだ。正史では趙雲が寝返ったと注進した者に対し、劉備が「子龍《しりょう》（趙雲）は自分を見捨てて逃げたりはしない」と激怒したとあり、主従の絆の強さがうかがえる。

三国志名将伝

張飛《ちょうひ》（?～221）

字は益徳（『演義』では翼徳）。若い頃より劉備に仕え、長坂の戦いでは劉備の窮地を救った。益州《えきしゅう》制圧戦では厳顔《げんがん》を降し、漢中攻めでは張郃を破るなど数々の軍功を上げた。また『演義』でも武勇に長けた大酒飲みの設定で、短気な豪傑として描かれる。1丈8尺の蛇矛《じゃほこ》を得物とし、呂布や馬超、許褚などと熾烈な一騎打ちを繰り広げる。しかし、正史に記された「部下に対して冷酷」という性格が仇となり、夷陵《いりょう》の戦いを前に暗殺された。

208年
（建安13年）
8月～10月

赤《せき》壁《へき》謀略戦

――赤壁大戦

『演義』において展開される陣中での熾烈な駆け引き

二〇八年八月の荊州《けいしゅう》陥落によって対曹操の矢面に立たされたのは、江東・江南を制する孫権《そんけん》である。

呉の孫権は、曹操から遁走を続ける劉備との同盟を考えて魯粛《ろしゅく》を派遣する。

拠点を失い、逃げ場を探していた劉備はすぐにこれに応じ、諸葛亮を孫権のもとへと遣わした。

『演義』ではこのあと呉へ向かった諸葛亮が張昭《ちょうしょう》ら呉の群臣たちと降伏か戦争かを巡り激論を繰り広げる様が描かれる。

さらにその後諸葛亮は、呉の軍権を握る周瑜《しゅうゆ》と孫権を挑発して開戦へと踏み切らせるが、史実では魯粛とともに周瑜も主戦派であり、孫権を開戦へと踏み切らせたのも周瑜の説得であった。

激闘のデータ

孫権軍 VS. 曹操軍

指揮官	
周瑜	曹操
兵力	
5万	14万～25万

戦場
烏林・赤壁

出典
『三国志』武帝紀、呉主伝、周瑜伝ほか／『三国志演義』第44回～第48回

10万本の矢を拝借する諸葛亮

どんな戦い？

208年、長江北岸の烏林に陣を構えた曹操軍に対し、対決姿勢を鮮明にした孫権軍は、周瑜を都督として南岸の赤壁に陣を構えた。『三国志演義』ではその後、曹操の圧倒的優位を覆すべく、周瑜・諸葛亮・龐統が知略の限りを尽くす謀略戦を展開する。その一手が草船借箭の計であった。

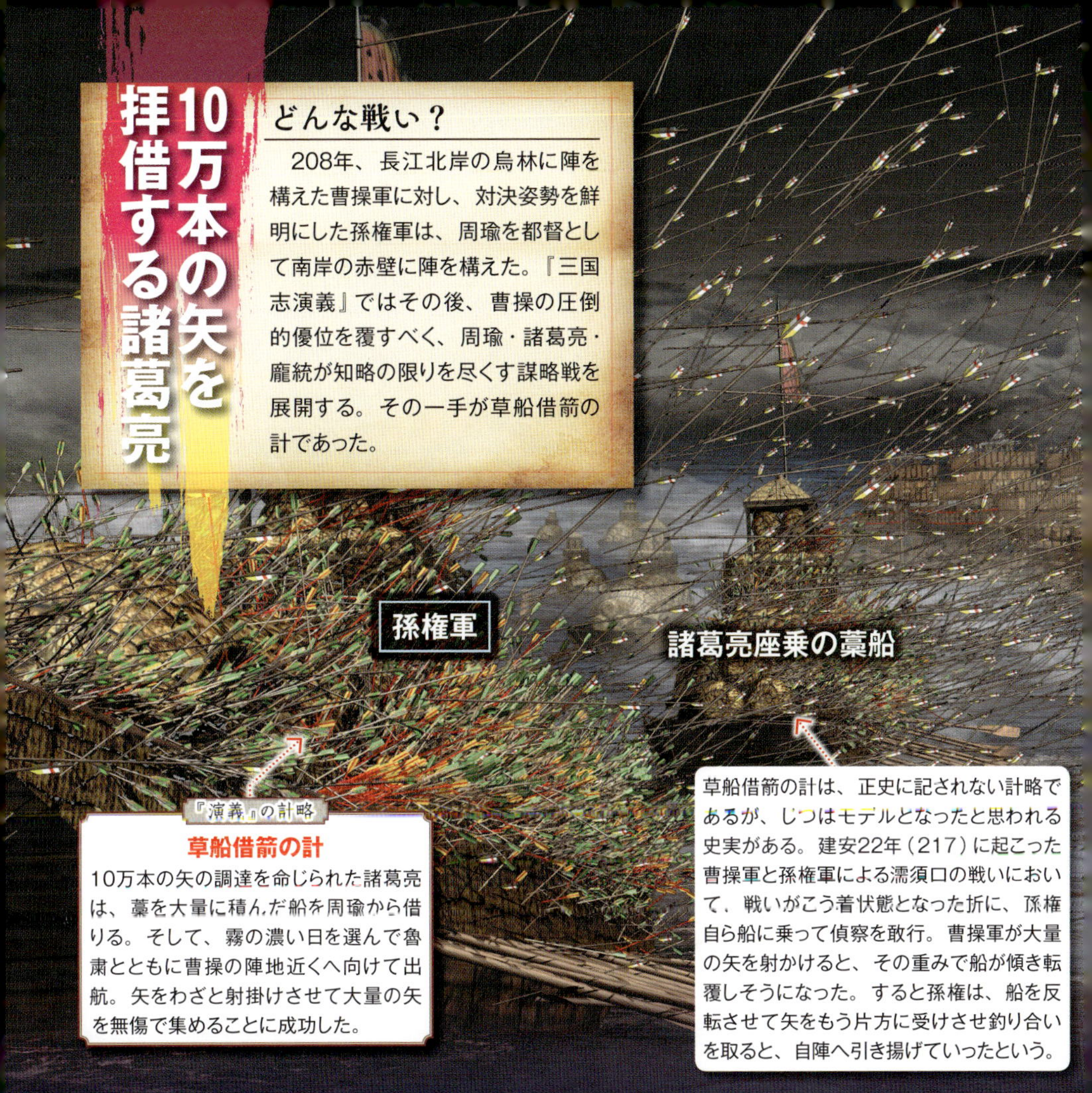

『演義』の計略

草船借箭の計

10万本の矢の調達を命じられた諸葛亮は、藁を大量に積んだ船を周瑜から借りる。そして、霧の濃い日を選んで魯粛とともに曹操の陣地近くへ向けて出航。矢をわざと射掛けさせて大量の矢を無傷で集めることに成功した。

草船借箭の計は、正史に記されない計略であるが、じつはモデルとなったと思われる史実がある。建安22年（217）に起こった曹操軍と孫権軍による濡須口の戦いにおいて、戦いがこう着状態となった折に、孫権自ら船に乗って偵察を敢行。曹操軍が大量の矢を射かけると、その重みで船が傾き転覆しそうになった。すると孫権は、船を反転させて矢をもう片方に受けさせ釣り合いを取ると、自陣へ引き揚げていったという。

正史の周瑜伝および註の『江表伝《こうひょうでん》』によれば、周瑜は、曹操が漢に仇なす賊徒であること、曹操軍は騎兵が中心で水上戦を苦手とすること、厳しい寒さで疫病が蔓延《まんえん》するであろうこと、兵力も八〇万と言いながら、実際は一五万～一六万ほどに過ぎず士気も低いこと、曹操の背後には敵対勢力がうごめいていることを説得材料としたとある。

かくて孫権は会議の場で宝剣を抜き放ち、上奏文を載せる机を斬りつける。そして、「これ以上降伏を唱える者はこの机と同じ目に遭う」と宣言するに至った。

ここまでが魯粛派遣の経緯である。

かくして諸葛亮と面会した孫権は劉備との同盟を決意し、周瑜と程普《ていふ》を左右の督として、三万の水軍を派遣した。

●周瑜と諸葛亮の曹操包囲網

曹操は烏林《うりん》に陣営を築いて兵を休息さ

赤壁にいたる道

江陵を出た曹操軍は、長江を下って北岸の烏林に陣取った。途中、呉軍との緒戦が行なわれたが、曹操軍は敗北を喫している。

中洲
新洲
孫権・劉備連合軍
曹操
陸渓口
荊州の水軍を得た曹操は、江陵から長江を下り烏林へいたる。
烏林
赤壁
大雅湖
周瑜
周瑜は南岸の赤壁に布陣して曹操軍を攻める隙をうかがい続ける。
沔陽県
曹操軍
曹操軍を追い詰める3つの計略
計略①草船借箭の計
→曹操軍から大量の矢を無傷で手に入れる。
計略②連環の計　船の揺れに不慣れな兵が病にかかることを悩む曹操に対し、龐統は船団を鎖で繋ぐことを提案する。
→船の揺れは収まったが、火をかけられた場合、延焼を防ぎようがなくなった。
計略③苦肉の計　黄蓋の暴言に怒った周瑜が、黄蓋を棒で打つ懲罰を科す。
→曹操軍の間者である蔡和・蔡仲がこれを見て黄蓋に内応を誘いかけ、黄蓋が船で曹操軍に接近する口実を得る。

せ、一方の周瑜は、陸口《りくこう》を巡る緒戦で曹操軍の上陸を阻止すると、烏林に対峙する南岸の赤壁に布陣する。

しかし正史においてこの後の赤壁の戦いの記述は少ない。反面、『演義』では周瑜・諸葛亮が中心となって様々な計略を仕掛け、曹操軍の力を削ぎ、勝利のための布石を打っていくのだ。

そうしたなかで周瑜は諸葛亮の智謀を警戒し、難題を吹っかけて亡き者にしようと画策する。

周瑜が最初に仕掛けた罠が矢の調達である。水上戦で必要な矢が不足しているため、一〇万本の矢を揃えるよう諸葛亮に要請し、揃えられなければそれを口実に殺害しようと企んだ。この時諸葛亮が用いたのが、92ページに再現した「草船借箭《そうせんしゃくせん》の計」であった。水面下で駆け引きを繰り広げる諸葛亮と周瑜であったが、それでも両者の敵が曹操であるこ

曹操の陣営と呉軍の陣営

手前の曹操軍陣営では、船に慣れない北の兵士に体調を崩す者が続出し、疫病が蔓延していた。そこへ現われた龐統は、船を鎖でつなぎ揺れを押さえることを提案する。

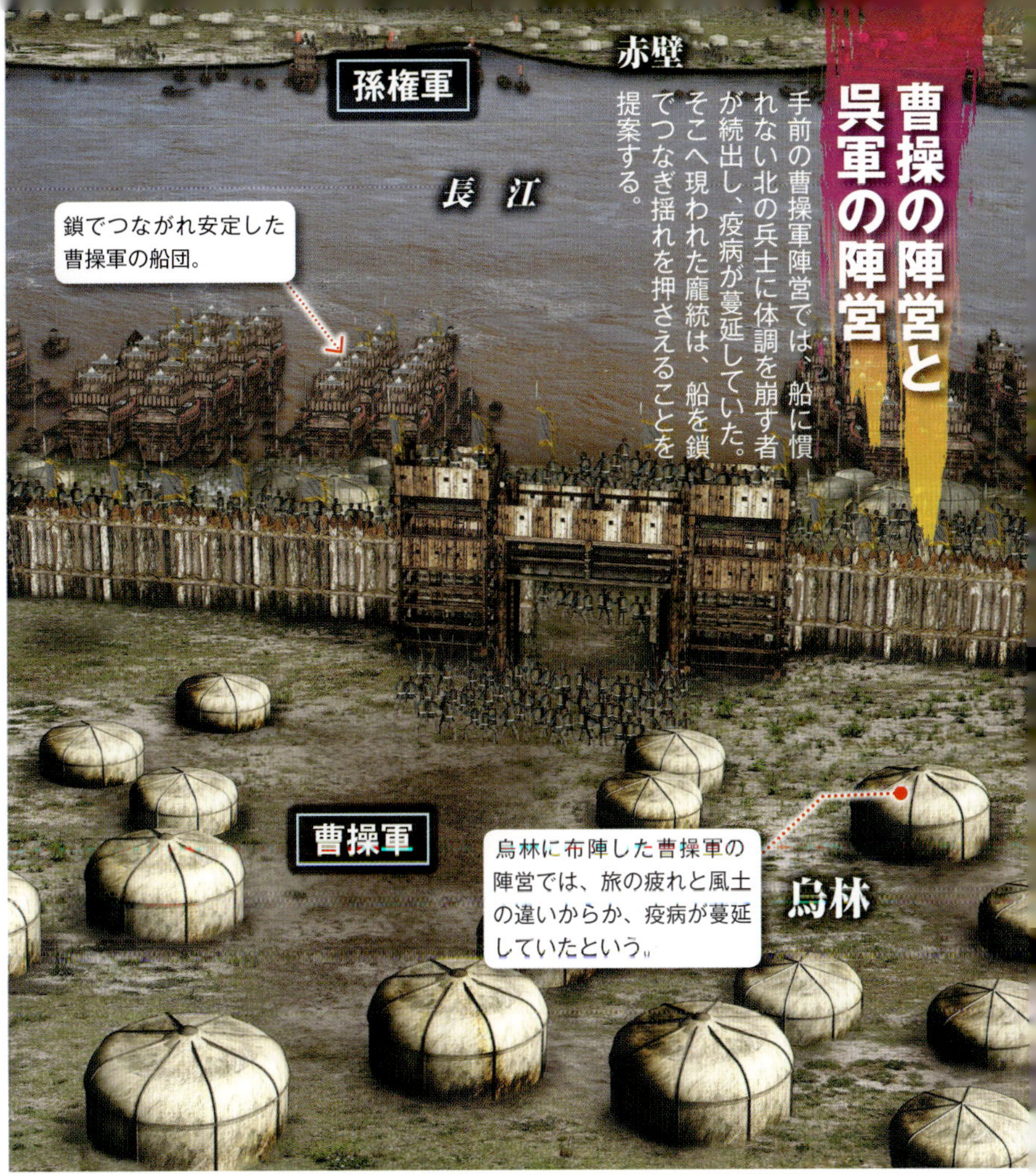
赤壁
孫権軍
長江
鎖でつながれ安定した曹操軍の船団。
曹操軍
烏林に布陣した曹操軍の陣営では、旅の疲れと風土の違いからか、疫病が蔓延していたという。
烏林

戦いの意義

謀略戦のなかで周瑜らは、圧倒的不利の状況から曹操の弱みを巧みに突き、総攻撃の準備を整えていった。

とに変わりはない。ふたりは曹操軍を破る方法を火攻めと定める。

そこで周瑜は火計の効果を最大限に発揮するため龐統《ほうとう》に依頼して曹操軍の船を鎖でつなぐよう促す「連環《れんかん》の計」を成功させる。

こうして曹操軍撃破に向けた準備が着々と整えられていった。

「名士」の戦い

降伏か？　戦か？ ―論戦の背景

『演義』では、孫権のもとを訪れた諸葛亮が、降伏論を唱える呉の群臣との論戦を行なう。実際に「名士」の張昭を筆頭とする呉の群臣たちに加え、孫氏政権を支える豪族層の間では降伏論が多勢を占めていたようだ。なぜ呉の家臣でありながら、彼らは降伏論を唱えたのか。実は先だって降伏した荊州の名士層は曹操への降伏後、それなりの処遇を受けていた。そのため張昭らも曹操政権での厚遇が期待できたのだ。また彼らには名士として漢に対する忠誠があり、漢の丞相《じょうしょう》となった曹操のもとで漢の復興に努めるという選択肢もあったといえる。

208年
（建安13年）

赤《せき》壁《へき》の戦い

赤壁大戦

周瑜の火計が見事炸裂！
曹操軍八〇万が
紅蓮の炎のなかに壊滅する！

『演義』の計略

火船攻撃

火のついた船を敵船団にぶつけ焼き払う海戦の策。スペインとイギリスの間で行なわれた1588年のアルマダの海戦でも用いられた。赤壁の戦いにおけるものは、正史では黄蓋の提案による策とされる。決戦を前に黄蓋は周瑜に対し、「曹操軍の船は船首と船尾がくっついた状態にあるので、焼き討ちをかければよい」と提案。そこで周瑜は数十隻の闘艦と艨衝を選んで焚き木と草を積んで油をかけた。一方、黄蓋は曹操に降伏する意思を伝える書を送り準備を整えた。作戦決行時、黄蓋は曹操の陣営に近づくと、闘艦・艨衝を切り離して火を放ち、曹操軍の軍船に突っ込ませた。

呉軍の先頭を切って突撃した黄蓋であったが、『呉書』によると、戦闘中流れ矢に当たり極寒の河に落下してしまったという。その後味方に救い上げられたが、便所に放置されてしまう。そこで、味方の韓当の名を呼んで、命拾いしたという。

激闘のデータ

孫権軍 VS. 曹操軍

	孫権軍	曹操軍
指揮官	周瑜	曹操
兵力	5万	14万～25万

戦場：烏林・赤壁

出典：『三国志』武帝紀、呉主伝、周瑜伝、黄蓋伝ほか／『三国志演義』第49回～第50回

炎上！曹操軍の大船団

どんな戦い？

陣を固める曹操軍に対し、孫権軍は火計を仕掛けることを決定する。その際、老将黄蓋が偽りの降伏を行なって火船攻撃を仕掛けることとなった。この経緯を『演義』では苦肉の策と絡めて物語を展開させる。孫権軍は東南の風が吹く日を待って作戦を決行。曹操の陣地を焼き尽くしたのである。曹操は大損害を被って荊州へと撤退していった。

曹操軍の船に衝突して燃え上がる孫権軍の火船。

烏林の戦場
―守る曹操、攻める孫権

曹操軍
烏林の曹操軍陣営
周瑜伝の註に引く『江表伝』には、陣地に火を放ったのは、曹操自身であったという記述も見られる。
『演義』では、曹操の陣営に周泰、陳武、程普、丁奉、徐盛、呂蒙の軍が殺到し、曹操軍を壊滅させる。さらに烏林では呂蒙、凌統、甘寧らの部隊が曹操を襲った。
孫権軍

炎上する烏林の曹操軍陣営。曹操軍の兵士は、曹操を逃がすために孫権軍の追撃を必死で凌ぐ。

赤壁の戦いの勝敗を決めたのは、孫権軍の火攻めである。とはいえ、五万の軍勢で一五万以上の兵力を有する曹操軍の陣営目掛けてむやみに火を放ちにいっても成功は期待できない。そこで孫堅以来の宿将、黄蓋《こうがい》が偽りの降伏を行なって火船《かせん》攻撃を仕掛けることとなった。

正史では、この黄蓋が持久戦の不利を説き、「曹操軍の軍船は連結状態にあるので、焼き討ちをかければ敗走させることができる」と提案している。黄蓋は投降を希望する手紙を曹操に送り、火攻めの好機をつくり出すことに成功する。

黄蓋の献身振りは、『演義』において「苦肉の策」の形で現われている。

火攻めの好機を得るため、周瑜は黄蓋と計り、投降の計画を練った。まず諸将の前で些細なことから、周瑜と黄蓋が口論を起こし、周瑜が怒りに任せて黄蓋を鞭打ちの刑に処す。これに怒った黄蓋が

戦いの意義

大損害を被った曹操は軍の立て直しに追われる。領土を守り抜いた孫権は荊州への膨張を始め、滅亡を免れた劉備は荊州に地歩を築こうとする。

曹操の逃走

赤壁で敗れた曹操は、荊州の守りとして江陵に曹仁らを残し許昌へと退却していった。

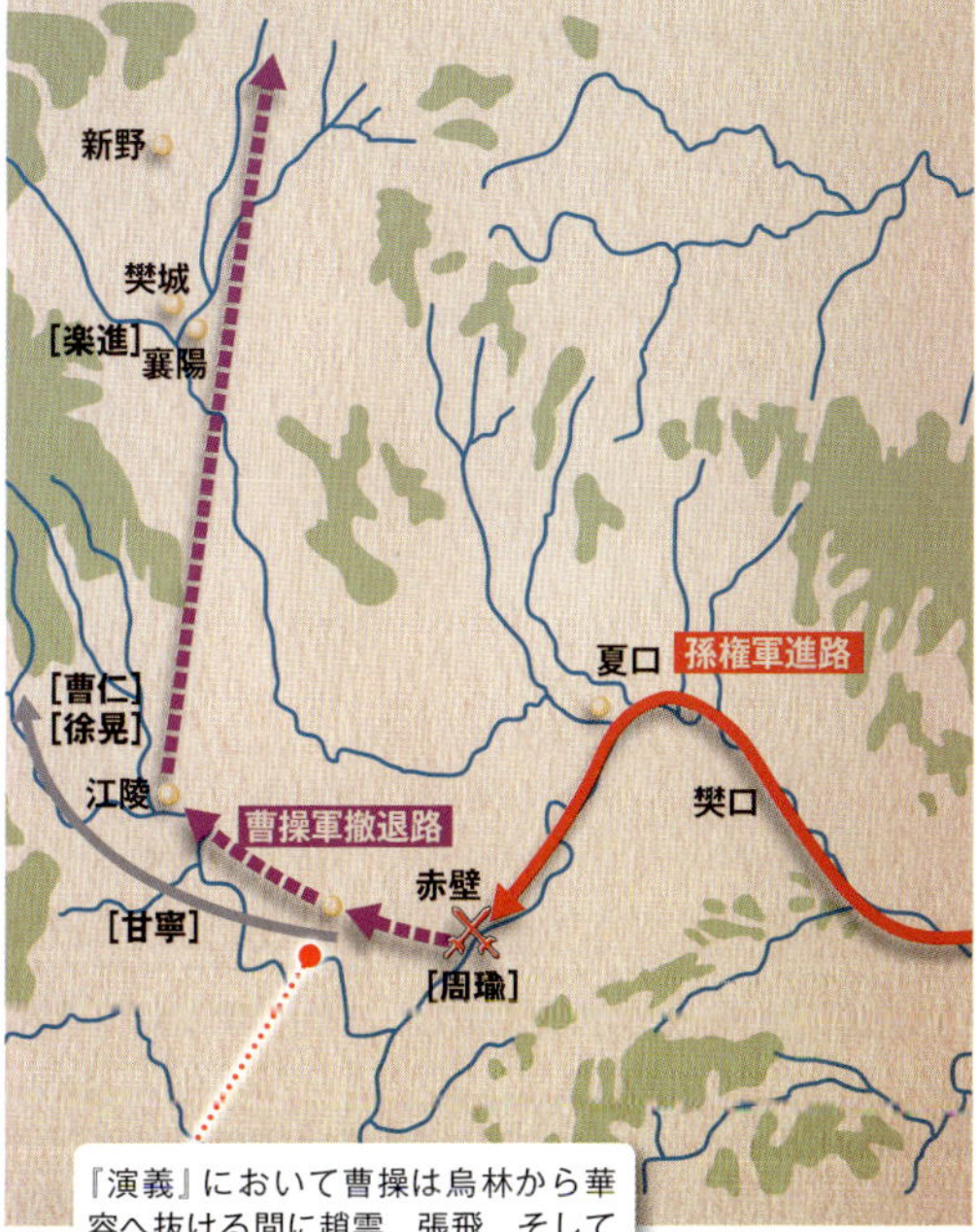

『演義』において曹操は烏林から華容へ抜ける間に趙雲、張飛、そして関羽の追撃を受ける。最後に現われた関羽は、曹操を逃がすことでかつて仕えていた時期の恩を返すという物語が展開される。しかし、正史に劉備軍の活躍を示すものはなく、実際にはまったく戦闘に参加していなかったともいわれる。

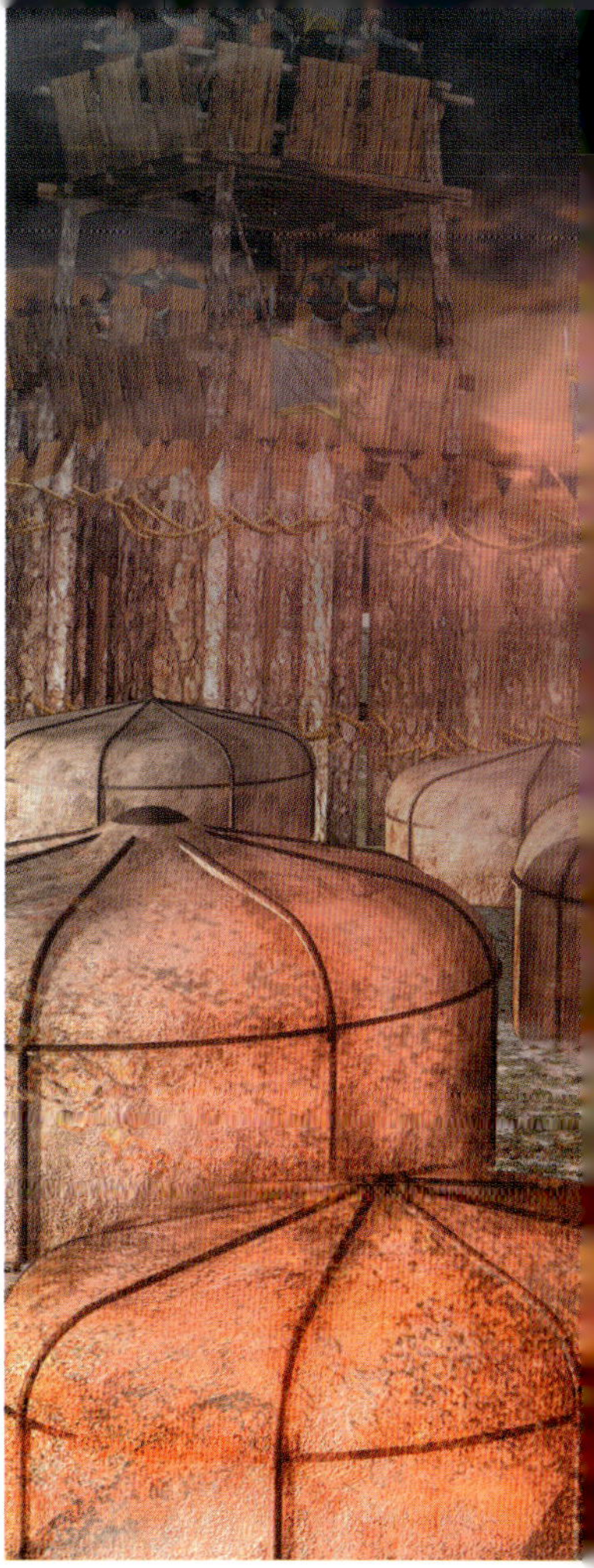

曹操に偽の降伏を申し入れるという算段である。赤壁の陣営内には、蔡仲《さいちゅう》・蔡和《さいか》という曹操軍の間者が紛れ込んでおり、この二人からの報告と合わせて、曹操は黄蓋の降伏を信じるに至る。

●曹操軍壊滅！

こうしていよいよ作戦の日を迎える。

孫権軍は闘艦《とうかん》と艨衝《もうしょう》数十隻を選んで、焚き木と草を積み、そこへ油を染み込ませて幔幕で覆い、準備を整えた。さらに快速船の走舸《そうか》をそれぞれの軍船の後ろにつなぎ、対岸へ向かって出発した。

黄蓋の船団は燃料を満載した闘艦と艨衝を切り離すと、火を放ち、そのまま曹操の船団のなかへ突っ込ませた。

その日は強風が吹き荒れる日で、炎は曹操の船団ばかりか、陣営にまで延焼し、すべてを焼き尽くした。曹操は大損害を被って撤退していったのである。

211年
(建安16年)
3月～9月

潼《どう》関《かん》の戦い

西涼軍の内部崩壊を誘発させた曹操の画策

気候をも利用した曹操の奇策

どんな戦い？

曹操による漢中討伐の動きを見て疑心暗鬼に捕らわれた馬超が、韓遂ら関中の豪族を誘って決起。長安を抜いて潼関へと迫った。迎え撃つ曹操は馬超と韓遂に離間の策を仕掛けて分裂を誘い、これを鎮圧した。『演義』には、曹操による氷城の計が見事に当たる様が記されている。

『演義』の計略

氷城の計

『三国志演義』によると、潼関の戦いの最中に曹操は土城を築こうとしたが、小石混じりのもろい土と、馬超の妨害のためになかなか完成に漕ぎつけずにいた。そこへ現われたひとりの老人が献じた策が氷城の計である。盛った土の上に兵士たちに水をかけさせれば、真冬の冷たい風の影響でもろい土が凍り付いて氷の土城ができるというものである。正史の註では、渭水南岸の陣営を築く際に用いられた策として記載されており、これが『三国志演義』で採用される氷城の計となった。

赤壁の大敗から三年、荊州を巡る劉備と孫権の対立を傍観しつつ軍の立て直しに当たっていた曹操は、建安《けんあん》十六年(二一一)に再び動き出す。

曹操の本来の狙いは漢中《かんちゅう》に勢力を張る張魯《ちょうろ》であった。しかし、この動きに反応したのは、張魯ではなく漢中までの経路にあたる関中と西涼《せいりょう》の豪族たちであった。とくに西涼の馬超《ばちょう》は曹操を警戒して韓遂《かんすい》ほか関中の豪族たちを糾合し、反曹操連合を形成するにいたる。馬超は一〇万の兵をもって潼関《どうかん》へ進出し、関を固めた。

一方潼関の西へ至った曹操は、潼関攻略を避け、黄河北岸、黄河西岸、渭水《いすい》南岸と北へ迂回して潼関の背後に回る戦略をとった。

激闘のデータ	
曹操軍	VS. 関中連合軍
指揮官	
曹操	馬超 韓遂
兵力	
10万以上	10万
戦場	
潼関	
出典	
『三国志』武帝紀、馬超伝／『三国志演義』第58回～第59回	

『演義』の名勝負！

馬超 VS. 許褚

宛城の戦いで典韋が戦死して以降、曹操の傍らにあって身辺を守ってきたのが、「虎痴《こち》」の異名を取る許褚である。『三国志演義』の潼関の戦いではこの許褚と馬超が熾烈な一騎打ちを繰り広げている。氷の城の完成後、両者は両軍の兵士が見守る前で戦い続けたが、互角であったために許褚は諸肌脱ぎとなって馬超に挑みかかった。最後は両者互いに槍をつかみ合う形となり、槍をへし折った上で戦い始めたところで水入りとなった。

一夜にして凍りつき、完成した氷の城。実際には土塁を凍らせたものである。しかし裴松之は、註のなかで戦いの時期はまだ閏8月であり、水が凍るはずはないと疑念を呈している。

慌てた馬超は、潼関を出て曹操の渡河を妨害したが、曹操配下の校尉《こうい》・丁斐《ていひ》が牛や馬を解き放ったため、兵士たちが混乱し、黄河北岸への渡河を許してしまう。黄河北岸を北上して蒲阪津《ぼはんしん》より西岸へ渡った曹操は、南下して渭水北岸へと出る。今度は渭水南岸へ渡らねばならない。そこで曹操は擬兵を多数配置する一方で、夜間密かに船で浮橋を架けさせると、夜のうちに兵を渡らせて渭水南岸に陣営を築かせたのである。

万策尽きた馬超は、ここで曹操に和睦《わぼく》を申し入れる。

すると抜け目のない曹操は、これを利用。韓遂に親しげに話しかけ、改竄《かいそ》の跡を細工した手紙を韓遂に送るなどして韓遂が曹操に通じているように見せかけた。結果、馬超が疑心暗鬼《ぎしんあんき》に陥ったため、曹操は頃合を見て攻撃を仕掛け、関中連合軍を崩壊させたのだった。

212年
（建安17年）～
214年
（建安19年）

益州攻略戦

準備万端整えた劉備軍が用いた多方面からの蜀侵攻作戦

激闘のデータ

劉備軍 VS. 劉璋軍

指揮官

劉備軍	劉璋軍
龐統	劉循
諸葛亮	張任
張飛	厳顔
趙雲ほか	李厳ほか

兵力

劉備軍	劉璋軍
不明	不明

戦場

益州（涪・綿竹・雒・成都・江州など）

出典

『三国志』先主伝、馬超伝ほか／『三国志演義』第62回～第65回

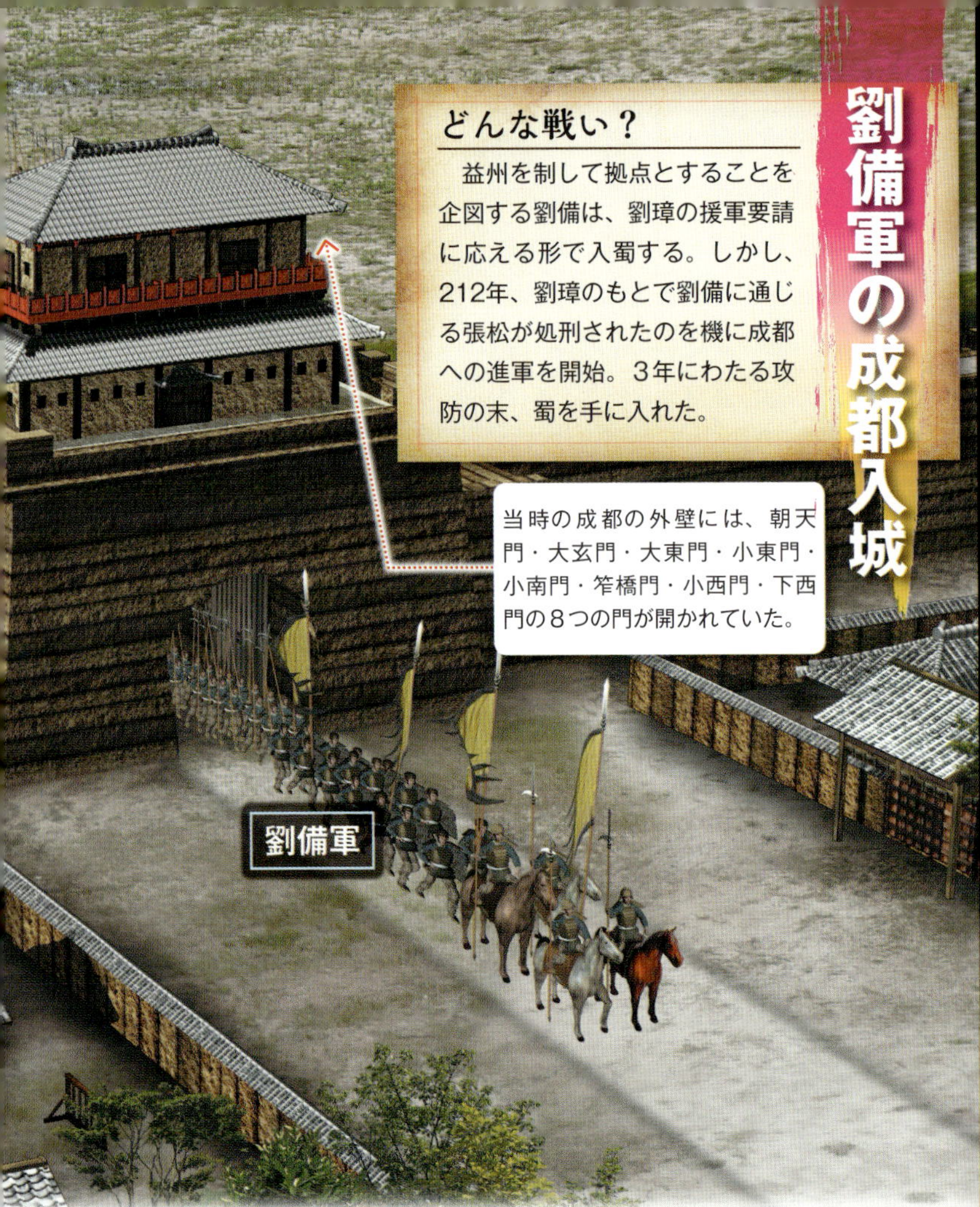

劉備軍の成都入城
当時の成都の外壁には、朝天門・大玄門・大東門・小東門・小南門・笮橋門・小西門・下西門の８つの門が開かれていた。
劉備軍

どんな戦い？

益州を制して拠点とすることを企図する劉備は、劉璋の援軍要請に応える形で入蜀する。しかし、212年、劉璋のもとで劉備に通じる張松が処刑されたのを機に成都への進軍を開始。3年にわたる攻防の末、蜀を手に入れた。

曹操が漢中への進出を本格化させていた頃、荊州に足場を築いた劉備は、益州を掌握する機会を狙っていた。

折しも益州は曹操の漢中侵攻の余波を受けて揺れに揺れていた。漢中が制圧されれば次は益州が目標となるであろう。しかし時の君主・劉璋《りゅうしょう》は暗愚で、到底この難局を乗り切れるとは思えない。そこで劉璋を見捨てて益州をしかるべき英雄に譲ってしまおうと考える者が現われる。

そのなかのひとり張松《ちょうしょう》は、法正《ほうせい》らと結託して曹操が漢中を制する前に益州を劉備に献上しようと画策していた。

両者は劉備に益州を取るよう献策する一方、劉璋に対しては劉備を招き入れて張魯を討伐させようと提案したの

戦いの意義

蜀の制圧によって荊州を含む広大な領土を獲得した劉備は、漢中制圧へ向けて動き始める。

劉備軍の侵攻路
212年12月
劉備、白水関で楊懐を殺害して挙兵する。
白水関
葭萌関
劉璋軍の李厳が劉備に降る。
劉備軍進路
劉備配下の霍峻が1年間守り通す。
涪
閬中
綿竹
劉備、龐統を失うも214年に陥落させる。
雒県
益州
成都
張飛援軍路
徳陽
長江
資中
四路からの侵攻を受け、214年 5月、劉璋が降伏する。
劉備援軍進路
諸葛亮援軍路
江州
趙雲援軍路
張飛、厳顔を降す。
江陽

豆知識　劉璋の降伏

成都の主・劉璋は、劉備の包囲を受けること数十日、「これ以上民を苦しめられない」として降伏を決断したと正史にある。一方、『演義』において劉璋降伏のきっかけとなるのが、張魯からの援軍として劉備と戦っていた馬超が劉備に降り、成都に現われたことである。それまでに馬超は張飛と互角の一騎打ちを繰り広げるなど、激戦を演じていた。しかし正史では馬超は曹操に敗れたのち、張魯のもとに身を寄せるも、張魯を見限り劉備に降ったとしている。

である。

かくして二一一年、劉備は益州奪取の計画を胸に秘め、龐統・黄忠《こうちゅう》らを率いて益州入りを果たす。

劉備は一旦名目上の理由であった張魯討伐のために最前線の葭萌関《かぼうかん》に向かったが、しばらくして呉からの救援要請が届く。やむなく劉璋に一万の兵の借用を申し込んだが、この期《ご》に及んで劉璋は劉備を警戒し、四千の老兵と軍費半分を送るに留めた。これに劉備は激怒。さらに内通していた張松が処刑されたのを受けて成都《せいと》攻略へと乗り出した。

ここで劉備が用いたのは多方面作戦である。劉備本隊が成都へ向かって涪《ふ》、綿竹《めんちく》と攻略しながら南下する一方、荊州から諸葛亮・趙雲・張飛がそれぞれ軍を率いて侵攻し、四方より成都を目指したのだ。

かくして三年の攻防の末に成都を包囲された劉璋は降伏。劉備は蜀を得る。

215年
（建安20年）
8月

濡《じゅ》須《す》口《こう》・合《がっ》肥《ぴ》の戦い

張遼が一〇万人規模の呉軍を翻弄！孫権は谷利の機転で九死に一生を得る！

激闘のデータ

曹操軍 VS. 孫権軍

	曹操軍	孫権軍
指揮官	張遼	孫権
兵力	7000	10万

戦場
合肥、濡須口

出典
『三国志』張遼伝、呉主伝／『三国志演義』第67回

孫権
曹操軍
張遼
撤退する孫権軍を追撃し、孫権を橋まで追い詰めた張遼。

張遼の猛追と孫権

どんな戦い？

孫権は長江の南岸・濡須口に砦を築き、曹操への対抗姿勢を強めた。212年に曹操が侵攻したが、積極攻勢に出ることなく撤退した。その後215年には孫権が10万の兵を連れて合肥城を包囲。しかし曹操配下の張遼が800人の決死隊を率いて城外で奮戦したため城を落とすことができず、呉軍は撤退を決めた。その際、張遼の追撃を受けた孫権は、板が外れた橋の袂で追いつかれそうになったが、馬を飛び上がらせて難を逃れたという。

魏と呉の抗争の主要な舞台となったのが巣湖《そうこ》周辺である。とくに合肥と濡須口ではたびたび両軍の衝突が起こった。

この地域における最初の衝突が起こったのは二一三年のこと。孫権が曹操の侵攻に備えて築いた濡須口の砦を、曹操軍が襲ったのだ。

戦いの描写は正史註の『呉歴《ごれき》』に詳しい。濡須口まで侵攻した曹操は、油を塗った船「油船」を建造し、夜間に長江の中洲に渡った。対して、孫権は水軍でこれを包囲し、曹操軍兵士約三千人を捕虜とした。さらに、水に溺れた曹操軍の兵士も数千に達したという。

以後曹操は慎重策をとり、守りを固めたため、決戦には至らなかった。

合肥城
孫権は板が外れた橋の袂で張遼に追いすがられたが、側近の谷利が馬を飛び上がらせ、壊れた橋を孫権に渡らせたという。
合肥を巡る孫権 VS. 張遼の激闘
[張遼]
[楽進]
[李典]
合肥
②215年、対曹操のために劉備との妥協を成立させたあと、孫権が合肥へ10万の大軍を差し向ける。
逍遥津
[孫権]
巣湖
③魏の張遼たちの思わぬ奮戦に孫権軍が撤退。追撃してきた張遼を振り切る。
濡須口
①214年、漢中にいる曹操の隙を突き、孫権が皖城を取る。
長
江
[呂蒙]
[甘寧]
皖
④216年、曹操自ら濡須口に出陣。戦いのあと、孫権が曹操に従属した。

戦いの意義

張遼が孫権を命の危機にまで陥れたため、のちの合肥侵攻をためらわせることができた。一方、孫権は曹操の援軍四十万を退けたのち、曹操に臣従を申し出、荊州奪還へと舵を切る。

次の激突は二一五年のこと。曹操が漢中へ出向いている隙に、孫権が合肥を奪取しようと十万の兵を差し向けたのが発端である。

この時合肥を守っていたのは、曹操配下の張遼《ちょうりょう》と李《り》典《てん》、楽進《がくしん》、そして七千の兵であり、兵力差は圧倒的であった。

にもかかわらず、孫権は張遼らの粘り強い抵抗に遭い城を落とすことができなかった。加えて、呉軍の陣中に伝染病が流行したため、孫権は撤退を決意、しかしその退路で張遼の急襲を受け、大損害を被っている。

孫権はその後、二一七年二月に来襲した四十万の曹操軍を退けると、曹操に和睦を申し入れている。親劉備派だった魯《ろ》粛《しゅく》が死去し、反劉備の呂蒙《りょもう》が後任となったことで、孫権が荊州奪還を考え始めたためと考えられる。曹操は降伏を受諾。返礼の使者を送り、誓約を交わした。

215年
（建安20年）
7月

陽《よう》平《へい》関《かん》の戦い

天然の要害を守る
五斗米道軍を破った
闇夜の奇襲

陽平関の陥落
張魯軍
陽平関
曹操軍は堅固な陽平関の守りに対し苦戦を強いられる。

どんな戦い？

215年7月、漢中制圧を企図する曹操は、五斗米道の教主・張魯が治める同地に侵攻する。しかし、張魯の弟・張衛が守る陽平関は天然の要害であり、曹操軍は苦戦を強いられる。そこで曹操は、撤退と見せかけて張衛の油断を誘い、高祚らに夜襲をかけさせて関を攻め破った。

関中と益州に挟まれた位置にある漢中には、後漢桓帝《ごかんかんてい》の時代以来、五斗米道《ごとべいどう》という信仰教団が宗教王国を築いていた。五斗米道は祈祷を主体とした治療を行なう道教系の教団であり、信者に五斗の米を寄進させたことがその名の由来となっている。当時の指導者は張魯といった。

曹操は二一五年、この漢中を攻略すべく、大軍を率いて侵攻する。

張魯は降伏を考えていたが、弟の張衛《ちょうえい》が反対を唱えて出陣したため、陽平関《ようへいかん》の戦いが起こった。

当初曹操は、天然の要害である陽平関で苦戦を強いられる。張衛は配下の楊昂《ようこう》、楊任《ようじん》らと山を横切るようにして守りの堅い陣を敷いたのだ。

激闘のデータ
曹操軍 VS. 張魯軍

指揮官	
曹操	張魯

兵力	
10万	数万

戦場
漢中

出典
『三国志』武帝紀、張魯伝／『三国志演義』第67回

張衛は山を横切って十余里にわたる陣をしいたという。
険阻な地形を利用して築城された陽平関。
曹操軍

戦いの意義

曹操は劉備に先んじて漢中を制圧し、国土を拡大することに成功。同時に蜀を制したばかりの劉備に圧力を加えることとなった。

そこで曹操は撤退と見せかけて張衛を油断させると、高祚《こうそ》らに夜襲をかけさせて守りを打ち破った。註に引く『魏名臣奏』ではこのときは夜襲ではなく、撤退中だった曹操軍の一部が敵陣に迷い込み、それに驚いた敵が四散したためだとされている。

陽平関の陥落を知った張魯が考えたのは、いかに降伏するかであった。

幕僚の閻甫《えんぽ》は、追い詰められて降伏するより、抵抗の姿勢を見せたうえで降伏する方が重く用いてもらえると進言する。これを入れた張魯はひとまず巴中《はちゅう》まで撤退した。その際、南鄭《なんてい》の国庫は厳重に封印している。

ここで張魯に曹操から降伏勧告があったため、張魯は降伏を決意。曹操の軍門に降った。閻甫の進言も的中し、張魯は列侯に取り立てられた上、娘が曹操の子の妻に迎えられるなど、厚遇された。

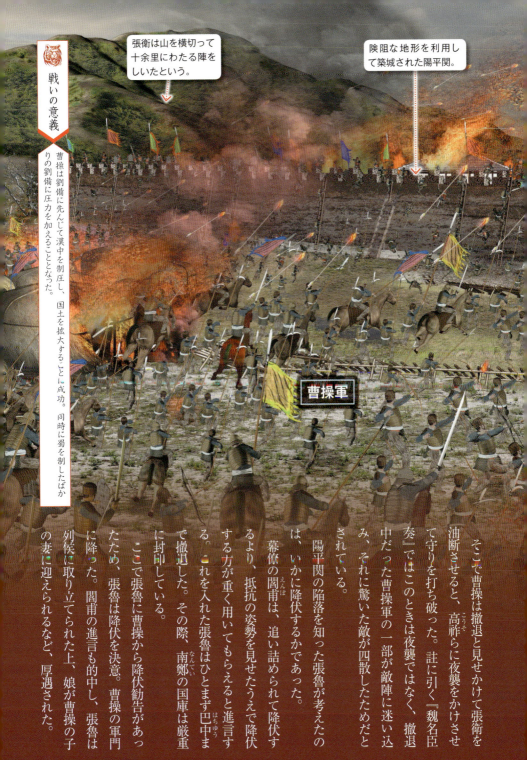

217年
（建安22年）～
219年
（建安24年）

定《てい》軍《ぐん》山《ざん》の戦い

曹操の漢中支配に対し、蜀による侵攻の楔を打ち込んだ老将の活躍

黄忠、山を駆け下り夏侯淵を斬る！

どんな戦い？

合肥の戦いで曹操軍の主力が呉方面にある隙を突いて、劉備が漢中奪取に乗り出したことで起こった戦い。下弁での緒戦に敗れたものの、劉備は諦めずに陽平関へ進出。さらに定軍山の麓に強固な陣を敷くと、曹操率いる主力到来前に夏侯淵を破った。

二一五年十一月に張魯を降した曹操は、夏侯淵《かこうえん》と張郃《ちょうこう》に漢中の守りを任せて鄴《ぎょう》へと帰還する。

実はこの背景には孫権による合肥侵攻（→104ページ）があった。

劉備は長沙《ちょうさ》・零陵《れいりょう》・桂陽《けいよう》の荊州3郡を呉に返す代わりに合肥への侵攻を促し、曹操本隊が漢中に駐屯し続ける圧力から益州《えきしゅう》を開放させていたのである。

劉備はこの曹操の慌しい帰還を漢中奪取の好機と捉え、まだ益州を奪ったばかりであったが、二一七年には漢中へと張飛を進出させた。

張飛は瓦口《がこう》で張郃を撃破したが、翌年、馬超・呉蘭《ごらん》とともに下弁《かべん》へ進出するも、曹洪《そうこう》率いる五万の軍勢の前に敗れて

激闘のデータ

劉備軍 VS. 曹操軍

指揮官

劉備軍	曹操軍
黄忠	夏侯淵
張飛	張郃
趙雲	曹洪
法正	

兵力

不明 ｜ 不明

戦場

定軍山

出典

『三国志』夏侯淵伝、先主伝、黄忠伝、法正伝ほか／『三国志演義』第69回～第72回

夏侯淵は曹操からしばしば「指揮官たる者、勇気だけを頼みにしてはいけない。行動に移すときは知略を用いよ」と諫められていた。しかし、夏侯淵は、張部の苦戦を聞くと兵の半数を張部の援軍に派遣。自身は手薄になった陣を守り続けた。

『演義』の計略

法正の旗

黄忠は高所より攻め下って夏侯淵の陣営を襲った。『演義』では黄忠の参謀を務めていた法正による策が描かれる。こちらで定軍山に陣を張っていたのは夏侯淵の方である。法正はまず黄忠に定軍山の西にある山を占領させる。これに怒った夏侯淵が攻め寄せてくると、法正は、夏侯淵軍の士気が高い間は白い旗を振って黄忠の突撃を抑え、夏侯淵軍の士気に衰えが見え始めた頃合を見て赤旗を振って突撃の合図を下し、黄忠に夏侯淵を討ち取らせた。

しまう。

そこで二一九年春、陽平関に進出していた劉備は、関から南下して定軍山《ていぐんざん》の南麓に陣営を築いた。

夏侯淵もこれを追う形で定軍山に進出し、陣を敷いた。

そして陣営の東を張部に守らせ、自身は南側を守ったとされる。

劉備が陣営を囲む逆茂木《さかもぎ》に火をかけて、張部を打ち破ったため、夏侯淵は兵の半数を東の守りに割いた。そして自身はその場で軽装の兵とともに南側を守り続けた。

正史の夏侯淵伝によれば、劉備は黄忠に命じてその隙を突き、夏侯淵を討ち取ったとある。正史の先主伝や黄忠伝では少々異なっていて、劉備は「今こそ攻撃すべきである」という法正の献策を受けると、黄忠に対し、高所に登って陣太鼓を打ち鳴らし、夏侯淵を攻撃するよう

漢中の戦いの流れ

定軍山の戦いに勝利後、劉備は漢中の守りを固めて曹操軍を迎撃する。数か月にわたる防戦の末、攻めあぐねた曹操は漢中を放棄。漢中は劉備の手に落ちた。

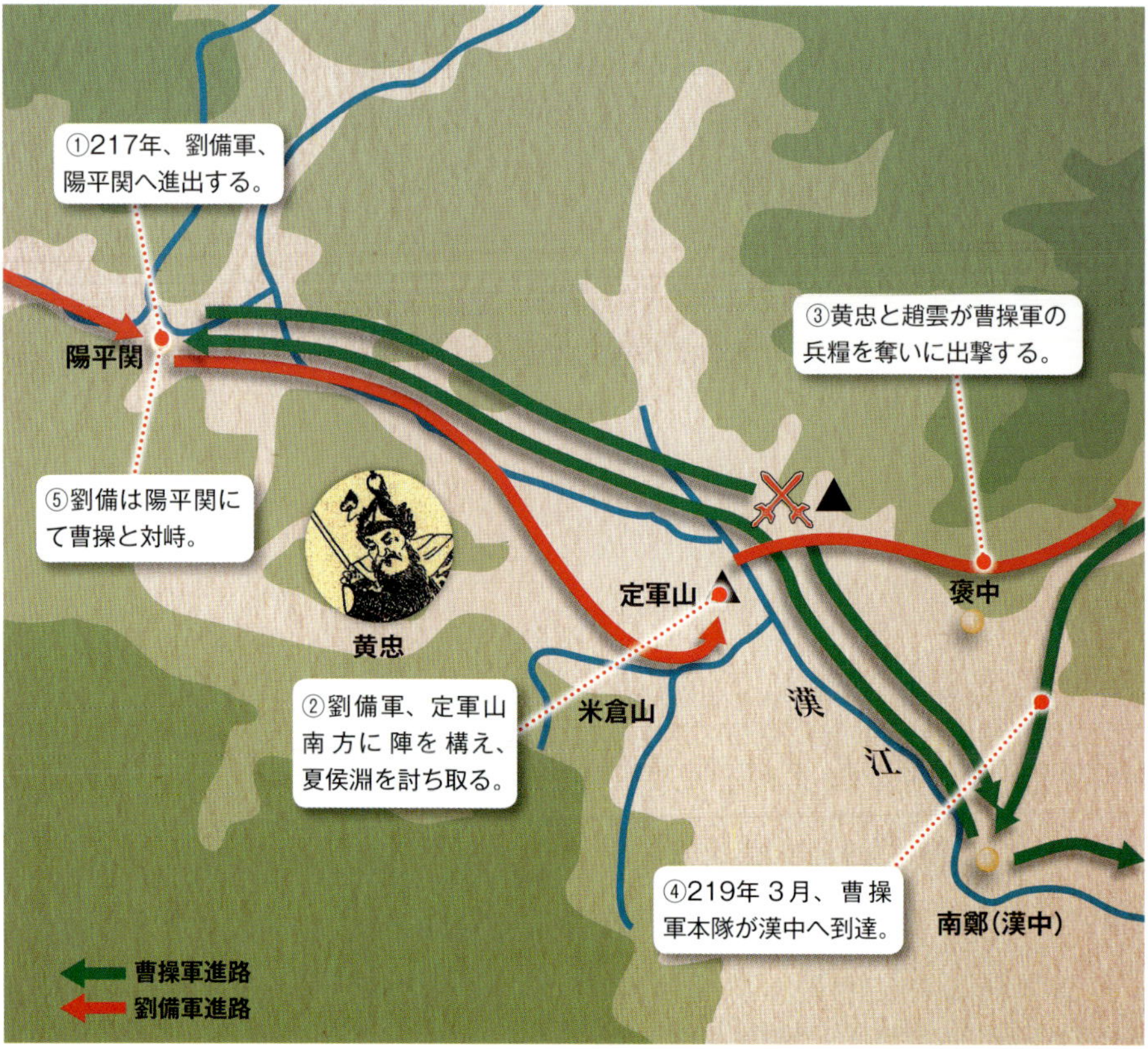

①217年、劉備軍、陽平関へ進出する。
陽平関
⑤劉備は陽平関にて曹操と対峙。
黄忠
定軍山
②劉備軍、定軍山南方に陣を構え、夏侯淵を討ち取る。
米倉山
漢
江
③黄忠と趙雲が曹操軍の兵糧を奪いに出撃する。
褒中
④219年 3月、曹操軍本隊が漢中へ到達。
南鄭(漢中)
曹操軍進路
劉備軍進路

命じたという。

そこで黄忠は高所より坂を駆け下って夏侯淵の陣に雪崩込み、夏侯淵を討ち取ったとされる。

『演義』では後者の記事が採用された。そこには夏侯淵が陣を置く定軍山に隣接する山を黄忠が奪ったのち、これを夏侯淵が奪いに来るや、法正が旗を振って攻撃のタイミングを知らせ、山を駆け下った黄忠が見事夏侯淵を討ち取るという場面が描かれている。

●ついに曹操に勝利した劉備

夏侯淵戦死の報を受けた曹操は日頃から、「武勇のみに頼れば、一人の匹夫《ひっぷ》の敵にしかなれない」と、夏侯淵の蛮勇を諫めていた。その危惧が現実のものとなったのである。

将を失った漢中守備隊は、張郃に率いられて撤退する。曹操の援軍が到着する

絶頂期の劉備軍

劉備の軍団は、関羽・張飛ら股肱の臣を中核に諸葛亮ら荊州出身者、益州出身者、その他の者にわかれる。絶頂期はまさに漢中を奪い、劉備が漢中王を名乗ったときであった。

劉備

- **武官・地方長官**
  - 糜竺（安漢将軍）
  - 劉封（副軍将軍）
  - 魏延（鎮北将軍）
  - 霍峻（裨将軍）
  - 向朗（房陵太守）
  - 黄権（鎮北将軍）
  - 王平（裨将軍）
  - 諸葛均（長水校尉）
- **五虎将軍**
  - 関羽（前将軍）
  - 張飛（車騎将軍）
  - 馬超（驃騎将軍）
  - 黄忠（後将軍）
  - 趙雲（中護軍・征南将軍）
- **側近・文官**
  - 孫乾（秉中将軍）
  - 簡雍（昭徳将軍）
  - 伊籍（昭文将軍）
  - 蒋琬（尚書郎）
  - 李厳（尚書令）
  - 董和（掌軍中郎将）
  - 劉巴（尚書令）
  - 馬良（侍中）
  - 廖立（侍中）
  - 楊儀（尚書）
  - 杜微（諫議大夫）
  - 杜瓊（議奏従事）
  - 尹黙（勧学従事）
  - 鄧芝（尚書）
- **軍師・参謀**
  - 諸葛亮（軍師将軍）
  - 法正（尚書令）
  - 許靖（司徒）

戦いの意義

漢中制圧により劉備は漢中王の名分を得る。ただし、漢中の領民が曹操によってすでに移住させられていたため、人口の増加には繋がらなかった。

戦場の名言　子竜《しりょう》は一身《いっしん》これ胆《たん》なり（『三国志』趙雲伝）

漢中の戦いにおいて曹操の大軍に自身の陣営を襲われた趙雲は、旗を伏せ太鼓を止めると、大きく門を開かせて曹操軍を待ち構えた。これを見た曹操軍は策を警戒して撤退。趙雲はすかさず追撃して打撃を与えた。これを聞いた劉備が感心して言ったのがこの言葉である。

のはこの後のことで、すでに劉備は迎撃の態勢を整えていた。

曹操の猛攻に対しても劉備軍は二か月にわたって頑強に抵抗したため、攻めあぐねた曹操は漢中からの撤退を余儀なくされたのだった。

こうして荊州・蜀の地に続き、漢中を手に入れて益州の主要部を手中に収めた劉備は、二一九年秋、魏王を名乗る曹操に対抗して漢中王を名乗る。

まさにこの時が劉備の絶頂期であったといえよう。

三国志名将伝

黄忠《こうちゅう》（？～220）

字は漢升《かんしょう》。南陽郡の出身で、劉表に仕えたのち、劉備に服属した。『演義』では長沙太守韓玄に仕え、劉備の長沙攻略戦にて関羽と互角の一騎打ちを演じている。齢70にしての漢中における獅子奮迅の戦いぶりにより征西将軍に昇進。ついで後将軍となったが、220年に没した。『演義』では夷陵《いりょう》の戦いでの戦死が描かれるが、本来その死は、夷陵の戦いより前のことである。

218年
（建安23年）～
219年
（建安24年）

樊《はん》城《じょう》の戦い
―荊州争奪戦

樊城を水没させ
士気あがる関羽、
油断をつかれて荊州を失う！

樊城を襲う関羽の水攻め

どんな戦い？

孫権は荊州返還を劉備に迫るも劉備はなかなか返そうとしない。折しも荊州を守る関羽が襄陽・樊城へと侵攻。曹操が派遣した援軍を破っていよいよ樊城陥落も間近に迫る。そうしたなか、ついに孫権は曹操との提携を決断する。かくして後背を襲われて荊州を失った関羽は、曹操軍と孫権軍の包囲を受け、麦城にて命を落とした。再現CGは、『演義』に描かれる水攻めの場面である。

『演義』によると、樊城は城の上部までが水没し、城壁が次第に崩れ始め、修理も間に合わないほどであったという。

『演義』の計略
水攻め
『演義』に見られる関羽の計略。樊城の北十里にある川の水をせきとめ、堰をきることによって濁流に城を襲わせたもの。一方『正史』では自然の大量降雨によって河が氾濫したものと書かれている。

激闘のデータ

曹操・孫権連合軍 VS. 劉備軍

指揮官

曹操・孫権連合軍	劉備軍
曹仁 于禁 徐晃 呂蒙ほか	関羽 関平

兵力

不明 ｜ 不明

戦場

樊城

出典

『三国志』関羽伝、呂蒙伝ほか／『三国志演義』第73回～第77回

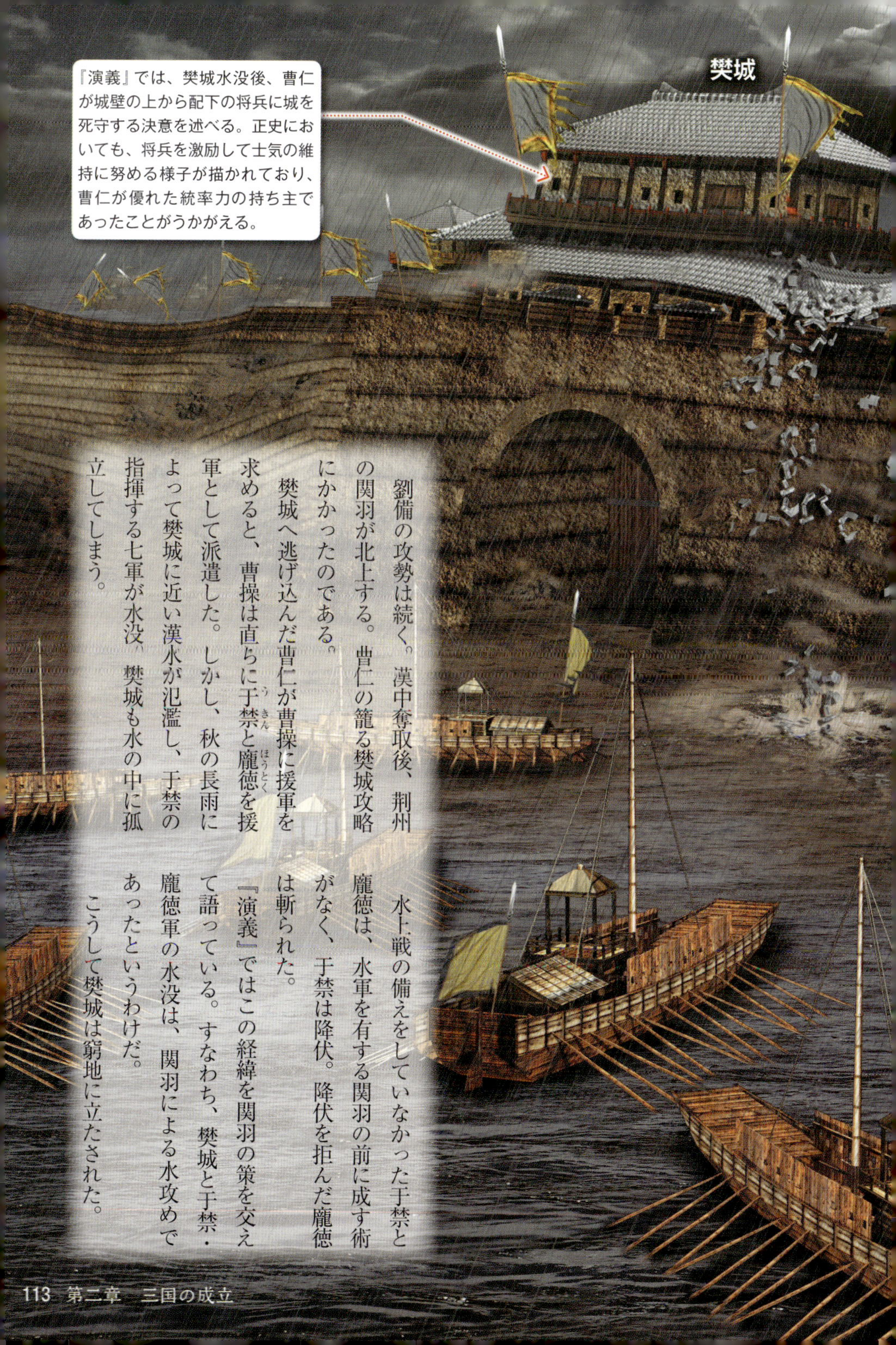

樊城
『演義』では、樊城水没後、曹仁が城壁の上から配下の将兵に城を死守する決意を述べる。正史においても、将兵を激励して士気の維持に努める様子が描かれており、曹仁が優れた統率力の持ち主であったことがうかがえる。

劉備の攻勢は続く。漢中奪取後、荊州の関羽が北上する。曹仁の籠る樊城攻略にかかったのである。

樊城へ逃げ込んだ曹仁が曹操に援軍を求めると、曹操は直ちに于禁《うきん》と龐徳《ほうとく》を援軍として派遣した。しかし、秋の長雨によって樊城に近い漢水が氾濫し、于禁の指揮する七軍が水没、樊城も水の中に孤立してしまう。

水上戦の備えをしていなかった于禁と龐徳は、水軍を有する関羽の前に成す術がなく、于禁は降伏。降伏を拒んだ龐徳は斬られた。

『演義』ではこの経緯を関羽の策を交えて語っている。すなわち、樊城と于禁・龐徳軍の水没は、関羽による水攻めであったというわけだ。

こうして樊城は窮地に立たされた。

樊城の開放

援軍として派遣されてきた徐晃は、四家《しちょう》の陣営を破り包囲網に穴を開ける。この援軍と呉の荊州攻略により樊城は開放され、関羽は麦城へと追い詰められていく。

●関羽を追い詰めた裏切り

ここで動いたのが呉であった。

劉備に「貸して」いた荊州三郡を取り戻したものの、荊州支配を狙う呉にとって関羽の勝報は複雑である。

この状態が続けば劉備は荊州の西半分も手中に収め、孫権と拮抗する大勢力を築いてしまう。

第二次濡須口の戦いのあと、形式上、曹操の臣下となっていたこともあり、孫権は荊州すべてを奪還するため、劉備との同盟を破棄し、関羽排除に動いた。

孫権の援助の申し出を受けて曹操は、樊城を包囲する関羽の背後を突くならば、長江以南の領土を与えると伝えた。

そして徐晃《じょこう》を樊城救援に向かわせた。

これを受けて孫権も閏《うるう》十月、呂蒙を先鋒として関羽討伐の軍を荊州に派遣したのである。

呂蒙はまず仮病を使って最前線の陸口から姿を消し、関羽の油断を誘う。すると、関羽は後方の兵を前線へと投入し始めた。

そこで呂蒙は、関羽に恨みを抱いていた公安の守将・士仁《しじん》と江陵の麋芳《びほう》を戦わずして降伏させ、江陵に本営を置き、曹操軍の于禁を保護した。

やがて漢水の水が引き始めたのを機に、籠城する曹仁と援軍の徐晃が関羽へ反撃を開始した。徐晃はその前に、関羽方の偃城《えんじょう》を落としており、関羽による樊城包囲網は崩壊していた。

ここで江陵陥落の報を受けた関羽は、撤退を余儀なくされた。

しかも江陵陥落を知った兵たちが四散してしまったため、関羽は仕方なく江陵の北に位置する麦城《ばくじょう》に逃亡。結局ここで脱出に失敗して捕らえられ、臨沮《りんそ》にて長子の関平《かんぺい》とともに斬られた。

包囲網を徐晃に破られ、撤退を始める関羽。この後呉の呂蒙による荊州失陥が発覚し、麦城に逃げ込むも、ついに最期を迎えることとなる。

戦いの意義

荊州失陥と関羽の死により、劉備の絶頂期は終わり、勢力が減退。加えて呉と蜀の間に決定的な亀裂が入った。

敵だらけだった関羽

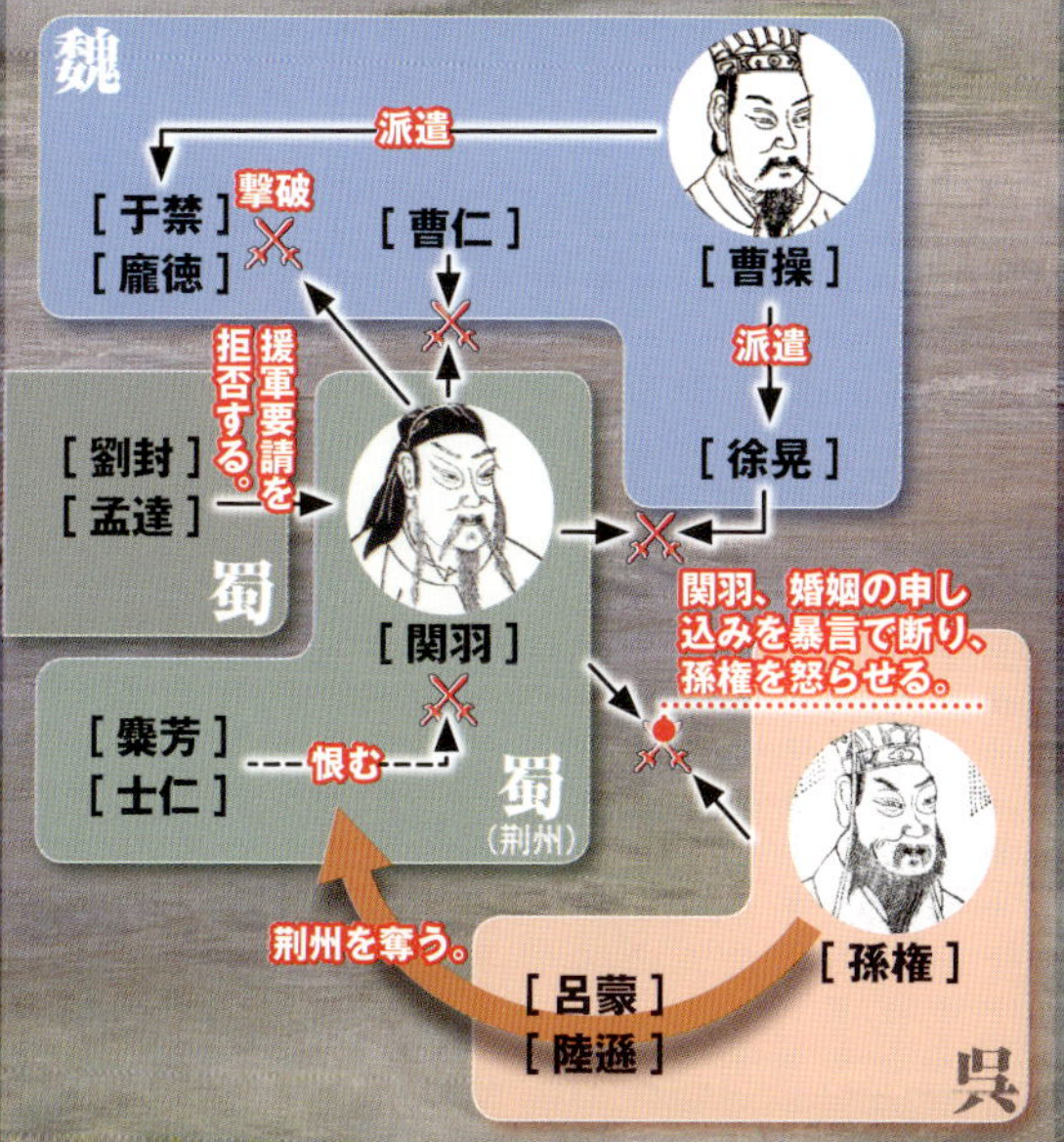

徐晃率いる援軍が、関羽の包囲網を破ったことを受けて出撃する曹仁軍。

221年
(黄初2年)7月～
222年
(黄初3年)閏6月

夷《い》陵《りょう》の戦い

劉備軍の士気が衰えるのをひたすら待ち、一気呵成に壊滅へと追い込む遠大なる火計

長江
長江を大挙渡河して火攻めを仕掛ける陸遜本隊。
孫権軍
[陸遜本隊]
孫権軍
(呉軍)
孫権軍
[周胤隊]
蜀軍の正面から攻撃を仕掛ける周胤の部隊。

『演義』の計略

火計

陸遜が狙い続けたのは火攻めである。『演義』では700里にわたって40の陣を敷いた劉備に対し、陸遜はひとつおきに20の陣に火計を仕掛けたという。これで分断された蜀軍は各個撃破されていった。

激闘のデータ

呉軍 VS. 蜀軍

指揮官

陸遜 ¦ 劉備

兵力

5万 ¦ 4万

戦場

猇亭

出典

『三国志』呉主伝、陸遜伝、先主伝ほか／『三国志演義』第81回～第84回

蜀軍を崩壊させた陸遜の火計

どんな戦い？

関羽の復讐と荊州奪還を企図して劉備が呉領へ侵攻。呉の孫権は陸遜を抜擢してこれを迎え撃った。陸遜は長期持久戦術に出たため、劉備は猇亭を中心として700里に及ぶ陣を敷いたという。陸遜はひたすら攻撃の機会を待ち続け、劉備の隙を見つけると遠大な火攻めを敢行する。

劉備は味方に守られながら宜昌方面へと撤退していった。
孫権軍
[別働隊]
孫権軍
(呉軍)
陸遜が前もって伏せておいた別働隊が一斉に蜀の陣へ火を放った。
蜀軍
蜀軍
[本営]
炎上する蜀軍本営。劉備は猇亭に本陣を置き、深い縦陣を敷いたという。

関羽の復讐に燃える劉備は、蜀漢皇帝として即位した二二一年の七月、諸葛亮、趙雲ら群臣の反対を押し切って呉への侵攻を開始する。

蜀軍には劉備麾下の諸将のみならず、呉と蜀の国境付近に居住し、呉と長らく対立してきた異民族「武陵蛮《ぶりょうばん》」の部隊が加わった。

出陣に際して、閬中《ろうちゅう》の張飛が部下に寝首をかかれて命を落とすという悲劇が起こったが、劉備は呉の先鋒部隊を撃破しつつ長江沿いを下り夷陵へと進出。さらに翌年には自ら軍を率いて江陵に近い猇《おう》亭《てい》へと進出した。

一方の孫権は、呉の名門・陸氏《りくし》の当主である陸遜《りくそん》を大都《だいと》督《とく》に任命し、朱然《しゅぜん》・潘《はん》璋《しょう》・孫桓《そんかん》ら諸将と五万の兵を与えて劉備と対峙させた。

夷陵の戦い関連地図

樊城
襄陽
黄権、魏に降伏
漢水
蜀軍、陸遜の火計により壊滅する。
白帝城
巫県
蜀軍進撃路
秭帰
魚復
蜀軍敗走路
潘璋軍進撃路
夷山
麦城
猇亭
江陵
夷道
陸遜軍進撃路
長江
公安
陸遜

夷陵にて大勝した陸遜であったが、魏の侵攻を警戒して白帝城へ逃げ去った劉備を深く追撃することはなかった。

●陸遜の持久戦術と火計

陸遜との遭遇時、劉備は、補給線と退路を確保する目的で猇亭から巫《ふ》に至る間に五十余りの陣営を築いていたという。この戦略はのちに曹丕《そうひ》に報告され、「劉備は戦を理解していない」と酷評された。

劉備の陣立てに対して陸遜は、蜀の士気が緩むのをひたすら待つ作戦に出る。血気にはやる将軍たちは、盛んに蜀軍を攻撃することを訴えたが、陸遜は決して首を縦に振らなかった。

同時に彼は劉備が水陸両面作戦を採らず、陸路侵攻に絞っていることから、敗れることはないと確信し、安心するよう孫権へ手紙を送っている。やがて陸遜は蜀軍のなかに軍規の緩みを見て取ると、威力偵察を行なった。攻撃は失敗したものの、これで陸遜は蜀軍の備えを知る。

そして会敵から半年後の二二二年閏《うるう》六

月、総攻撃の命を下して火攻めを仕掛け、蜀軍の陣営四〇余を焼き払っていった。張南《ちょうなん》、馮習《ふうしゅう》といった蜀軍の将に加え、武陵蛮の首領・沙摩柯《しゃまか》も首を取られ、蜀軍は壊滅した。劉備は夜陰に紛れて逃走し、猇亭から秭帰《しき》を経てなんとか白帝城《はくていじょう》までたどり着いた。

敗れた蜀軍の戦死者は数万に上り、中原回復は絶望的となる。蜀呉の争いを傍観していた魏が征呉の好機と見て大挙呉へ侵攻。陸遜の観測は当たり、魏呉両国は再び敵対関係となった。

『演義』の計略

孔明のワナ［石陣八陣］

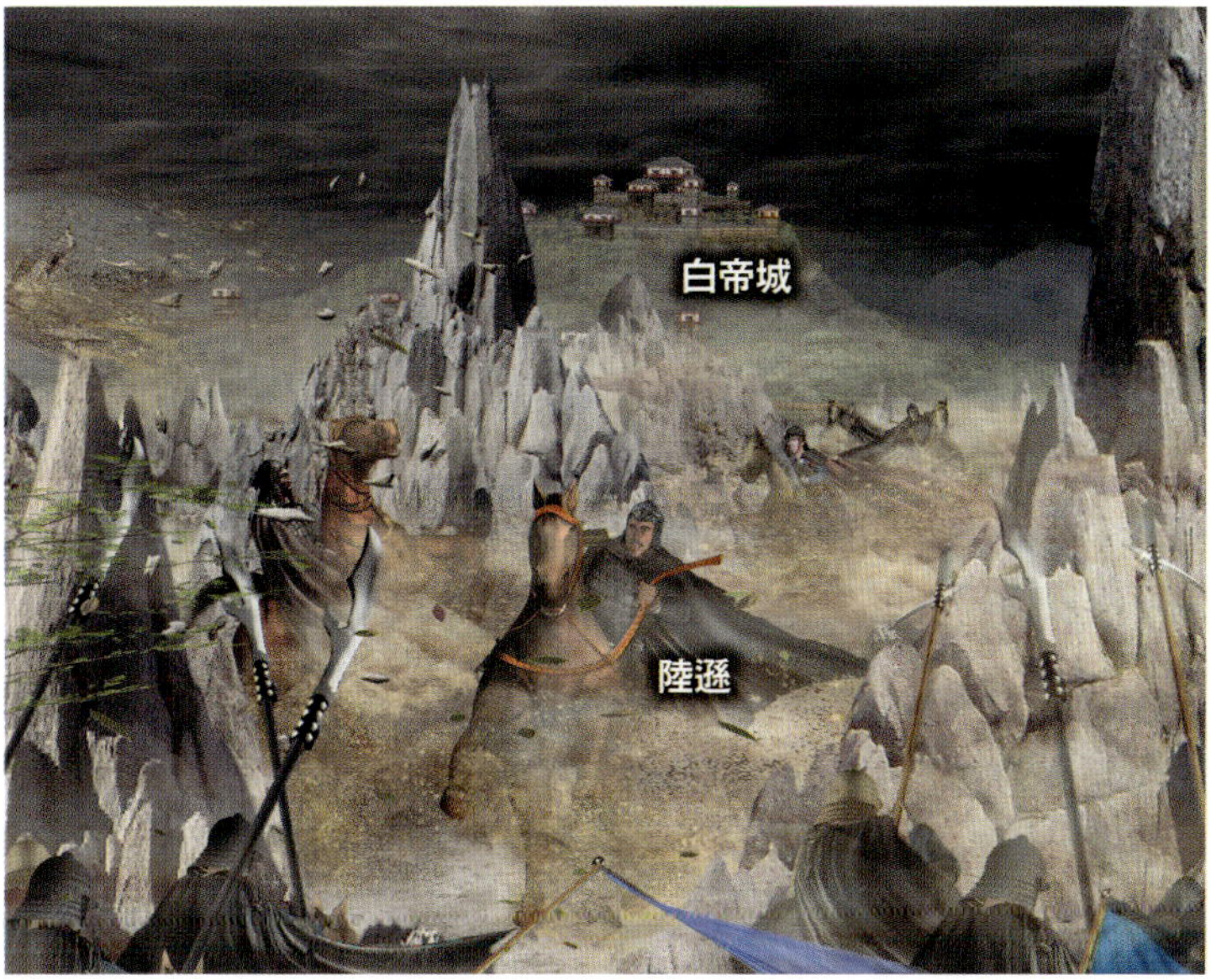

夷陵の戦いに勝利した陸遜は、白帝城に逃げ込んだ劉備を追って魚腹浦へといたる。そこで見たものは、奇妙な石の陣。興味を持った陸遜は、この陣のなかへ馬を進めた。

すると陣のなかで激しい風が吹き荒れ、石や砂があたりを覆い隠してしまう。陸遜は陣のなかを駆け巡り出口を探そうとするが、なかなか発見することができなかった。

実はこれは諸葛亮が仕掛けた石陣八陣という罠であった。結局陸遜は、諸葛亮の舅・黄承彦の助言により窮地を脱することができたが、劉備を取り逃がすこととなった。

ただし陸遜が白帝城まで追撃した事実はなく、早々に引き揚げている。石陣八陣は『演義』のみに見られる架空の計略である。

戦いの意義

蜀は荊州を完全に失うと同時に多くの将兵を失ったことで戦力が大幅にダウン。地方軍閥として西蜀に押し込められる契機となった。劉備は白帝城で病死し、その後を劉禅が継ぎ、諸葛亮が補佐する体制が確立する。

三国志名将伝

陸遜《りくそん》（183～245）

字は伯言。元の名を陸議といい、江東の名族陸氏の出身。孫権が将軍となった際に出仕し、異民族討伐で功を挙げ、荊州攻略では呂蒙のもとで関羽の油断を誘う役を担った。夷陵の戦いで大都督に抜擢され、大勝利を呼んだのち、呉の重鎮として活躍し、244年に丞相となる。しかし、晩年に勃発した後継者問題「二宮の乱」に際して孫権に糾弾され、63歳で憤死した。

三国時代の異民族

後背を脅かされ続けた曹操と魏

中国には漢代に成立したといわれる、『山海《せんがい》経《きょう》』という最古の地理書にして奇書がある。奇書といわれるゆえんは、この書に、頭が無かったり胸に穴が空いていたりという中国周辺の奇怪な異民族の姿が描かれているからだ。

もちろんそのような人間など実在しないが、古代中国人にとって、中華以外に住む異民族は外敵であり、まさに人外の存在そのものだった。

実際に中国を支配した歴代王朝は、そうした中国周辺の異民族の侵入に悩まされ続けた。古くは周が犬戎《けんじゅう》の攻撃を受けて遷都を余儀なくされ、三国時代を制した晋《しん》も異民族の侵入により崩壊。さらに後世には、遼《りょう》や金《きん》、そして元《げん》という征服王朝も誕生している。

三国時代も例に漏れず、魏、呉、蜀の周辺には、様々な異民族が割拠していて、豊かな中国への侵入を虎視眈々と狙っていた。

魏の曹操も異民族に手を焼いたひとりである。

北方の騎馬民族・烏《う》丸《がん》族の単于《ぜんう》（王）蹋頓《とうとん》は、袁紹《えんしょう》の遺児、袁尚《えんしょう》と袁熙《えんき》を保護しその血筋を利用して、河北地方を手中に収めるための手駒にしようとした。対して曹操は、二〇七年の夏、自ら出陣して、白狼山《はくろうさん》で烏丸族の騎馬軍団を討ち、蹋頓を処刑した経緯がある。

漢中の戦いにおいて、颯爽《さっそう》と戦線に現われる曹操の子・曹彰《そうしょう》も、二一八年に代郡にて反乱を起こした烏丸との戦いを経験している。

そのほか曹操と魏は、同じく北方の異民族、匈奴《きょうど》族や鮮卑《せんぴ》族とも関わりがある。

曹操と袁紹とが争った際、じつは匈奴も二分しそれぞれを支援していたのだ。曹操は、匈奴を五つに分割し、自分を支持した右賢王《うけんおう》の去卑《きょひ》に本国を統治させた。

匈奴よりも北に位置し、中国と国境を接していない鮮卑族には、曹操は懐柔策を打ち出した。戦国時代に確立した兵法三十六計の「遠交近攻」、いわゆる「遠くの国と同盟を結び、隣国を攻める」を実行したのである。

同時に、鮮卑の有力族長が結束し、一大勢力とならないよう、族長ごとに王号を授けた。ただ軻比能《かひのう》という族長は、あくまで曹操を認めず、王号を拒否。三度にわたって魏と敵対した。二二五年には蜀の北伐に呼応し挙兵までしている。

呉と蜀とも深く関わった中国周辺の異民族

『演義』のなかで最も有名なのが、孟獲《もうかく》に率いられた南蛮《なんばん》であろう。益州南方に居住した人々で、二二三年に蜀に対して反乱を起こした。

また、「羌《きょう》」も欠かせない存在である。古くは殷《いん》の時代から西北辺に居住したチベット系の遊牧民で、後漢の時代には度々反乱を起こした。『演義』では、諸葛亮の第一次北伐に際して魏の依頼を受けて出兵し、戦車部隊を駆使して蜀を苦しめる話が登場する。

海に面した呉も、一見異民族の支配地と境を接していないようにみえるが、異民族と無縁というわけにはいかなかった。

実は中国本土内にも異民族はいた。「蛮」と呼ばれる民族がそれである。

蛮は、荊州の南方に居住していた人々で、蜀の劉備が関羽の敵討ちのために呉へ侵攻した際、馬良《ばりょう》の仲介によって、沙摩柯という族長に率いられ、蜀の援軍として参加している。

また江南地方、揚州丹陽郡（現在の安徽省と江蘇省の境）の山岳部には、「山越《さんえつ》」がいた。彼らは、古くは春秋時代に越の国を建てた民族とされ、江南地方に進出する呉と対立し激しく争った。

このように中国周辺地域に居住していた異民族は、積極的に群雄の争いに加わり、果実を得ようとしていたことがうかがえる。

魏・呉・蜀も異民族を利用し、敵国の背後にいる民族と同盟関係を結んで、相手の背後をつこうとしていたのである。

第三章 三国時代の終焉

街亭の戦いから晋の統一まで

関連年表

諸葛亮の南征から三国時代の終焉まで

二二四年（黄初五年）	征呉の軍を起こした**曹丕**《そうひ》が九月、広陵《こうりょう》まで軍を進めるが撤退する。
二二五年（黄初六年）	蜀の**諸葛亮**《しょかつりょう》が南征を行ない、**孟獲**《もうかく》を降す。
二二六年（黄初七年）	五月、曹丕が死去し、**曹叡**《そうえい》が即位する。
二二八年（太和二年）	正月、魏の**司馬懿**《しばい》が蜀に内通しようとしていた**孟達**《もうたつ》を新城にて斬る。 諸葛亮が天水《てんすい》など三郡を平定するも、**街亭の戦い**で馬謖が敗れる。（→124ページ） 八月、呉の周魴《しゅうほう》が魏に偽りの投降をして曹休《そうきゅう》を**石亭**《せきてい》へおびき出し、 **陸遜**《りくそん》が打ち破る。（→130ページ） 十二月、諸葛亮が**陳倉**を包囲するも、攻略に失敗する。（→132ページ）
二二九年（太和三年）	春、諸葛亮は**武都**、**陰平**を攻略する。 四月、**孫権**が皇帝を自称し呉を建国。都を建業に移す。
二三〇年（太和四年）	春、孫権は夷州と亶州を探すために兵を送り出すが、失敗に終わる。 四月、**曹真**《そうしん》と司馬懿が漢中に兵を進めるも、九月、長雨に遭って撤退する。
二三一年（太和五年）	諸葛亮が木牛《もくぎゅう》を使って兵糧を運び、 **祁山**《きざん》を包囲するも兵糧の欠乏で撤退する。（→134ページ）
二三三年（青龍元年）	三月、孫権が**公孫淵**《こうそんえん》を燕王に封じるも、公孫淵は使者を斬って首を魏に送る。 孫権が合肥に攻め込むも満寵によって撃退される。
二三四年（青龍二年）	四月、諸葛亮が**五丈原**《ごじょうげん》で司馬懿と対峙する。（→138ページ） 五月、呉軍が合肥と襄陽に出陣するも、七月に撤退する。（→136ページ） 八月、諸葛亮が陣没し、蜀軍は撤退。帰途、**魏延**《ぎえん》が楊儀に殺される。
二三八年（景初二年）	正月、司馬懿が遼東に遠征し、八月に公孫淵を討ち取る。 この年、倭の女王・**卑弥呼**《ひみこ》が魏に使者を送り親魏倭王に封じられる。
二三九年（景初三年）	正月、曹叡が没し**曹芳**《そうほう》が即位。曹爽が魏の実権を握る。
二四四年（正始五年）	三月、**曹爽**《そうそう》が漢中に攻め込むも、費禕《ひい》に撃退される。

二四五年（正始六年）
呉で皇太子孫和《そんか》と魯王孫覇《そんは》との争いが激化し、陸遜が憤死する。

二四九年
（正始十年／嘉平元年）
正月、司馬懿がクーデターを起こし、曹爽を誅殺する。

二五〇年（嘉平二年）
秋、孫権が皇太子・孫和を廃して孫覇に自殺を命じ、孫亮《そんりょう》を皇太子に立てる。

二五二年（嘉平四年）
二月、呉の孫権が没して孫亮が即位する。

二五三年（嘉平五年）
正月、蜀の費禕が魏の降将・郭循《かくじゅん》に刺殺される。
十月、孫峻《そんしゅん》がクーデターを起こして諸葛恪《しょかっかく》を誅殺し、実権を握る。

二五四年
（嘉平六年／正元元年）
九月、**司馬師**《しばし》がクーデターを起こして曹芳を退位させ、曹髦《そうぼう》を帝位に即ける。

二五五年（正元二年）
正月、寿春で毌丘倹《かんきゅうけん》と文欽《ぶんきん》が反乱を起こすも司馬師《しばし》に鎮圧される。

二五八年（甘露三年）
九月、孫亮のクーデターが失敗し、孫亮が廃位され、**孫休**《そんきゅう》が即位する。
十二月、孫休、丁奉《ていほう》、張布《ちょうふ》と計って**孫綝**《そんちん》を殺害する。

二六〇年
（甘露五年／景元元年）
五月、曹髦が**司馬昭**《しばしょう》殺害のクーデターを起こすも失敗に終わる。

二六三年（景元四年）
八月、魏が**鄧艾**《とうがい》、**鍾会**《しょうかい》らを蜀に攻め込ませ、十一月、**劉禅**《りゅうぜん》を降伏させる。

二六四年
（景元五年／咸熙元年）
三月、司馬昭が晋王に封ぜられる。
五月、孫休が病死し、濮陽興《ぼくようこう》が**孫晧**《そんこう》を帝位に即ける。

二六五年
（咸熙二年／泰始元年）
八月、司馬昭が死去し、跡を継いだ**司馬炎**《しばえん》が十二月、曹奐に禅譲を行なわせ、晋の皇帝となる。

二七九年（咸寧五年）
夏、交州の郭馬《かくば》が呉に反乱を起こす。
十一月、晋が六路より大挙呉へ侵攻。翌年三月、孫晧を降伏させる。

山上に布陣した馬謖軍。『演義』において王平が「山は絶地である」と馬謖を諫めたように、『孫子』においても山上は布陣してはいけない場所のひとつに挙げられている。
南山
張部は馬謖が街道に布陣していないことを知ると、すぐに街道を押さえ、山上の水を断った。
魏軍
[張部軍]

228年
（太和2年）

街《がい》亭《てい》の戦い

蜀軍の進撃に致命的な痛撃をもたらした未熟な指揮官・馬謖の戦術ミス

激闘のデータ

魏軍 VS. 蜀軍

指揮官

司馬懿	諸葛亮
張部	馬謖

兵力

10万	不明

戦場

街亭

出典

『三国志』
張部伝、諸葛亮伝、王平伝、馬謖伝／『三国志演義』第95回

孤立する山上の馬謖の陣

どんな戦い？

228年1月、北伐を開始した蜀の諸葛亮は、瞬く間に天水などの3郡を平定。さらに軍を三路に分けて涼州および長安の攻略を企図した。その際補給の要所となった街亭に派遣されたのが、諸葛亮が目をかけてきた馬謖である。諸葛亮は出発にあたり馬謖に街道を押さえるよう念を押したが、馬謖は街亭に到着するや自身の考えを優先して山上に布陣。急行してきた魏の張郃に山麓を包囲されてしまう。

蜀軍
［馬謖軍］
張郃は馬謖の軍が水を断たれて疲弊しきったところを見計らって攻撃に移った。

山上の惨状

水を断たれ疲弊しきった蜀軍を張郃率いる魏軍が攻撃。蜀軍はなす術なく敗退する。

士気の下がりきった蜀軍になす術はなく、魏軍の襲撃の前に壊滅した。馬謖は戦場を脱したものの、軍法に照らして処刑された。
魏軍
[張郃軍]

第１次北伐と街亭の戦い

雍　州
街亭
魏
涼　州
馬謖軍
張郃軍
天水
諸葛亮は
涼州制圧
を狙う。
渭水
陳倉
長安
曹真軍別働隊
郿
曹真軍主力
蜀
斜谷
下弁
趙雲軍
荊　州
諸葛亮軍
益　州
陽平関
漢中
西城

第１次北伐において、天水・南安・安定の３郡を平定した諸葛亮は、長安を突く素振りを見せながら、涼州制圧を目論む。

劉備《りゅうび》没後に起こった南中《なんちゅう》の反乱を鎮圧した諸葛亮《しょかつりょう》は、二二七年三月、後主劉禅《りゅうぜん》に「出師表《すいしのひょう》」を上奏。対魏侵攻作戦である北伐《ほくばつ》を開始する。

北伐の手始めとして諸葛亮は、関羽《かんう》の死に際して魏に降っていた新城の孟達《もうたつ》に謀反を促そうとした。だが、これは宛《えん》にあった司馬懿《しばい》に事前に知られ、孟達を討たれてしまう。

出鼻をくじかれた諸葛亮であったが、翌二二八年、軍事行動を開始する。目標は魏の要衝長安《ちょうあん》である。

漢中から長安へ至る道はいくつかのルートがあり、出陣を前に将軍の魏延《ぎえん》が最も東よりの子午道《しごどう》ルートから直接長安を突く案を提案した。しかしこの案では運よく長安を占領しても、魏の大軍に囲まれて壊滅する可能性が高い。諸葛亮は魏延の案を却下した。

その一方で長安西方にある郿《び》へ通じる

『演義』の計略

王平の擬兵！

馬謖の山上布陣に反対した王平は、その後『演義』において魏延や高翔らと決死の抵抗を試みている。正史においては、馬謖と別に1000人の兵で南の軍営を守ったとあり、陣太鼓を鳴らして踏みとどまり、張郃に伏兵の存在を疑わせたという。結果、張郃は追撃を諦め、敗残の将兵を収容することができた。王平は字が書けず、10字ほどしか知らなかったが、豊富な戦場経験で蜀軍を救ったといえる。

褒斜道《ほうや》《どう》へ趙雲《ちょううん》・鄧芝《とうし》の部隊を派遣した。これは魏を牽制するための陽動部隊であり、諸葛亮の本心は漢中の北、関中と涼州をまず制圧することにあった。

長安にあった魏の大将軍・曹真《そうしん》は陽動部隊の動きにつられ、郿に入城して守りを固めた。諸葛亮はその隙に天水《てんすい》・南安《なんあん》・安定《あんてい》の三郡を占領。続いて同地の支配を確実なものとするために、涼州および隴西《ろうせい》の制圧に乗り出した。

ただし、すでに長安には魏帝曹叡《そうえい》自らが五万の軍勢を率いて入っており、張郃を関中西部へ派遣しようとしていた。

この動きに対し、諸葛亮が防衛の拠点に選んだのが、関中と涼州を結ぶ街亭《がいてい》である。この街亭で魏の援軍を防ぐ間に、諸葛亮は涼州を制圧しようと考えたのだ。

●馬謖の生兵法

北伐成功の分かれ目となる街亭防衛の

楼閣の上で琴を弾く諸葛亮。旗指物はすべて片付けられ、香が焚かれていた。
西城
城門の前は、諸葛亮の命で、領民の姿に変装した兵士たちによって掃き清められた。

『演義』の計略

孔明のワナ
—司馬懿を翻弄した空城の計—

『演義』において街亭の敗北を受けての撤退時に諸葛亮が見せた策略が、有名な「空城の計」である。
諸葛亮は敗報を受けると撤退を決め、諸将に指示を出し、手筈を整えさせた。そして自らは5000の兵を率いて西城へと向かう。そこへ司馬懿が15万の大軍を率いて殺到してくる。このまま城攻めを強行されてはひとたまりもない。すると諸葛亮は西城の四方の門を開け放たせ、櫓の上で琴を弾じて待ち受けたのである。
これを見た司馬懿は逆に伏兵を警戒し、全軍に退却を命じる。こうして魏軍の追撃を逃れ、蜀軍は撤退に成功。全軍が漢中へと退いたのであった。

指揮官として、諸葛亮は日頃から目をかけていた馬謖《ばしょく》を抜擢する。さらに王平《おうへい》を副将としたうえで、馬謖に決して山上には布陣せず街道を押さえるよう念を押し、街亭へと向かわせた。

ただし馬謖は、劉備が臨終に際して「言葉が実質以上に先行するから重要な仕事をさせてはいけない」と言い残した人物であった。馬謖はこれまでそうした警戒を思わせない才気を予感させてきたが、この重大な局面で劉備の不安が的中する。街亭に至った馬謖は、諸葛亮の命令を無視して山上に布陣してしまうのだ。

当然王平は反対した。諸葛亮の命に背くばかりか、水を断たれることが明白であったからだ。馬謖の使命は拠点の確保であり、持久戦術が要求される。しかし、飲料水が欠乏すれば戦いどころではなくなってしまう。馬謖はそれに気づかなかったのか、王平の諫めも無視している。

天才の証明！空城の計

自ら殿を引き受けた諸葛亮は、西城にて司馬懿の大軍を待ち受ける。その防備は無きに等しく、総攻撃を受ければひとたまりもない。絶体絶命の状況下、『演義』では諸葛亮が空城の計によって司馬懿を欺く逸話が描かれる。

西城の四方の門は開け放たれ、無防備な状態にされた。
魏［司馬懿軍］

戦いの意義

諸葛亮にとって最初の北伐は中原に討って出るほぼ最後の賭けであった。その失敗により国力は再び疲弊し、以後の北伐は補給に苦しめられるものとなる。

成都から主要地点への直線距離

諸葛亮が北伐第一の目標とした長安まで、成都から直線距離にしておよそ600km。漢中に出るまでも400kmあり、国力に劣る蜀軍は絶えず補給に苦しめられた。

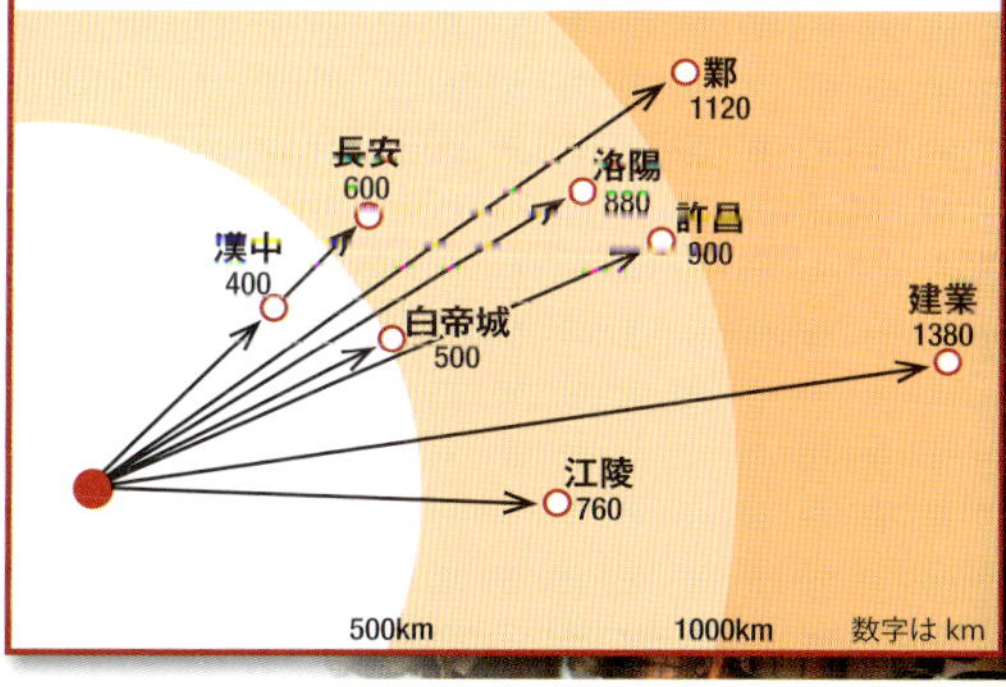
鄴
1120
長安
600
洛陽
880
許昌
900
漢中
400
白帝城
500
建業
1380
江陵
760
500km
1000km
数字は km

やがて街亭に至った張郃は、馬謖の布陣を見るや、街道を押さえて馬謖を山上に孤立させた。

案の定山上の水は欠乏し、蜀軍は壊滅へと追い込まれた。王平が敗残兵をまとめて退却に成功したものの、張郃により、天水と南安が奪い返され、列柳城《れつりゅうじょう》を守っていた高翔《こうしょう》は郭淮の反撃を受けて敗走した。

こうして街亭の敗戦により、諸葛亮の戦略は破綻したのである。蜀軍は諸葛亮自ら殿《しんがり》となって退却。馬謖は敗戦の責を負わされて斬首となった。

三国志名将伝

張郃《ちょうこう》（？-231）

字は儁乂《しゅんかい》。黄巾の乱の募兵に応じて韓馥《かんふく》に仕えたのち、袁紹の配下となった。官渡《かんと》の敗戦の際、讒言《ざんげん》を受けて曹操に投降。その後、馬超討伐、漢中防衛戦など各地を転戦した。街亭の戦いでは馬謖を破る大功を挙げたが、231年、祁山から退却する諸葛亮を司馬懿の命を受けて追撃した際、木門で伏兵に遭い戦死した。

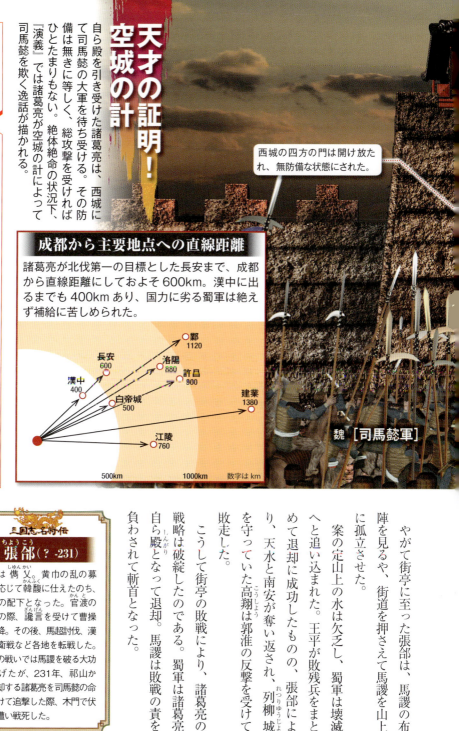

228年
（太和2年）
8月

石《せき》亭《てい》の戦い

周魴決死の演技に騙され、石亭におびき出された曹休軍が大損害を受ける！

石亭の夜襲

どんな戦い？

孫権は魏への侵攻のために鄱陽太守の周魴に命じて、魏へ嘘の降伏の話を持ちかけさせた。周魴は、呉にいると理不尽な罪で殺される、皖から長江へ討って出れば内応成功だ、などという旨の書状を七度送り、魏の大将軍である曹休をおびき出した。そして石亭にて野営中の曹休を陸遜や朱桓らが襲撃し、一方的な殲滅戦を展開した。

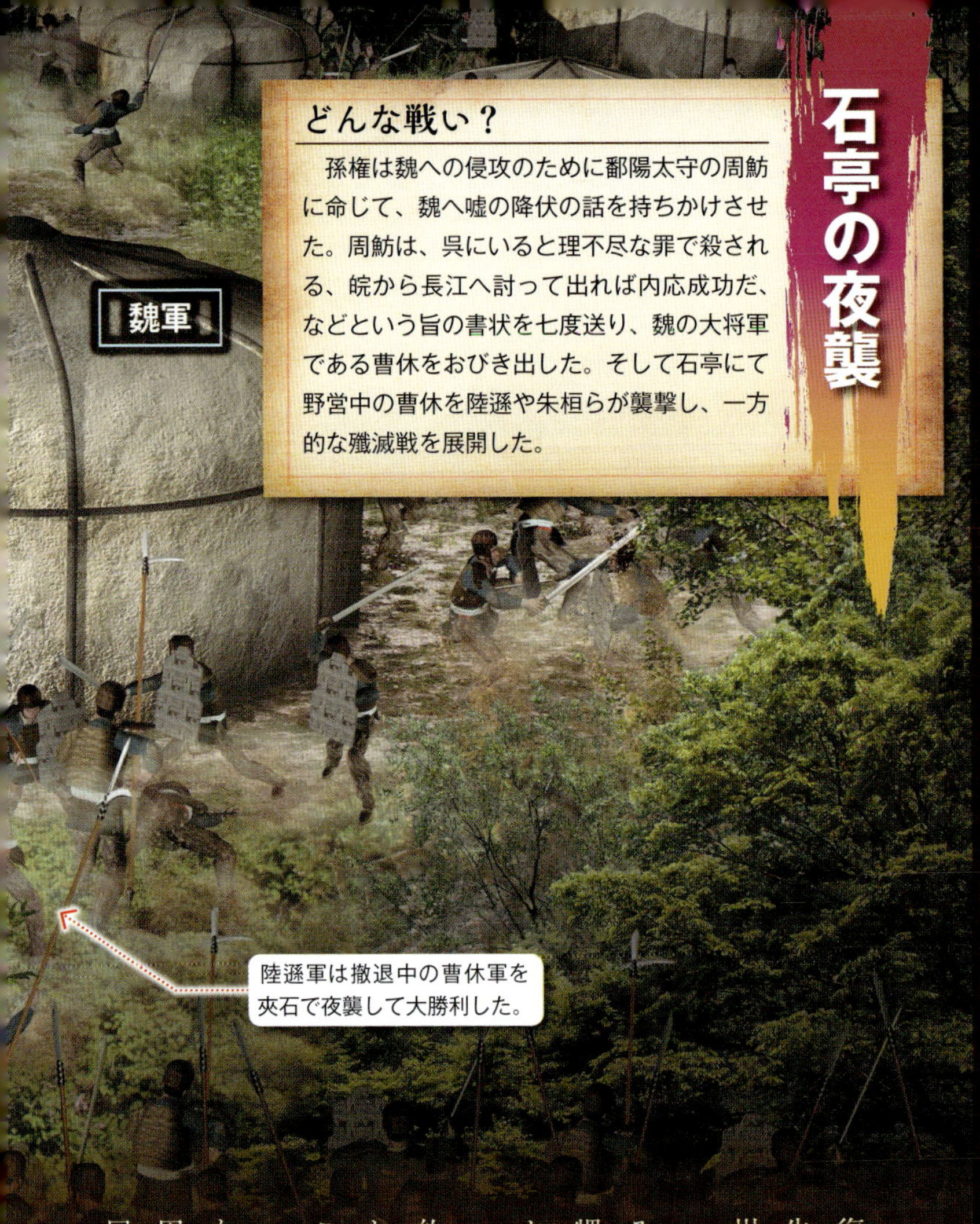
魏軍
陸遜軍は撤退中の曹休軍を夾石で夜襲して大勝利した。

親呉路線を取る諸葛亮政権との同盟回復に動いた孫権は、諸葛亮の第一次北伐失敗後の二二八年、魏の支配下にある揚州北部の淮南《わいなん》郡を奪うために動き出す。

そこで孫権は、鄱陽郡《はようぐん》の太守周魴《しゅうほう》にある命令を下した。その命令とは、曹操の甥であり大司馬《たいしば》の任にある曹休《そうきゅう》を呉へとおびき出せ、との大役であった。

そこで周魴は魏への投降を求め内通を約束する手紙を、七通に分けて曹休のもとへ送った。用心を重ねた様子を見せることで、信憑性を高めようとしたのだ。

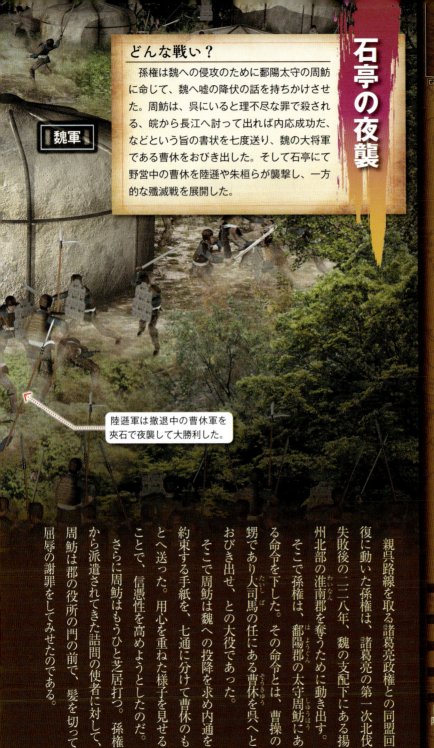

さらに周魴はもうひと芝居打つ。孫権から派遣されてきた詰問の使者に対して、周魴は郡の役所の門の前で、髪を切って屈辱の謝罪をしてみせたのである。

激闘のデータ

呉軍 VS. 魏軍

指揮官
陸遜 ｜ 曹休

兵力
不明 ｜ 10万

戦場
石亭、夾石

出典
『三国志』曹休伝、陸遜伝、周魴伝／『三国志演義』第96回

周魴に誘い出された曹休が皖県へ向かう。
寿春
曹休
満寵
胡質
魏軍の進路
合肥
豫州
夾石
舒
西陽から出陣していた賈逵が曹休を救援。合流して陸遜軍を撤退させる。
石亭で待ち伏せしていた陸遜らが曹休軍を撃破。
石亭
朱桓
全琮
皖県
尋陽
陸遜
呉軍の進路
荊州
周魴
鄱陽
魏軍が攻撃を受けたのは夜営中のことだった。
陸遜は軍を三手に分けて石亭を襲った。曹休は呉軍の包囲下で大損害を被った。
呉軍

周魴の偽装投降を見抜けずに皖県付近まで単独で進軍した曹休は、待ち伏せていた陸遜や朱桓らによって撃破され、1万人を超える損害を出した。

戦いの意義

魏軍が大損害を被ることで、呉への侵攻がしばらく停滞した。一方、第一次北伐に敗れた蜀にとっては再度の北伐を決意する好機となった。

これで曹休も周魴の投降を信じた。

二二八年八月、曹休の上奏を受けた明帝は、曹休に総勢十万の兵を率いて呉へ侵攻することを命じた。曹休率いる魏軍本隊は、やがて寿春《じゅしゅん》から呉国領内にある石亭に近い皖《かん》県に到達。やがて周魴との合流地点に着いたが、彼が現われることはなかった。この時点で曹休は、周魴の仕掛けた罠にはまったことに気づく。しかしながら、自らの兵馬が多いことを過信してそのまま進軍することにした。

一方呉軍は、大都督の陸遜《りくそん》が朱桓《しゅかん》・全《ぜん》琮《そう》を伴い六万以上の兵を率いて出陣。軍を三つの部隊に分けると、石亭の地で夜営する曹休軍の伏兵を掃討し、三方向から曹休軍を包囲して、奇襲をかけた。夜襲は成功し、曹休軍の戦死者及び捕虜は約一万人に達した。大敗を喫した曹休は、石亭の北にある夾石《きょうせき》で賈逵《かき》と合流すると、北方へ引き揚げていった。

郝昭は蜀の雲梯に対して火矢で対抗。雲梯を焼き払った。
投石車

228年
（太和2年）～
229年
（太和3年）

陳《ちん》倉《そう》の戦い

魏の守将・郝昭、
攻城兵器を駆使した
諸葛亮の猛攻を退ける！

石亭の勝報を受けた諸葛亮は、二二八年十二月、二度目の北伐に乗り出す。今回の北伐では陳倉《ちんそう》が攻撃目標に定められた。だが魏の曹真《そうしん》はすでに陳倉を諸葛亮の進撃ルート上と予想し、要塞化を進めていた。結果諸葛亮は、緒戦となる同地にて脚止めを食らってしまう。

諸葛亮は陳倉の守将・郝昭《かくしょう》と同郷の斬《きん》詳《しょう》を遣わし、降伏を勧めたが郝昭は応じず、止むなく攻撃にかかった。

この攻防では正史、『演義』ともに攻城兵器が総登場する。

諸葛亮は百台の雲梯《うんてい》（車輪付きの櫓）を組み立て、一斉に攻め寄せたが、郝昭は四方に向けて火矢を放たせ、雲梯を焼き払って防いだ。次いで諸葛亮は衝《しょう》

激闘のデータ

魏軍 VS. 蜀軍	
指揮官	
郝昭	諸葛亮
王雙	魏延
張郃	姜維
兵力	
1000（援軍3万以上）	数万
戦場	
陳倉	
出典	
『三国志』諸葛亮伝／『三国志演義』第97回～第98回	

攻城兵器VS.守城兵器
——陳倉の衝突

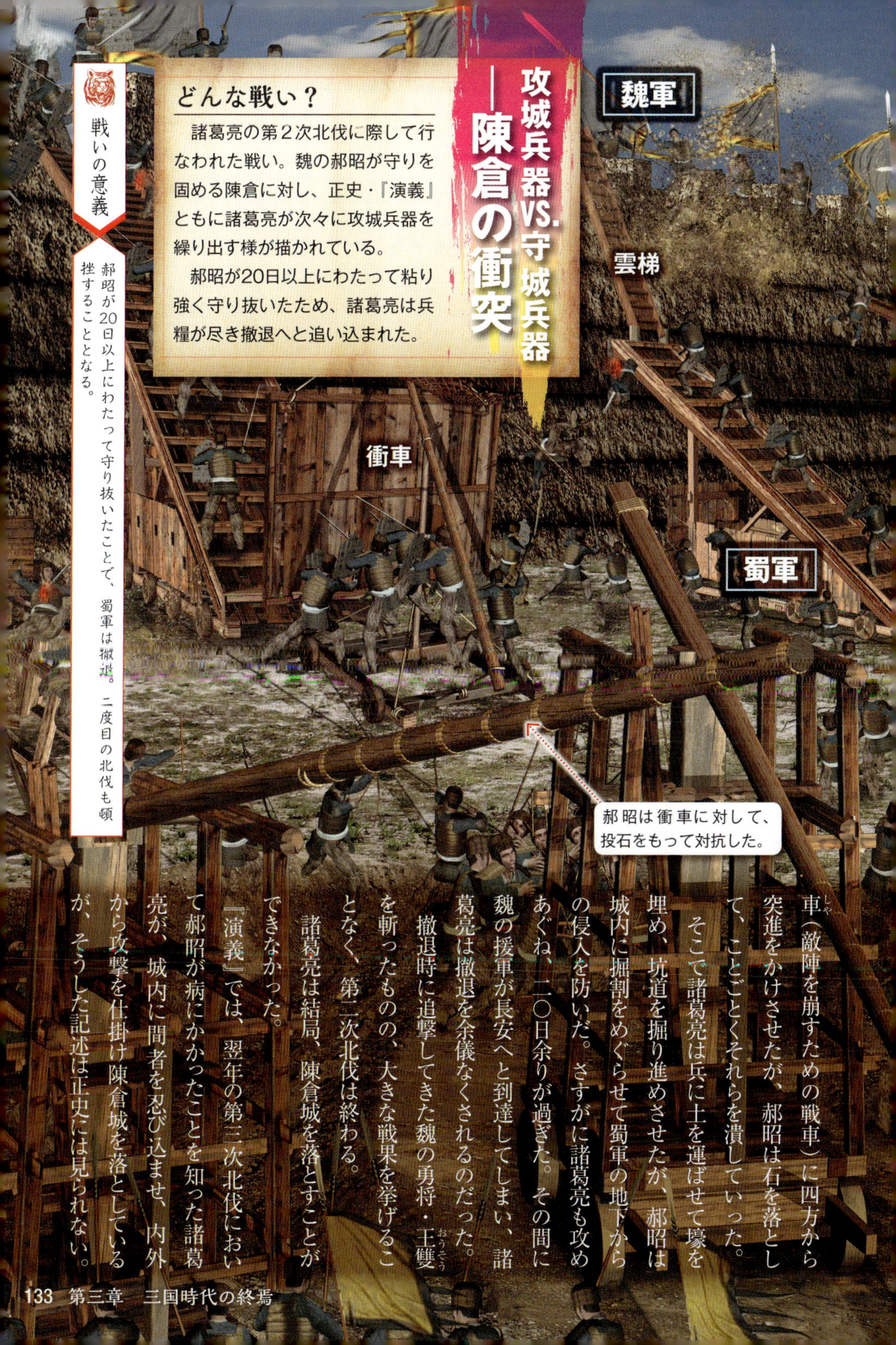
魏軍
雲梯
衝車
蜀軍
郝昭は衝車に対して、投石をもって対抗した。

どんな戦い？

諸葛亮の第２次北伐に際して行なわれた戦い。魏の郝昭が守りを固める陳倉に対し、正史・『演義』ともに諸葛亮が次々に攻城兵器を繰り出す様が描かれている。

郝昭が20日以上にわたって粘り強く守り抜いたため、諸葛亮は兵糧が尽き撤退へと追い込まれた。

戦いの意義

郝昭が20日以上にわたって守り抜いたことで、蜀軍は撤退。二度目の北伐も頓挫することとなる。

車《しゃ》（敵陣を崩すための戦車）に四方から突進をかけさせたが、郝昭は石を落として、ことごとくそれらを潰していった。

そこで諸葛亮は兵に土を運ばせて壕を埋め、坑道を掘り進めさせたが、郝昭は城内に掘割をめぐらせて蜀軍の地下からの侵入を防いだ。さすがに諸葛亮も攻めあぐね、二〇日余りが過ぎた。その間に魏の援軍が長安へと到達してしまい、諸葛亮は撤退を余儀なくされるのだった。撤退時に追撃してきた魏の勇将・王雙《おうそう》を斬ったものの、大きな戦果を挙げることなく、第二次北伐は終わる。

諸葛亮は結局、陳倉城を落とすことができなかった。

『演義』では、翌年の第三次北伐において郝昭が病にかかったことを知った諸葛亮が、城内に間者を忍び込ませ、内外から攻撃を仕掛け陳倉城を落としているが、そうした記述は正史には見られない。

231年
（太和5年）

祁《き》山《ざん》の戦い

補給が勝敗を分ける鍵となった諸葛亮VS.司馬懿の神経戦

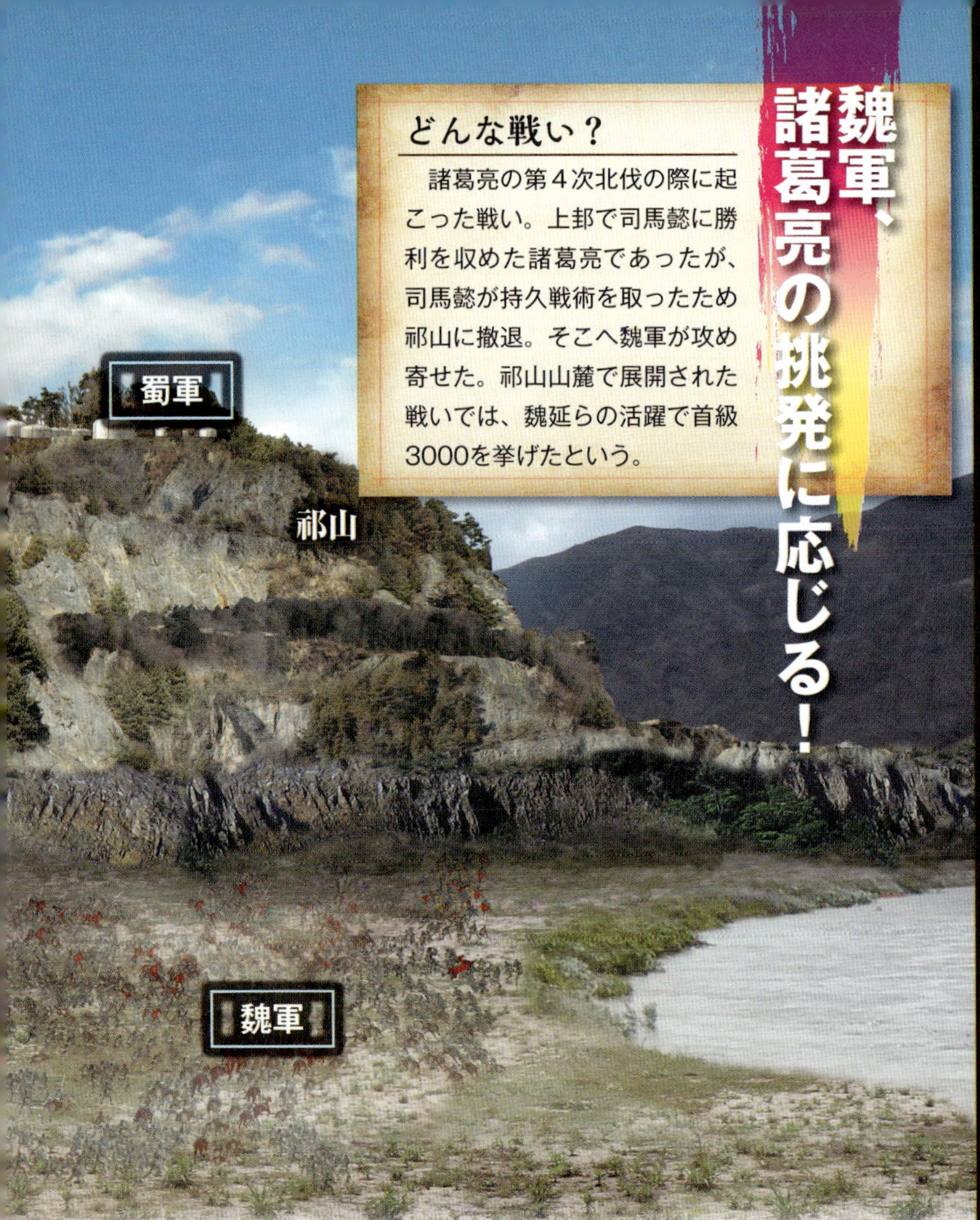

魏軍、諸葛亮の挑発に応じる！

どんな戦い？

諸葛亮の第４次北伐の際に起こった戦い。上邽で司馬懿に勝利を収めた諸葛亮であったが、司馬懿が持久戦術を取ったため祁山に撤退。そこへ魏軍が攻め寄せた。祁山山麓で展開された戦いでは、魏延らの活躍で首級3000を挙げたという。

二三一年一月、魏と異民族の羌《きょう》との連絡を絶つ目的で諸葛亮が第四次北伐の目標としたのが、祁山である。

『演義』では第一次北伐より知恵比べを展開する諸葛亮と魏の司馬懿であるが、史実の上ではこの祁山の戦いが最初の直接対決となった。これは大司馬の曹真が病に倒れたためで、急遽、宛から司馬懿が漢中の戦線へ派遣されたのである。

諸葛亮は木牛《もくぎゅう》・流馬《りゅうば》を開発して兵糧運搬の問題を解消していた。さらに鮮卑《せんぴ》の軻比能《かひのう》に長安攻めを要請し、魏軍を牽制している。

上邽《じょうけい》で起こった最初の激突で、費瑶《ひよう》・郭淮《かくわい》らが率いる四千の精鋭を諸葛亮が破ったのち、司馬懿の本隊が祁山に到

激闘のデータ

蜀軍 VS. 魏軍

指揮官

諸葛亮 ｜ 司馬懿
魏延 ｜ 張郃

兵力

不明 ｜ 不明

戦場

祁山

出典

『三国志』諸葛亮伝／『三国志演義』第101回

諸葛亮の北伐

第2次北伐

諸葛亮は郝昭の守る陳倉を攻撃。雲梯や衝車などの兵器を駆使したが攻略には至らず、撤退へ追い込まれる。

第3次北伐

厭戦気運を察した諸葛亮が武都・陰平を攻撃して2郡を手中に収める。『演義』では諸葛亮が一時、司馬懿を追い込むことに成功するが、蜀の食糧輸送官・公安を利用した司馬懿の流言により、撤退に追い込まれる。

第4次北伐

魏の侵攻を退けたのち、諸葛亮は祁山へと侵攻。木牛・流馬を使った輸送により兵糧難の解消に成功。司馬懿を主力決戦で破るも、李厳の怠慢により撤退へ追い込まれる。

戦いの意義

撤退の際に蜀軍は魏の名将・張郃を討ち取った。しかし、蜀の国力はいよいよ疲弊し、諸葛亮は内政の整備に注力せざるを得なくなる。

攻め寄せる魏軍。祁山の戦いは張郃ら諸将の主戦論に司馬懿が屈する形で開始された。

着。諸葛亮と司馬懿が対峙した。

兵糧運搬の問題を解決したとはいえ、補給を最大の弱点とする諸葛亮は、早期決戦を狙わざるを得ない。これに対し、大軍を擁し兵糧にも余裕のある司馬懿は持久戦を選択するも、蜀軍の挑発を受け続けた魏の諸将が司馬懿に決戦を促し続ける。

結局諸将を抑えきれなくなった司馬懿は、五月、張郃《ちょうこう》に王平を攻撃させ、自身は主力を諸葛亮本陣へ向けた。しかし、決戦に及べば諸葛亮の方が勝っていた。魏延や呉班《ごはん》ら蜀将が魏軍を打ち破り、三千の首を挙げたという。

だが、これで司馬懿が壊走したわけではない。以後、司馬懿は陣営を固めて決して討って出ることはなかった。

結局、兵糧を担当する李厳《りげん》の怠慢により、諸葛亮は撤退へと追い込まれた。撤退の途中で追撃してきた張郃を討ち取ったものの、目ぼしい戦果は挙げていない。

234年
（青龍2年）
5月～7月

合《がっ》肥《ぴ》新《しん》城《じょう》の戦い

曹叡の軍略の前に潰えた、呉の合肥攻略の悲願

満寵の義勇兵により風上から火をかけられ、炎上する呉軍の攻城兵器と糧秣。
孫権はこの攻撃に衝撃を受け、軍を撤退させてしまう。

呉軍を撃退した満寵の火計

どんな戦い？

孫権が陸遜・孫韶らを引き連れ、合肥新城に攻め寄せてきたことで勃発した戦い。合肥を守る満寵は当初、寿春へ撤退する作戦を願い出たが、曹叡が拒絶。満寵は合肥新城へ救援に赴き、数十人の義勇兵に風上より火をかけさせ、呉軍の攻城兵器を焼き払った上、孫権の甥孫泰を討ち取る戦果を挙げた。

魏の要衝・合肥は建業にも近く、呉にとって喉元《のどもと》に刃を突き付けられたような場所に位置する。そのため孫権は、二〇八年、二一五年と攻撃を仕掛けたが、その都度魏の名将・張遼《ちょうりょう》に敗れてきた。

石亭の戦いの後、曹休の後継者となった満寵《まんちょう》は、合肥に新城を築くことを曹叡に進言。二三三年、これを知った孫権は自ら軍を率いて攻略に向かった。しかし上陸と同時に満寵が仕掛けた伏兵の攻撃を受け、撤退を余儀なくされてしまう。

それでも孫権は、翌年、一〇万の兵で再度攻略を目指す。これは諸葛亮の第五次北伐に呼応しての軍事行動であった。

この時孫権は、陸遜と諸葛瑾《しょかつきん》を夏口《かこう》へ、孫韶《そんしょう》と張承《ちょうしょう》を淮陰《わいいん》へ、それぞれ一万以上

激闘のデータ	
魏軍 VS. 呉軍	
指揮官	
満寵	孫権
兵力	
不明	10万
戦場	
合肥	
出典	
『三国志』満寵伝、呉主伝／『三国志演義』第104回	

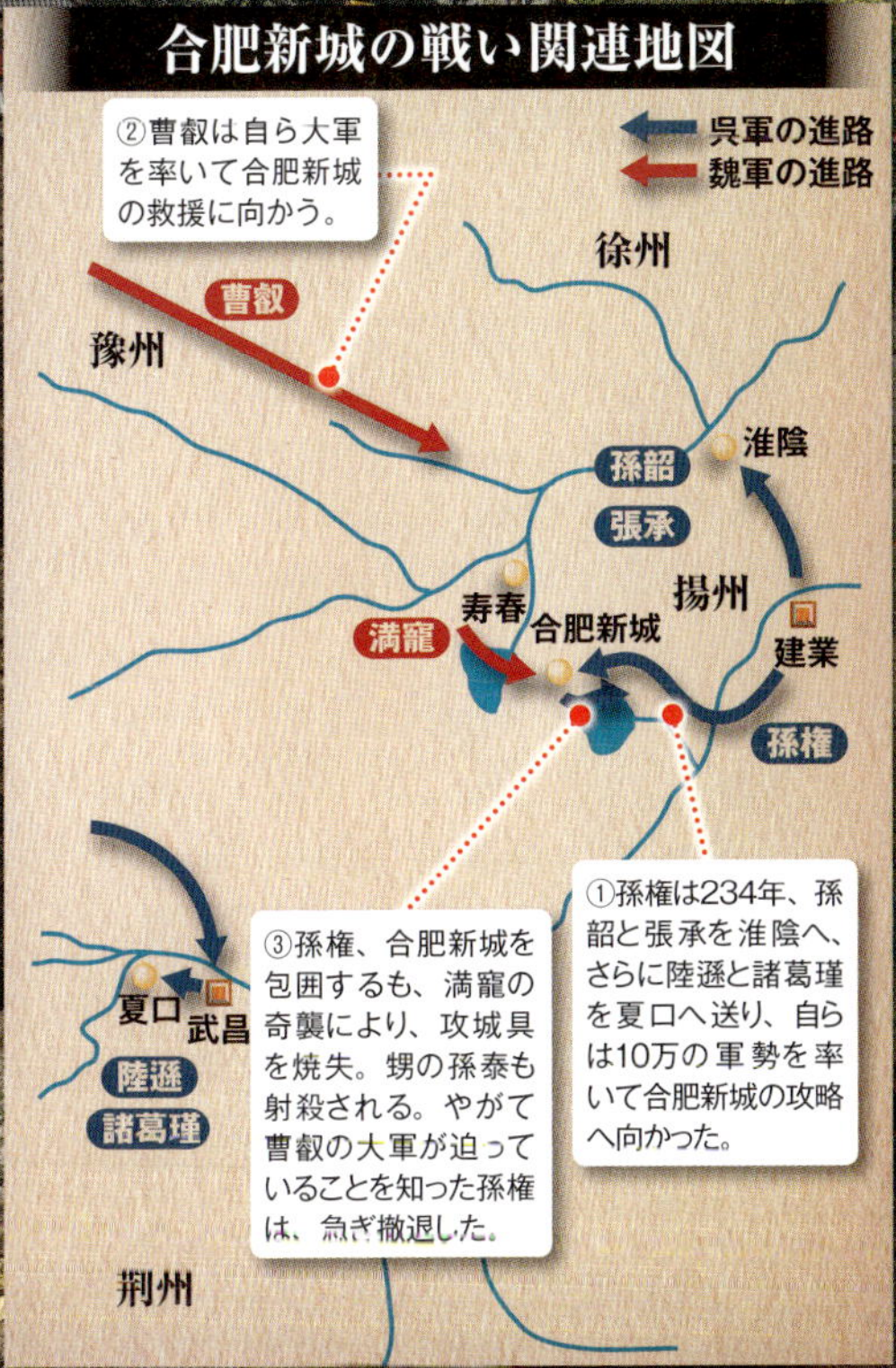
合肥新城の戦い関連地図
②曹叡は自ら大軍を率いて合肥新城の救援に向かう。
呉軍の進路
魏軍の進路
徐州
曹叡
豫州
淮陰
孫韶
張承
揚州
寿春
満寵
合肥新城
建業
孫権
①孫権は234年、孫韶と張承を淮陰へ、さらに陸遜と諸葛瑾を夏口へ送り、自らは10万の軍勢を率いて合肥新城の攻略へ向かった。
③孫権、合肥新城を包囲するも、満寵の奇襲により、攻城具を焼失。甥の孫泰も射殺される。やがて曹叡の大軍が迫っていることを知った孫権は、急ぎ撤退した。
夏口
武昌
陸遜
諸葛瑾
荊州

張頴指揮のもと、必死の防戦を続ける魏軍。
魏軍

合肥新城

戦いの意義

結局長年の係争地であった合肥が呉の手にわたることはなかった。呉の動きは、蜀の諸葛亮の北伐に連動して行なわれたものであったため、呉の撤退により、諸葛亮の構想は破綻する。

の兵を預けて派遣し、さらに、全琮《ぜんそう》にも合肥の近くにある六安の攻撃を命じており、万全の態勢で合肥新城を包囲した。

用意周到な呉軍に対し、満寵は合肥新城の守備を諦め、北にある寿春《じゅしゅん》まで呉軍を誘導しての迎撃策を曹叡に打診した。

しかし曹叡はこれを却下し、親征を宣言。自ら軍を率いて龍船に乗って南下すると、この動きを喧伝させた。

一方満寵は合肥新城の救援に向かう。新城では将軍の張穎《ちょうえい》が呉軍に抵抗しており、満寵は到着すると風上から火を放ち、呉軍の武器を焼き払った。そして孫権の甥である孫泰《そんたい》を討ち取る戦果を挙げる。

やがて曹叡率いる大軍が合肥新城から数百里の地点に迫ったところで、孫権は撤退していった。満寵の戦果のうえに、曹叡の大軍が接近しているという情報が大きかったのだろう。こうして今回の戦いも、呉の事実上の敗北に終わる。

234年
（青龍2年）
4月～8月

五《ご》丈《じょう》原《げん》の戦い

度重なる挑発を受けた司馬懿、諸葛亮の命数を読み長期持久を貫く

蜀魏二人の奇才の睨み合い

どんな戦い？

234年春、蜀の諸葛亮が斜谷道を経由して長安を目指す動きを見せる。これに対し魏の司馬懿が渭水の南に陣営を築き、持久戦の構えを見せたため、諸葛亮は様々な手を使って司馬懿を挑発するも、司馬懿は明帝からの出撃を禁じる勅命を楯に動こうとはせず、時間だけが経過していった。

司馬懿はたびたび挑発を受けるも、蜀軍の撤退まで動くことはなかった。

激闘のデータ

蜀軍 VS. 魏軍

指揮官

諸葛亮 ¦ 司馬懿

兵力

10万 ¦ 30万

戦場

五丈原

出典

『三国志』
明帝紀、諸葛亮伝／
『三国志演義』
第103回～第104回

蜀軍
[諸葛亮本陣]
五丈原の名は、２つの台地をつなぐ最も狭い場所の幅が五丈（約10m）しかなかったことに由来するという。
蜀軍
諸葛亮は持久戦に備え屯田も行なっていた。
斜水

蜀軍の華麗なる撤退

諸葛亮の死を悟った司馬懿はそれまでの戦いを避ける方針から一転、撤退に入った蜀軍を猛追する。しかし、整然とした撤退を見せる蜀軍は、反撃の一手を隠していた。

二三四年二月、諸葛亮は斜谷道《やこくどう》から長安を狙うべく、南鄭《なんてい》を出陣した。蜀の第五次北伐である。

諸葛亮率いる一〇万の蜀軍は、秦嶺《しんれい》山脈を超えて渭水《いすい》南岸に姿を現わすと、五《ご》丈原《じょうげん》の台地上に布陣した。

長安を発した司馬懿率いる三〇万の魏軍は、すでに渭水の南岸に進出して陣を構えており、両軍は渭水を挟んで睨み合う形となった。

諸葛亮は今回も持久戦を考慮して勉県で屯田《とんでん》を行なうとともに、斜谷に貯蔵庫を設けて流馬による輸送態勢を整えていた。

それでも諸葛亮は何度も司馬懿に挑戦状を送るなどして盛んに挑発するが、司馬懿は無視を続けた。

明帝紀には、ひたすら防御を固めるよう厳命し、長期戦になれば蜀の兵糧が先に尽きるから、勝手に退くであろうとい

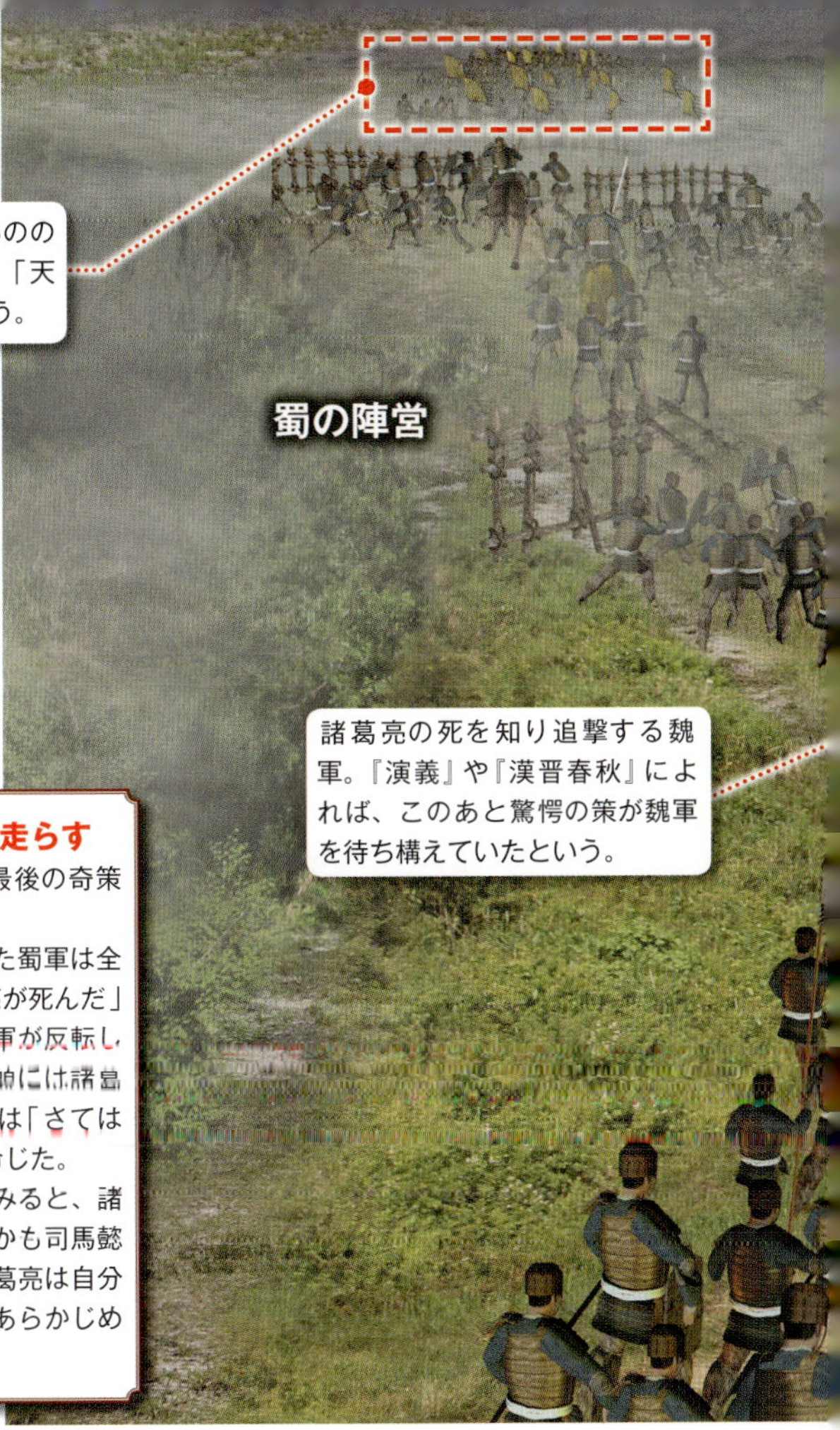

陣を引き払い撤退する蜀軍。戦いののち、司馬懿は蜀軍の陣を視察し、「天下の奇才である」と嘆息したという。

諸葛亮の死を知り追撃する魏軍。『演義』や『漢晋春秋』によれば、このあと驚愕の策が魏軍を待ち構えていたという。

戦いの意義

偉大な大黒柱を失った蜀軍は以後、要害に籠り、諸葛亮を継いだ蒋琬・費禕の時代に国力の回復に努める。一方魏国内では司馬氏の権力掌握が進んでいった。

『演義』の計略

死せる諸葛、生ける仲達を走らす

『三国志演義』に見られる諸葛亮最後の奇策である。
諸葛亮の死によって大黒柱を失った蜀軍は全軍撤退にかかる。司馬懿は「諸葛亮が死んだ」とみて追撃をしかけたが、突如蜀軍が反転して応戦の構えを見せた。しかも陣頭には諸葛亮の姿があるではないか。司馬懿は「さては罠か」と肝を潰し、慌てて退却を命じた。
蜀軍の撤退後、司馬懿が確かめてみると、諸葛亮は確かに世を去っていた。しかも司馬懿が見た諸葛亮は木像であった。諸葛亮は自分の死後の司馬懿の追撃を予測し、あらかじめ指示を与えていたのである。

う曹叡の詔勅が出されていたことが記される。

　また、『魏《ぎ》氏春秋《ししゅんじゅう》』によれば、あるとき諸葛亮が婦人の装飾品と髪飾りを司馬懿に送ってよこしたという。

「勝負をしないならば女と同じだ」というわけで、さすがの司馬懿も激怒して挑発に乗りかけたという。だがこれも辛毗《しんぴ》のなだめにより取り止めとなった。

　諸葛亮のこうした執拗《しつよう》な挑発に焦りを感じたのか、司馬懿は蜀の使者に諸葛亮の生活ぶりを尋ねた。すると使者は諸葛亮が二〇杖以上の刑罰には必ず立ち会い、食事も数升でしかないと答えた。ここから司馬懿は諸葛亮の寿命がいくばくもないことを悟る。

　結局司馬懿が諸葛亮の挑発に応じることはなく、八月、諸葛亮は心労と過労から志半ばにして陣中に没し、蜀の北伐はここで一旦収束を迎える。

蜀呉の滅亡

奸臣により弱体化した蜀・呉両国を魏とその後継国家晋が圧倒的兵力をもって併呑

成都、陥つ!
蜀軍の防備。劉禅は綿竹の諸葛瞻が撃破されると早々に抵抗を諦め、鄧艾に降伏してしまった。
成都へ入城する鄧艾の軍。

どんな戦い？

宦官・黄皓の専横によって腐敗の極みに達した蜀に、魏軍が3路にわかれて侵攻。鄧艾が姜維を沓中にひきつけている間に、鍾会・諸葛緒が漢中を攻略。さらに剣閣に姜維が籠ると、鄧艾が陰平の天険を越えてあっという間に成都へ迫った。あっさりと抵抗を諦めた劉禅は、263年11月、魏に降伏した。

魏・呉・蜀三国のなかで最も早くに滅んだのは蜀であった。諸葛亮の没後、二五三年頃から軍権を握った姜維《きょうい》は無謀な北伐を繰り返し、国力を減退させていった。国内には厭戦《えんせん》気運が高まり、宦官《かんがん》による政治の壟断《ろうだん》が起こり、弱体化が進んだ。

宮廷に見切りをつけた姜維は成都《せいと》を離れ、隴西《ろうせい》にて屯田を始める。

これを見た魏の司馬昭《しばしょう》は蜀制圧を決意。二六三年、鍾会《しょうかい》、鄧艾《とうがい》らを三路より侵攻させる。姜維を鄧艾が沓中《とうちゅう》に足止めするなか、鍾会が漢中へ侵攻し、瞬く間に攻略した。また鍾会は出撃を前に船を用意させ、呉を攻めると見せかけている。これにより呉は魏の侵攻に備えざるを得ず、蜀の救援に向かう動きを封じられてしまった。

激闘のデータ

魏軍 VS. 蜀軍
晋軍 VS. 呉軍

指揮官	
司馬昭 鄧艾 鍾会	姜維 諸葛瞻
王濬 杜預	岑昏 孫震
兵力	
18万	16万
7万	5万

戦場

剣閣・綿竹・成都ほか／寿春・建業

出典

『三国志』
鄧艾伝、鍾会伝、後主伝、姜維伝ほか
／
『三国志演義』
第116回～第120回

鄧艾は劉禅をそのまま宮殿に住まわせ、自身もそこへ移り住んだ。

魏の蜀侵攻路

狄道
鄧艾軍
沓中
祁山
諸葛緒軍
鍾会軍
郿
執屋
長安
陰平
橋頭
漢城
漢中
楽城
陽平関
鄧艾、陰平の山道を抜け、無防備の江油城へと出る。
江油
剣閣
鍾会軍進路
涪
綿竹
成都

漢中陥落を知った姜維は、慌てて益州《えきしゅう》へと戻り、剣閣《けんかく》の要害へと立て籠った。

剣閣に籠った蜀の将兵は粘り強い抵抗を続け、攻め寄せた魏の諸葛緒《しょかつしょ》を五千の精鋭で打ち破った。敗走した諸葛緒は鍾会の怒りを買って、処分されている。その後も姜維は鍾会の力攻めを何度も跳ね返し、魏軍を剣閣に釘付けにした。

攻めあぐねる魏軍において、鄧艾が提案したのは迂回策であった。それは、陰平の間道を抜けて江油城《こうゆじょう》へ進出し、蜀の中枢を突くというもの。全滅の危険を孕《はら》む策に鍾会は反対したが、鄧艾は強行した。

姜維が陰平方面に無警戒だったことも幸いし、鄧艾軍は険しい山道を踏破して江油城に出る。予期せぬ魏軍の姿を目の当たりにして泡を食った守将・馬邈《ばばく》はなす術なく城を明け渡した。

鄧艾はさらに諸葛亮の子・諸葛瞻《しょかつせん》が守る綿竹《めんちく》を抜き、成都城下に攻め寄せると、

長江を下る王濬軍

晋：王濬の船団
晋の益州刺史・王濬は、船団を整えて長江を下ると、各地で呉軍を破り、西陵・武昌を瞬く間に攻略。翌280年には建業に一番乗りを果たし、孫皓を降伏させた。

蜀滅亡から呉の滅亡まで

263年	魏の大軍が蜀へ侵攻。鄧艾が劉禅を降伏させる。
264年	成都にて姜維と共謀した鍾会が謀反を起こすも鎮圧される。 この年、孫休が没して孫皓が即位。以降暴虐政治を始める。
265年	司馬昭が死去。司馬炎が魏の曹奐から帝位を譲られ、晋を建国する。 またこの年、孫皓が武昌へ遷都する。
279年	交州において郭馬が呉に反旗を翻し、呉は鎮圧に手間取る。 晋の大軍が呉に侵攻する。
280年	王濬の水軍が呉に到達。孫皓は晋に降伏する。

城内に矢文を放って降伏を迫る。

すると成都の城内には数万の兵がおり、十分に戦える状態であったが、劉禅《りゅうぜん》は命惜しさに一国を明け渡してしまう。こうして二六三年十一月、蜀は滅亡した。

●あっけなかった呉の滅亡

その後魏は、司馬氏の晋《しん》に取って代わられる。

晋の武帝《ぶてい》・司馬炎《しばえん》が征呉の大軍を起こしたのは二八〇年のことである。荊州にあった鎮南将軍・杜預《どよ》の上奏を受けてのことで、編成された呉討伐の兵力は二〇万余。この大軍が六路に分かれて南下を開始した。

とくに晋の益州刺史・王濬《おうしゅん》が率いる水軍は、一気に長江を下り、先頭をきって呉の都建業《けんぎょう》へ入ると、二八〇年三月、呉の皇帝・孫皓《そんこう》を降伏させた。

かくして、三国のなかで唯一残っていた呉も滅び、三国時代は終焉を迎えた。

三国時代の戦い方（応用篇）

三国時代の実戦を極める！

行軍

損害リスクを回避しながら行なわれた三国時代の軍隊の移動

戦いというと、当事者たる両軍が予定する戦場において対峙し、戦機熟すと見るや一斉に戦闘に入るイメージが強い。しかし、実は三国時代の会戦では、敵方の待ち伏せによって戦いが始まるケースが多かった。

それゆえ、予定する戦場へ赴く行軍も、戦いの帰趨を左右する重要な軍事行動のひとつとなった。

軍隊を率いる将軍は、山岳や川の流れは無論、城郭の規模や村落の有無、植物の繁茂の状態まで様々な情報が描き込まれた「地図」を用い、あらかじめ地理を熟知したうえで参謀の助言を得ながら行軍ルートと作戦を立案した。

その上で土地に詳しい者を「郷導《きょうどう》」「導軍《どうぐん》」として案内につけ、万全を期した。

軍は前衛・本隊・後衛に分かれて移動し、速度は後衛の最も遅い輜重《しちょう》隊に合わせなければならなかった。食糧等を補給する輜重隊を残して行くことは軍の崩壊につながったからである。

しかし、長坂の戦いで劉備軍に追いすがった曹操軍や、魏の司馬懿《しばい》が孟達《もうたつ》を討った二二七年の例のように、そうしたリスクを冒してでも機動力の高い部隊が突出し、敵が戦闘準備を整えないうちに有効打を与えることもあった。

●やってはいけない行軍

行軍にはいくつかのタブーがあり、とくに古代中国の兵法書『孫子』はこれを犯すことを厳しく戒め、山谷や湖沼、河畔などは「死地」であるから近づかないよう記す。こうした場所で攻撃されては、ひとたまりもないからだ。

それでも道なき道の移動や、河川の渡渉など危険な行軍がなされることもあった。

行軍の際、軍隊は整備された道を進んだ。

当然破壊されている道もあったが、そうしたインフラは事前に整備された上で軍事行動が行なわれた。河川にあたったときは、船を利用して浮き橋をかけたり、渡し場を利用したり、筏を作るなどして渡った。

『孫子』に書かれている危険な地形

『孫子』行軍篇は、行軍に危険な４種の地形を紹介している。これらの地形は、九地篇によれば「圮地」といって、早めに通り過ぎなければならない場所とされている。

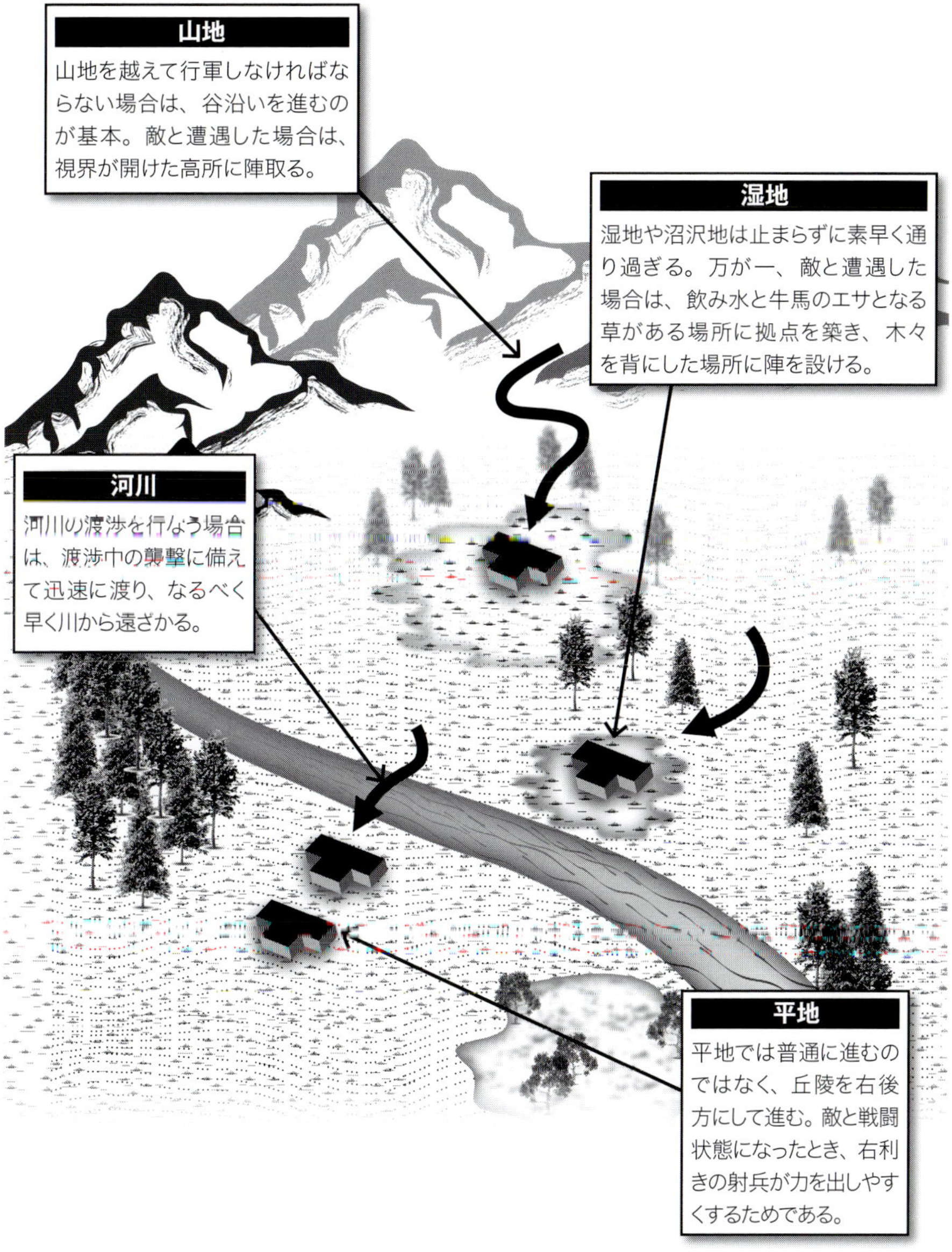
山地
山地を越えて行軍しなければならない場合は、谷沿いを進むのが基本。敵と遭遇した場合は、視界が開けた高所に陣取る。
湿地
湿地や沼沢地は止まらずに素早く通り過ぎる。万が一、敵と遭遇した場合は、飲み水と牛馬のエサとなる草がある場所に拠点を築き、木々を背にした場所に陣を設ける。
河川
河川の渡渉を行なう場合は、渡渉中の襲撃に備えて迅速に渡り、なるべく早く川から遠ざかる。
平地
平地では普通に進むのではなく、丘陵を右後方にして進む。敵と戦闘状態になったとき、右利きの射兵が力を出しやすくするためである。

野戦①野戦築城

戦いを有利に進めるための自軍の宿営地

戦争のために設営された砦
牙門と呼ばれる、砦や野戦陣地の門。臨時に土塁を設けただけのものから、本格的な城門に仕上げるものもあった。

行軍を終えて予定戦場に着いた軍隊は、宿営のための陣営、いわゆる陣城を構築する。

一般的な陣営は、土塁《どるい》や木柵《もくさく》、塹壕《ざんごう》で囲まれたなかに、簡単な宿舎を設けた程度のものだった。

だが戦いが大規模で長期の駐屯が予想される場合、陣営は本格的な濠や壁を巡らせて敵の接近を阻み、内部に見張り塔や楼閣まで設けられた砦へと改修していった。

二〇〇年の官渡《かんと》の戦いにおいて、曹操軍は、官渡水の南岸に陣を敷くと、圧倒的な兵力を有する袁紹軍と対峙した。この時曹操は官渡の陣営に拠って袁紹軍を迎撃したが、その陣営には城壁が築かれ

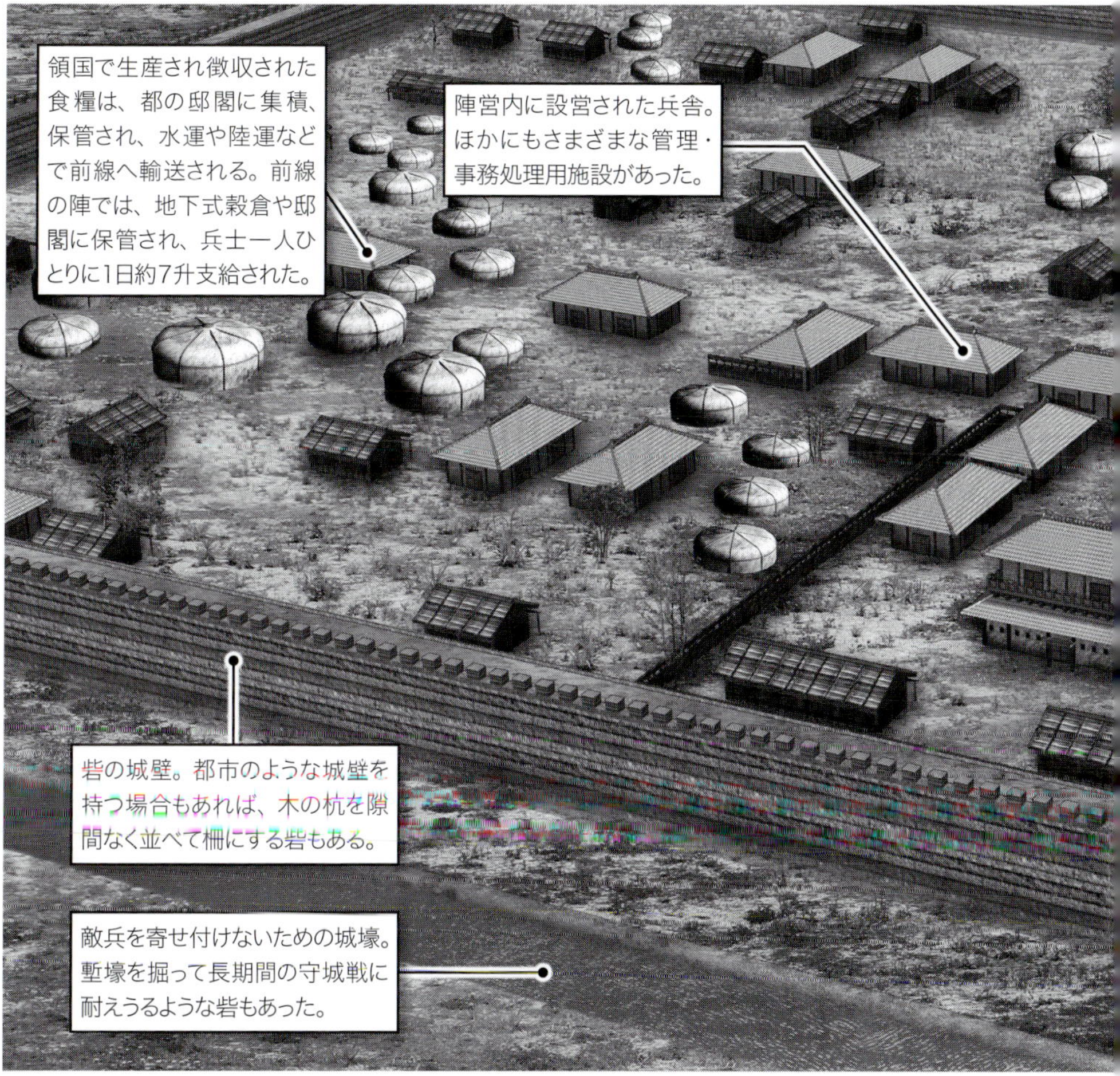
領国で生産され徴収された食糧は、都の邸閣に集積、保管され、水運や陸運などで前線へ輸送される。前線の陣では、地下式穀倉や邸閣に保管され、兵士一人ひとりに1日約7升支給された。
陣営内に設営された兵舎。ほかにもさまざまな管理・事務処理用施設があった。
砦の城壁。都市のような城壁を持つ場合もあれば、木の杭を隙間なく並べて柵にする砦もある。
敵兵を寄せ付けないための城壕。塹壕を掘って長期間の守城戦に耐えうるような砦もあった。

ただけではなく、望閣や隅櫓が備えられ、周囲も深い堀で覆われていた。

また陣営の特殊な例としては、擬城がある。

二二四年、魏の曹丕が大軍を率いて呉の長江下流の広陵《こうりょう》に侵攻した。急遽開かれた呉の軍議で、将軍・徐盛《じょせい》は城に模した急づくりのものを築いて敵を欺くことを提案する。

否定的な意見も多かったが、徐盛は建業から長江沿いに長さ約数百里もの城を築いた。

これは壁体に簾をかけわたしただけのものだったが、処々に仮の楼閣《ろうかく》を置き、長江に軍船を浮かべたため、一見した曹丕は、驚いて軍を止めた。

しかも折からの大雨と強風のため長江が増水し、曹丕の乗った船が転覆しそうになったため魏軍は撤退。偽城によって、呉は戦わずして救われたのである。

野戦②戦いの流れ

戦いを左右する武将の能力が発揮されるとき

陣地の造営を終え、敵と接触すると合戦の始まりである。

だが当時の野戦において、両軍が予期せず遭遇して戦闘状態となることはほとんどない。一方の待ち伏せ、軍事拠点を巡る守備側と攻城側の攻防、あるいは守備側の救援軍と攻囲側の戦いなど、どちらか一方が停止している場合が大半であった。予期せぬ奇襲を受けたときを除いて、戦闘に先立って布陣が行なわれ、将兵は戦闘開始の合図を待つ。

両軍が布陣を終えて相対すると、命令の伝達には楽器が用いられた。軍は「鼓《こ》吹《すい》」と呼ばれる軍楽隊を従えていることもあり、多くの楽器が鳴らされたが、広い戦場でもっぱら使われたのは鼓《こ》と鉦《しょう》である。

一説には、鼓は前進を、鉦は後退を意味したという。

ただし、一度鳴らしただけでは前線の将兵が聞き逃す可能性が高いので、回数を定めて連打し、その組み合わせで行動が決められていた。後退するにしても進む方向、退き方などは戦況によって様々なので、複雑な動きを指揮するために旗や幟《のぼり》が用いられた。

こうして聴覚と視覚の両方に訴えることで、混乱した戦場で指示を伝えたのだ。

●追撃戦で行なわれる駆け引き

やがて勝敗が決すると、敗軍が戦場から逃走を始め、勝利した側は追撃に転じて敵方の殲滅を図る。逃走する側が反撃の態勢を整えるまで、勝者にとっては戦果を広げる好機であり、敗軍の死傷者や捕虜は、合戦中よりむしろ追撃戦で多く出た。

しかし、劣勢を装って敵を誘い込み、突如として反撃に出る策もあったから、追撃する側の指揮官は逃走する敵の動きや地形などから判断してこれを見極めなくてはならない。

張部《ちょうこう》や孫堅《そんけん》など、敵方の策略を見抜けず追撃戦のなかで命を落とした武将は、枚挙に暇《いとま》がない。

攻守両軍にとってもっとも危険な戦いだったといえよう。

基本的な戦い方とタブー

『孫子』や『司馬法』、『六韜』などを基本とした三国時代の兵法では、攻撃と防御のバランスが重要視された。攻撃や防御一辺倒にならず、あらゆる戦況の変化を見極めることが肝要だった。

一.自軍が攻勢のとき

全軍が攻勢であっても、一部の部隊は防御に回る必要がある。敵の増援や味方の過失によって戦況が変わったときに対応するためである。

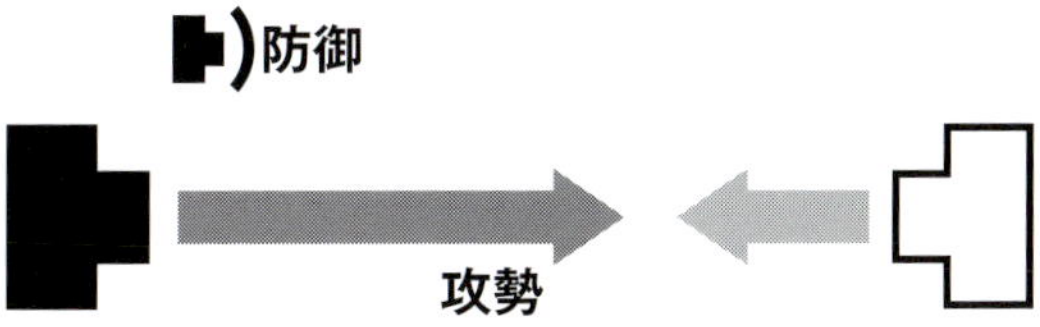

二.自軍が長く攻勢のとき

長く攻勢であり敵を追い詰めていった場合、途中の占領地の警備や、補給の問題から、敵方を深追いするほどに自軍の兵力が減少する。

すると敵陣に近づいたときに前衛が劣勢に追い込まれるため、攻勢の限界点を見極めなくてはならない。

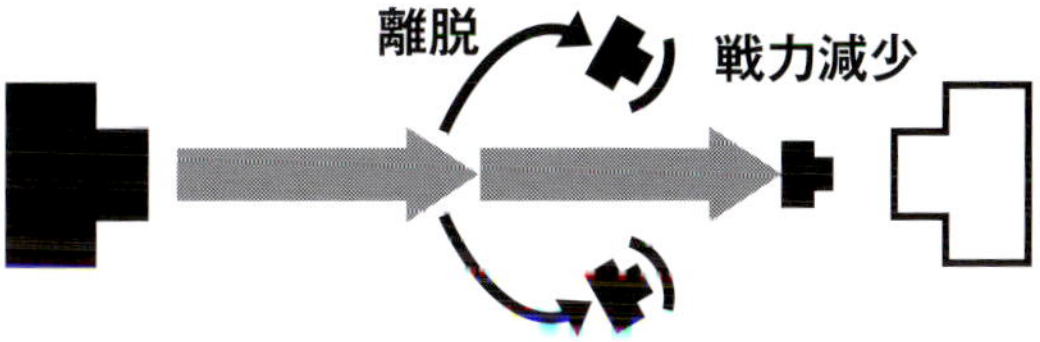

三.自軍が敵を包囲したとき

自軍が敵を包囲したときは、一部を空けて敵の退路を用意する。

完全に包囲すると、敵軍は死に物狂いで抵抗して自軍が思わぬ損害を受けるからである。

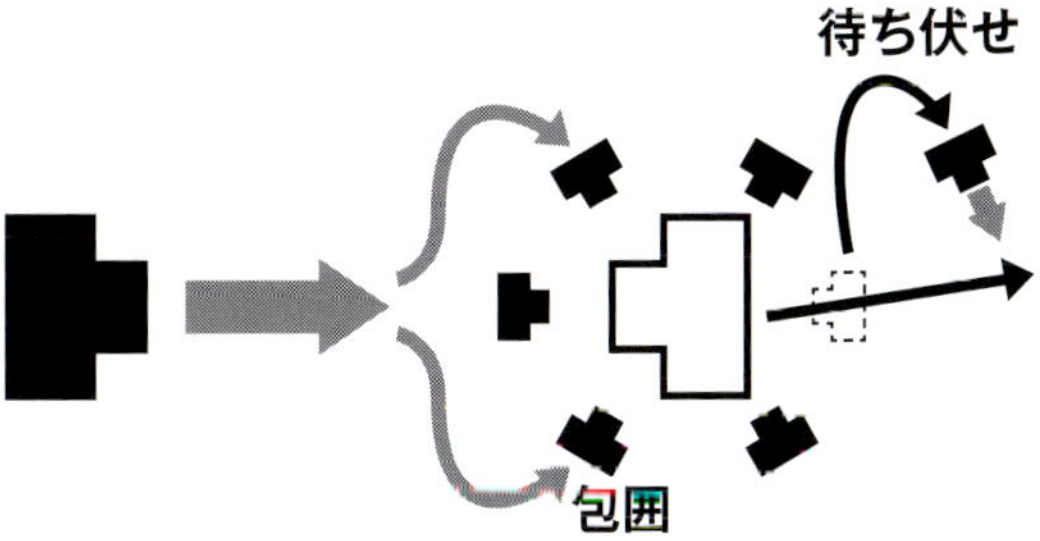

四.敵が攻勢のとき

敵が攻勢で自軍が防御を行なっていたときでも、一部の部隊は攻撃に回る。味方の増援や敵の過失によって戦況が変わったときに対応するためである。

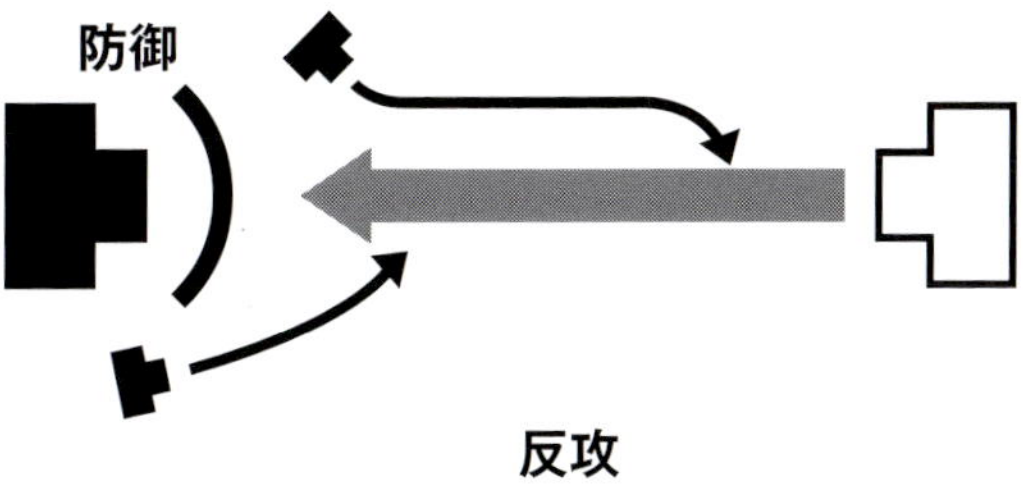

野戦③布陣・陣形

各兵の小方陣を基本とする戦場での基本陣形

戦いに臨む布陣の場所は、一般に多勢ならば攻撃に有利な平坦地、少勢ならば防御しやすい狭隘な地を選ぶといいとされるなど、地形や敵情に応じて古くから様々なセオリーが存在した。

また、高低のある土地ならば、まずその高所を押さえることが基本で、これにより相手の陣を一望のもとに眺められる一方、敵方に自軍の全容をつかませることを防ぐことができない。

一方で布陣してはならない地形もいくつかあった。

『孫子』では、川を渡ってすぐの場所は敵の攻撃を受けやすく退却しにくい、森林の方向を向く場所は敵の伏兵が身を隠しやすい、道がなく地面の凹凸が激しい場所は自由な行動がとれない……などとされ、これらから遠ざかり、敵軍をそこに近づかせれば、勝利の道は開かれるとされた。

陣形を組む際には、旗や幟が目印に用いられた。将校らは各自の旗や幟を掲げさせ、その色や図柄で隊の陣形を指示した。

●方陣の集合体であった陣形

陣形は小単位の部隊を中心に小さな方陣が組まれ、これらを組み合わせることでより大きな陣となる。

基本的に陣形はこうした小方陣を様々に組み合わせることで形成される。

陣形には無数の小方陣を方形に組む「方陣」や、円形に組む「円陣」、敵の隊列を突破するための「錐行之陣」、敵を誘い込むための「雁行之陣《がんこうのじん》」などがある。

また、この八陣とは別に諸葛亮が考案したという「八陣」もある。

詳細は不明であるが、こちらは主将の周囲の八か所に三十二の小隊からなる方陣を配した、ひとつの陣形だったと考えられている。

軍の指揮官は、戦況に応じて臨機応変に部隊を展開させ、戦況の変化によって組み直したりした。陣形の変更が遅れると、場合によっては死を呼ぶ結果になるため、頻繁に訓練が行なわれたことは想像に難くない。当然敵方の陣形を知る必要もあったため、布陣に先行して斥候が放たれ、敵の布陣情報が集められた。

三国時代の基本陣形“八陣”

方陣

小方陣を方形に配置する、もっとも基本的な陣。

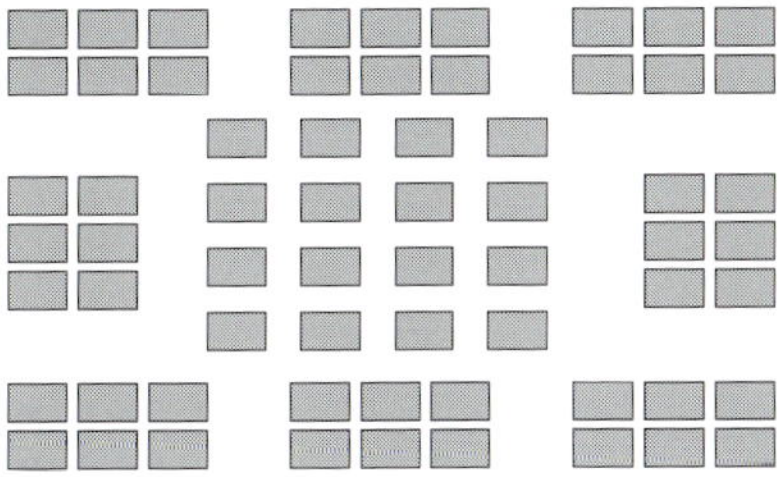

円陣

防御に使われる円形の布陣。側面などの弱点がなくなるため、対騎兵用に有効だった。

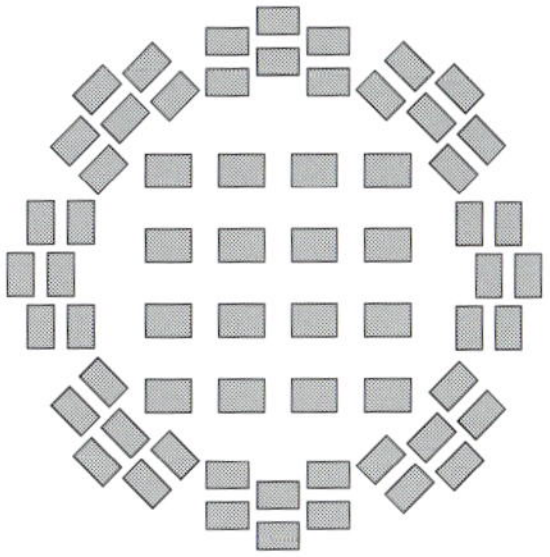

疎陣

味方の兵が少ないとき、それを敵に悟られないようにする陣形。部隊数を細かく分け、運動させることで人数を多く見せる。

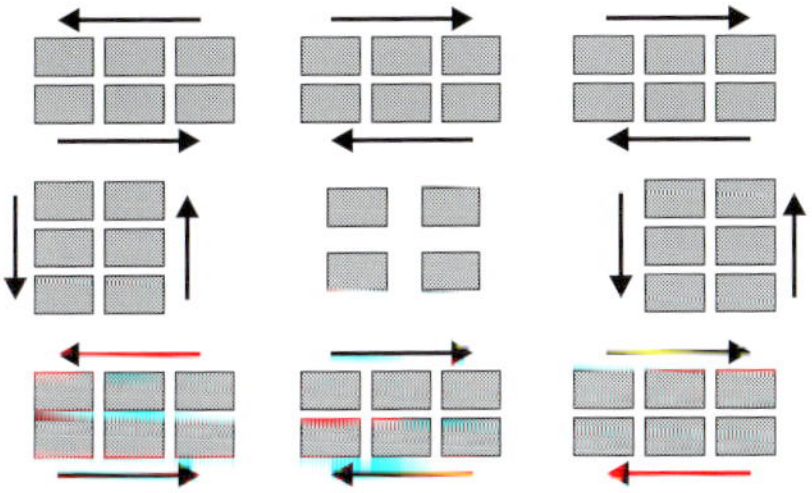

数陣

各小方陣の間隔を狭くした防御用の陣形。

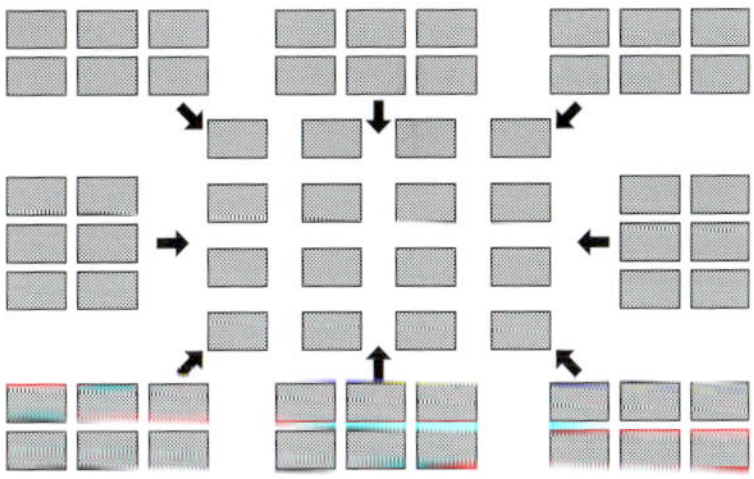

錐行之陣

錐状の配置から敵陣へ突破するための陣形。先端部には精鋭が揃えられた。

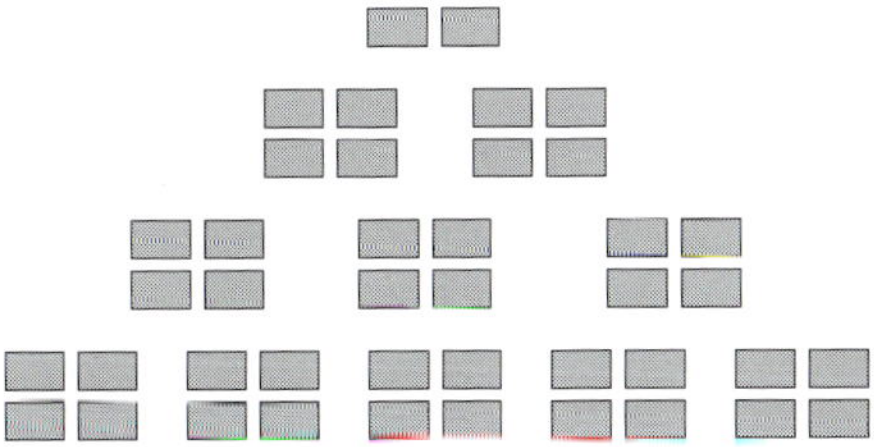

雁行之陣

V字状の凹部に敵を誘引して包囲する。両翼に配置した射兵が敵の殲滅を行なう。

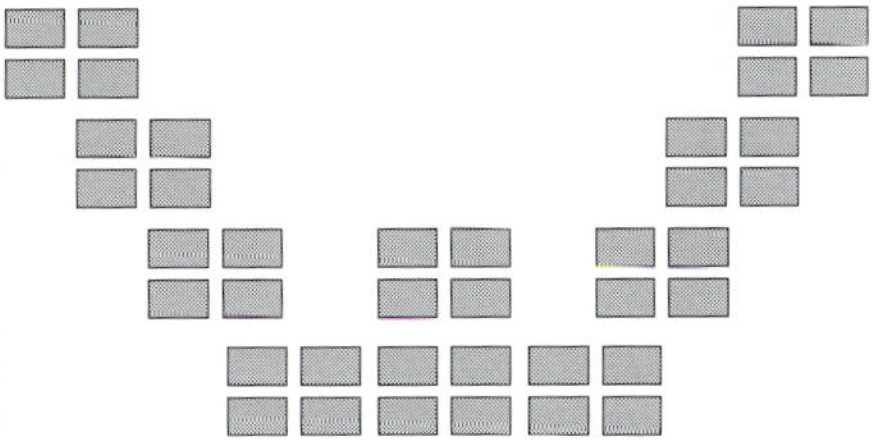

鉤行之陣

敵の陣形への対応を容易にする鉤型の陣形。敵の出方を窺う際に使われた。

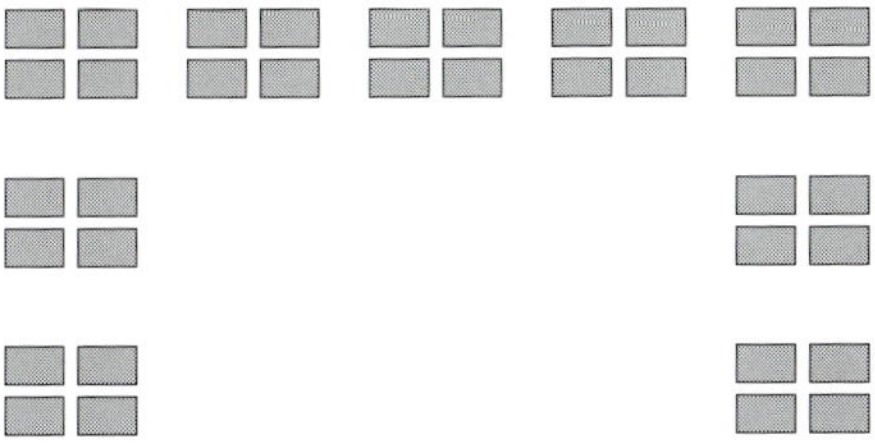

玄襄之陣

敵を混乱させるための布陣。外側に多くの旗を用意し、陣中で楽器を鳴らして人数が多いと思わせる。しかし疎陣と違い、積極的に交戦はしない。

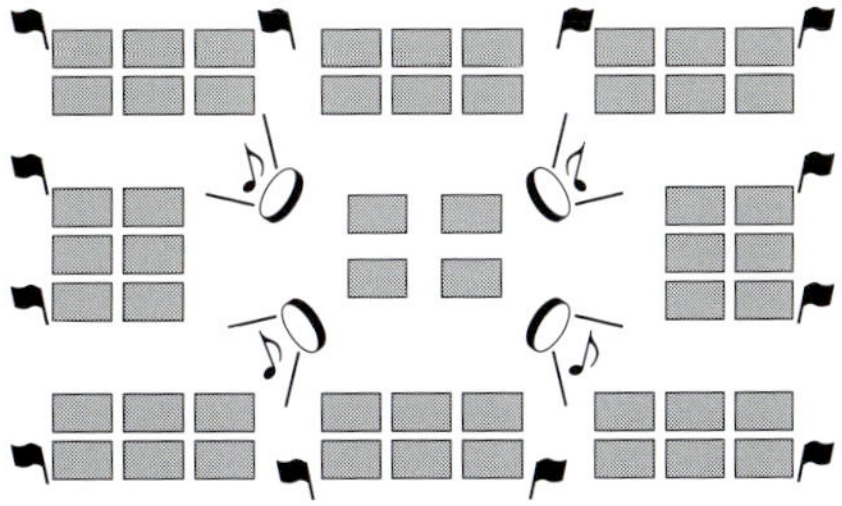

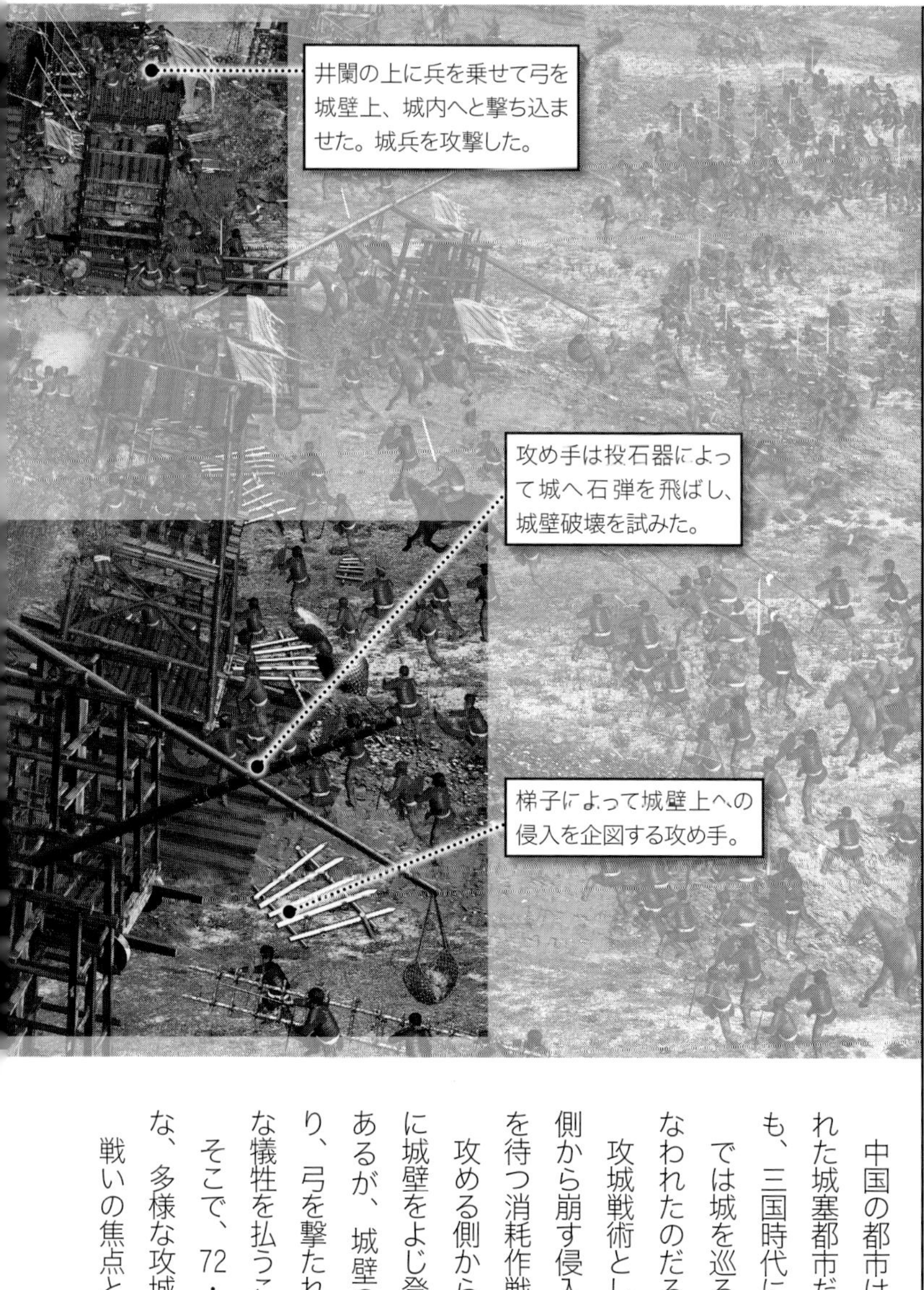
井闌の上に兵を乗せて弓を城壁上、城内へと撃ち込ませた。城兵を攻撃した。
攻め手は投石器によって城へ石弾を飛ばし、城壁破壊を試みた。
梯子によって城壁上への侵入を企図する攻め手。

攻城戦

堅固な城郭の防備を破る数々の作戦

中国の都市は、堅固な壁に周囲を囲まれた城塞都市だ。この都市を巡る攻城戦も、三国時代には頻繁に行なわれた。

では城を巡る攻防はどのようにして行なわれたのだろうか。

攻城戦術としては、正攻法のほかに内側から崩す侵入作戦、守備側の兵糧枯渇を待つ消耗作戦の三つが挙げられる。

攻める側からすれば、堀を埋めたのちに城壁をよじ登るのが最も簡単な戦法であるが、城壁の上から石を落とされたり、弓を撃たれたりと抵抗されれば大きな犠牲を払うこととなる。

そこで、72・73ページに紹介したような、多様な攻城兵器が使われた。

戦いの焦点となるのが城門である。攻

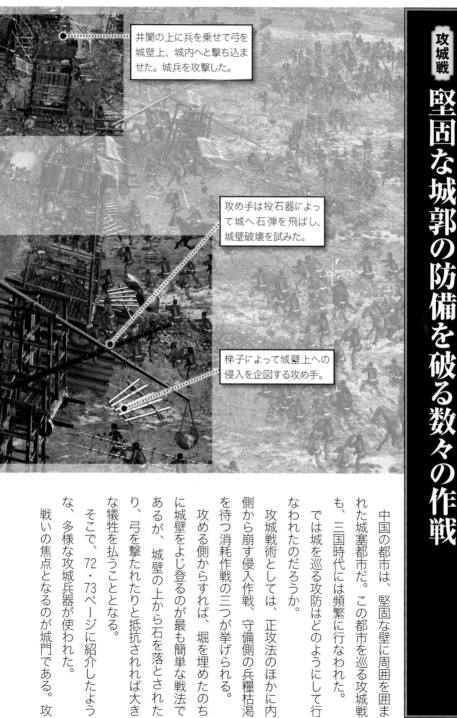

図解 三国時代の攻城戦

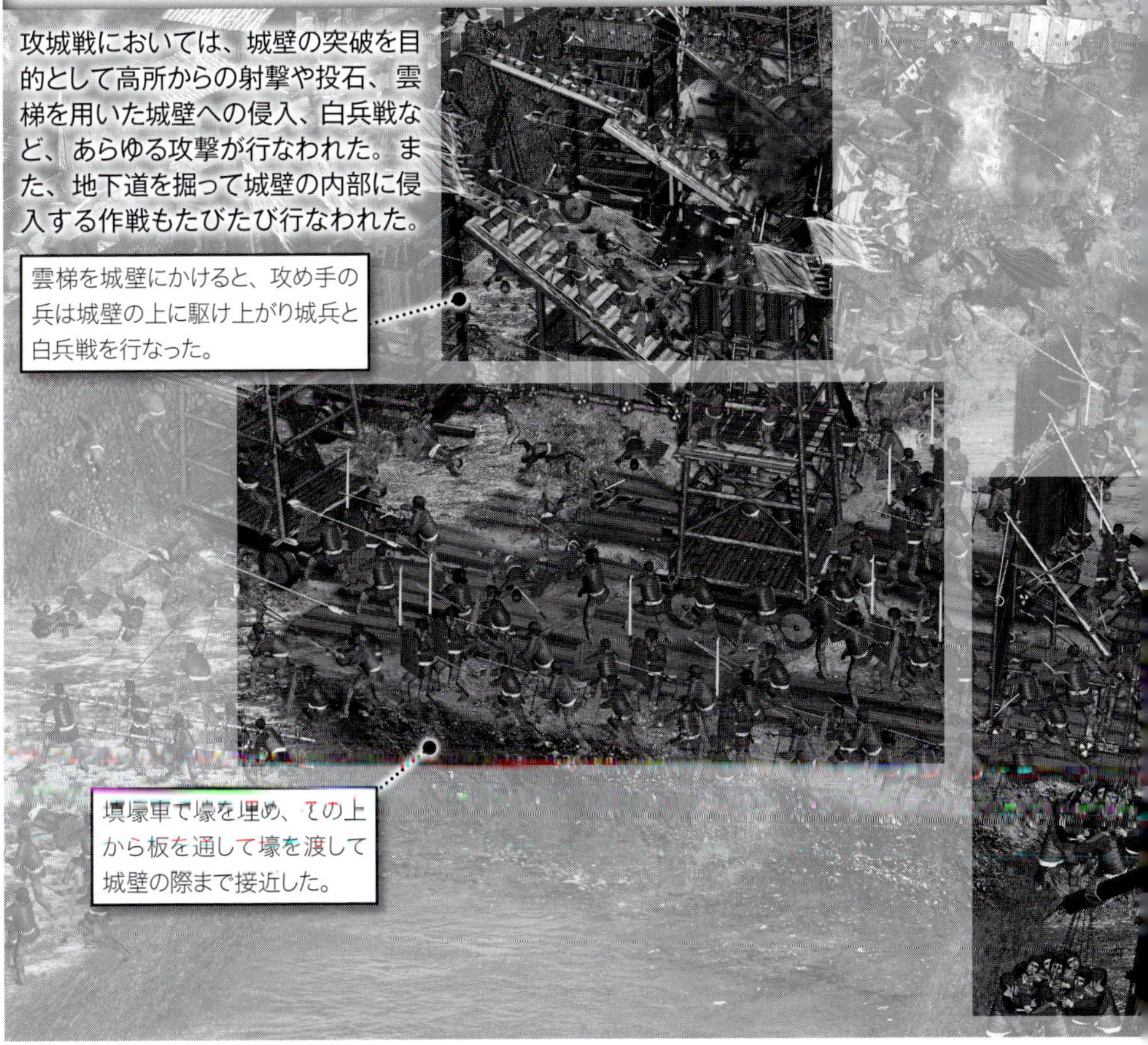
攻城戦においては、城壁の突破を目的として高所からの射撃や投石、雲梯を用いた城壁への侵入、白兵戦など、あらゆる攻撃が行なわれた。また、地下道を掘って城壁の内部に侵入する作戦もたびたび行なわれた。
雲梯を城壁にかけると、攻め手の兵は城壁の上に駆け上がり城兵と白兵戦を行なった。
填壕車で壕を埋め、その上から板を通して壕を渡して城壁の際まで接近した。

城側は破城槌《はじょうづち》などを使って門扉を破ったり、城壁を破壊したりするなどした。

守備側にとっても城門の守りは最重要であったから、強力な反撃システムが備えられていた。城門前には小さな出城の「関城」が建ち、攻め寄せる敵を城壁と連動して攻撃した。また、城壁には「馬面」と呼ばれる突出部を設けて、城壁に殺到する敵を側面から攻撃する機能を持たせていた。

こうした防御設備に守られる以上、正攻法はどうしても犠牲が大きい。

そこで、間諜を送って裏切りや降伏を促す内応作戦や、地下坑道を掘って内部から城門を開く侵入作戦なども行なわれた。

さらに守城方の援軍を撃破するとともに、城内の兵糧が尽きるのを待つ消耗作戦なども盛んに行なわれた。こちらは兵力の損耗は少ないものの、相手が立ち枯れるまで待たねばならず、経済的な余裕が必須であった。

水上戦

水軍同士が河でぶつかり合う船の戦い

水上戦の形態、2つのセオリー

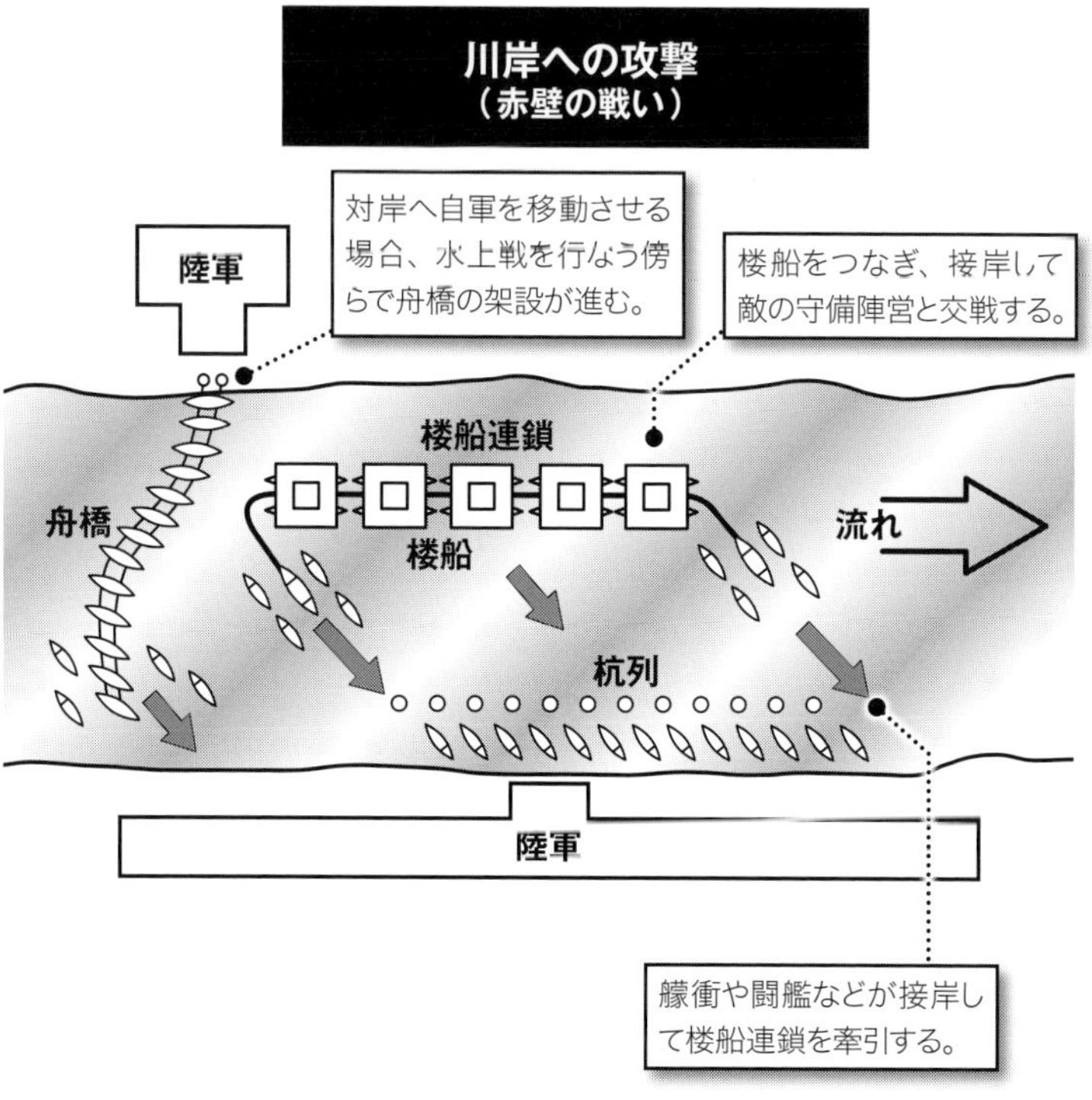
川岸への攻撃
（赤壁の戦い）
対岸へ自軍を移動させる場合、水上戦を行なう傍らで舟橋の架設が進む。
楼船をつなぎ、接岸して敵の守備陣営と交戦する。
陸軍
楼船連鎖
舟橋
楼船
流れ
杭列
陸軍
艨衝や闘艦などが接岸して楼船連鎖を牽引する。

江南では春秋時代から強力な水軍があったが、三国時代になると魏においても楼船《ろうせん》が建造されるようになり、河川を舞台にした水上戦がたびたび行なわれた。

水上戦は呉平定戦（二七九年）において王濬《おうしゅん》軍が展開したような、上流から下流への流れに乗りながら敵軍の守備を突破する順流型と、赤壁《せきへき》の戦い（二〇八年）に見られるような、川を横断して対岸の敵の陣地を攻撃する対岸型に大別される。

指揮艦となる楼船は後方に陣取り、その周囲を闘艦《とうかん》、走舸《そうか》が固め、陣の頭には艨衝《もうしょう》が配された。

水上戦といってもまだ大砲のない時代

水上戦の場合は、川岸への攻撃と河川の流れに沿った攻撃の2パターンが存在する。

前者は赤壁の戦いが有名であるが、後者は呉平定戦のほかに、長江を遡った孫権軍が下流側から黄祖軍の船団を攻撃した、夏口の戦い（208年）などでも、行なわれた。

河川の流れに沿った攻撃（呉平定戦）

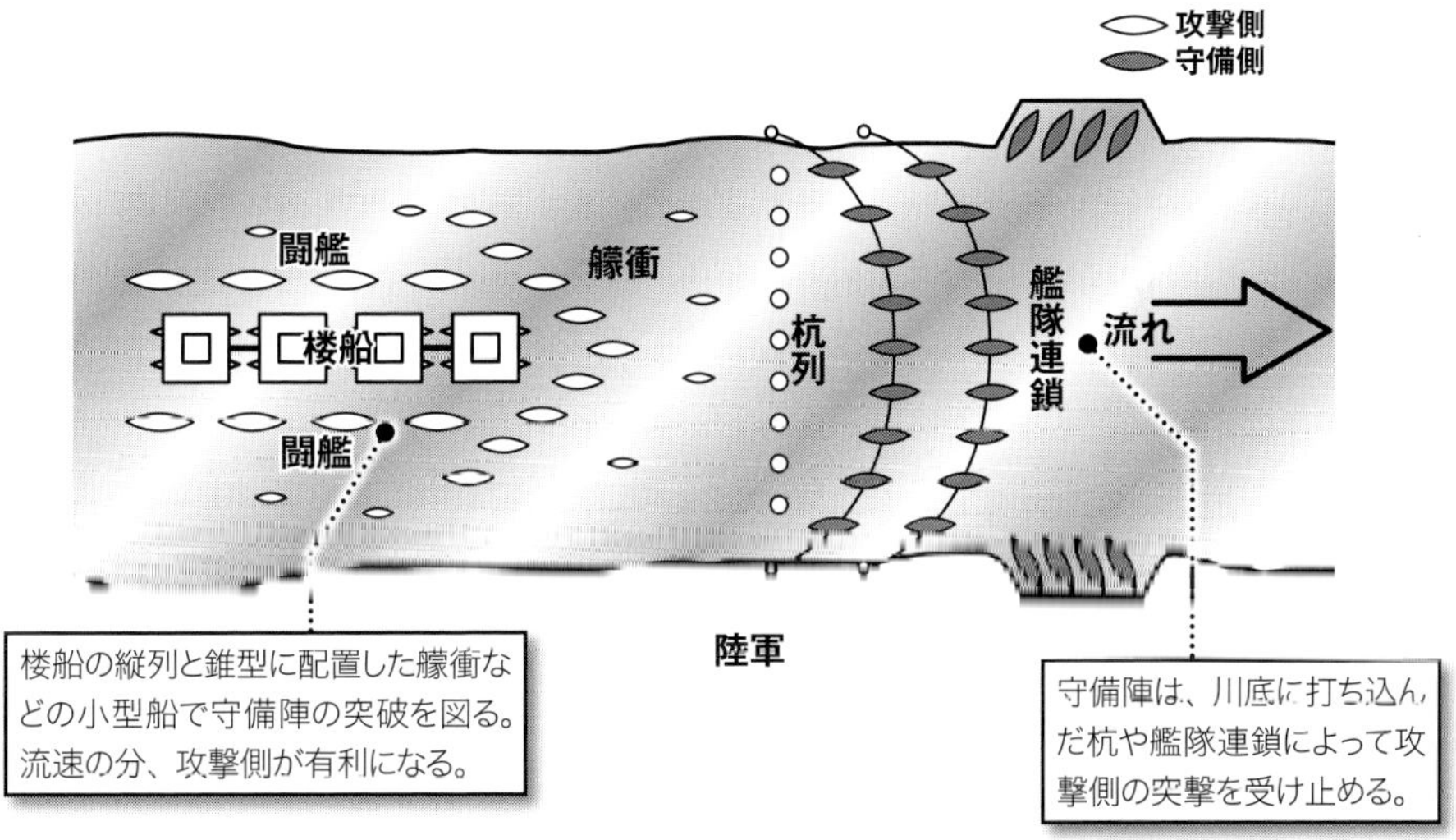

攻撃側
守備側
闘艦
艨衝
楼船
闘艦
杭列
艦隊連鎖
流れ
陸軍
楼船の縦列と錐型に配置した艨衝などの小型船で守備陣の突破を図る。流速の分、攻撃側が有利になる。
守備陣は、川底に打ち込んだ杭や艦隊連鎖によって攻撃側の突撃を受け止める。

（※『新・歴史群像シリーズ　三国志英雄録』（学習研究社）をもとに作成）


であり、戦いの帰趨を決するのはあくまで陸戦と同じ白兵戦である。

　戦闘が始まると、まず船首に衝角を持つ艨衝が敵艦めがけて突進して敵の大型艦を沈めていく。さらに精鋭兵士が乗り込んでいる走舸が敵の船に接近すると、兵士が敵船に乗り込んで白兵攻撃にかかる。

　これを楼船や闘艦からの弩兵の射撃が白兵攻撃を援護したとみられている。

　小型船の赤馬《せきば》が伝令役となって戦場を駆け回り、戦況を指揮艦に伝えた。

　次第に一方が船の数を減じていくと、勝者となった側は殲滅へと移り、敗れた側は逃走に入る。

　また水上戦で大きな効果を発揮したのが、赤壁の戦いで行なわれた火船攻撃である。こちらは敵の水軍を焼き尽くすことを目的としたもので、可燃物や爆発物を積載した船を敵艦船に体当たりさせる攻撃である。

【参考文献】

●『歴史群像シリーズ　戦略戦術兵器大全　中国古代〜近代編』、『歴史群像シリーズ18　三国志［下巻］—諸葛孔明、中原回復への冀望』、『歴史群像シリーズ17　三国志［上巻］—曹操・劉備・孫権、天下への大計』、『歴史群像シリーズ28　群雄三国志—諸葛孔明と勇将、激闘の軌跡』、『歴史群像シリーズ図説・中国武器集成【決定版】』、『新・歴史群像シリーズ7　三国志英雄録——万夫不当の剛勇、機略縦横の智謀』（以上、学研パブリッシング）●『正史三国志1　魏書①』陳寿著、裴松之注、今鷹真、井波律子訳、『正史三国志2　魏書②』陳寿著、裴松之注、今鷹真、井波律子訳、『正史三国志3　魏書③』陳寿著、裴松之注、今鷹真訳、『正史三国志4　魏書④』陳寿著、裴松之注、今鷹真、小南一郎訳、『正史三国志5　蜀書』陳寿著、裴松之註、井波律子訳、『正史三国志6　呉書①』陳寿、裴松之註、小南一郎訳、『正史三国志7　呉書②』陳寿著、裴松之註、小南一郎訳、『関羽　神になった「三国志」の英雄』渡邉義浩（以上、筑摩書房）●『三国志—演義から正史、そして史実へ』渡邉義浩、『中国の城郭都市——殷周から明清まで』愛宕元（以上、中央公論新社）●『Truth In History19　計略　三国志、諸葛孔明たちの知略』木村謙昭、歴史ミステリー研究会、『Truth In History23　三国志合戦事典—魏呉蜀74の戦い』藤井勝彦、『Truth In History25　兵法—勝ち残るための戦略と戦術』小和田泰経、『三国志軍事ガイド』篠田耕一（以上、新紀元社）●『図説　呉から明かされたもう一つの三国志』渡邉義浩、『三国志—将の名言　参謀の名言』守屋洋（以上、青春出版社）●『三国志演義1〜8』羅貫中、立間祥介訳（徳間書店）●『図解雑学　諸葛孔明』渡邉義浩（ナツメ社）●『三国志ナビ』渡邉義浩（新潮社）●『「三国志」合戦事典—英雄たちの激闘全ガイド』柘植久慶（PHP研究所）●『キーワードで読む「三国志」』井波律子（潮出版社）●『三国志合戦データファイル』（新人物往来社）●『ビジュアル三国志3000人』渡邉義浩監修（世界文化社）●『一冊でまるごとわかる三国志』渡邉義浩（大和書房）●『三国志　運命の十二大決戦』渡邉義浩（祥伝社）●『三国志ハンドブック——『三国志』のすべてがわかる小事典』陳舜臣監修、竹内良雄編（三省堂）●『三国志—人を動かす極意』加来耕三（実業之日本社）●『図解三国志—群雄勢力マップ詳細版』満田剛監修（スタンダーズ）●『図説　中国の伝統武器』伯仲編著、中川友訳（マール社）●『世界歴史大系　中国史2　三国〜唐』松丸道雄、池田温ほか編（山川出版社）●『戦闘技術の歴史5　東洋編』マイケル・E・ハスキュー、クリステル・ヨルゲンセンほか著、杉山清彦監修、徳永優子ほか訳（創元社）●『早わかり三国志——時代の流れが図解でわかる！』原遙平（日本実業出版社）●『中国の歴史04　三国志の世界　後漢・三国時代』金文京（講談社）●『中国古代の生活史』林巳奈夫（吉川弘文館）●『中国人物伝Ⅱ反逆と反骨の精神　三国時代—南北朝』井波律子（岩波書店）

【監修者】渡邉義浩（わたなべ　よしひろ）

1962年、東京都生まれ。筑波大学大学院歴史・人類学研究科博士課程修了。文学博士。現在、早稲田大学文学学術院教授。専門は中国古代思想史。三国志学会事務局長もつとめる。主な著書に『三国志事典』(大修館書店)、『三国志 運命の十二大決戦』（祥伝社新書)、『三国志―演義から正史、そして史実へ』（中公新書)、『三国志 英雄たちと文学』（人文書院)、『一冊でまるごとわかる三国志』（だいわ文庫）などがある。

装幀	石川直美
CG 制作	成瀬京司
本文イラスト	山寺わかな
本文デザイン	小野寺勝弘（gmdesigning)
編集協力	ロム・インターナショナル
	長谷川隆
編集	鈴木恵美（幻冬舎）

知識ゼロからのCGで読む三国志の戦い

2017年7月25日　第1刷発行

監修者　渡邉義浩
発行人　見城 徹
発行所　株式会社　幻冬舎
〒151-0051　東京都渋谷区千駄ヶ谷 4-9-7
電話　03-5411-6211（編集）　03-5411-6222（営業）
振替　00120-8-767643
印刷・製本所　株式会社 光邦

検印廃止

ISBN978-4-344-90324-1 C2095
Printed in Japan
幻冬舎ホームページアドレス　http://www.gentosha.co.jp/
この本に関するご意見・ご感想をメールでお寄せいただく場合は、comment@gentosha.co.jp まで。